经济新视野
New Economic Horizons

# 林业专业合作社正规信贷的参与、获取与配给

黄凌云　著

厦门大学出版社　国家一级出版社
XIAMEN UNIVERSITY PRESS　全国百佳图书出版单位

**图书在版编目（CIP）数据**

林业专业合作社正规信贷的参与、获取与配给 / 黄凌云著. -- 厦门：厦门大学出版社，2023.5
（经济新视野）
ISBN 978-7-5615-8958-8

Ⅰ.①林… Ⅱ.①黄… Ⅲ.①林业－专业合作社－农业信贷－研究－中国 Ⅳ.①F832.43

中国版本图书馆CIP数据核字(2023)第051526号

| | |
|---|---|
| 出 版 人 | 郑文礼 |
| 责任编辑 | 施建岚 |
| 美术编辑 | 李嘉彬 |
| 技术编辑 | 朱 楷 |

出版发行 厦门大学出版社

| | |
|---|---|
| 社 　 址 | 厦门市软件园二期望海路39号 |
| 邮政编码 | 361008 |
| 总 　 机 | 0592-2181111　0592-2181406(传真) |
| 营销中心 | 0592-2184458　0592-2181365 |
| 网 　 址 | http://www.xmupress.com |
| 邮 　 箱 | xmup@xmupress.com |
| 印 　 刷 | 广东虎彩云印刷有限公司 |

| | |
|---|---|
| 开本 | 720 mm×1 000 mm　1/16 |
| 印张 | 18.5 |
| 插页 | 2 |
| 字数 | 275 千字 |
| 版次 | 2023 年 5 月第 1 版 |
| 印次 | 2023 年 5 月第 1 次印刷 |
| 定价 | 75.00 元 |

本书如有印装质量问题请直接寄承印厂调换

厦门大学出版社　　厦门大学出版社
微信二维码　　　　微博二维码

# 序 一

黄志刚[①]

货币、信用等金融要素的产生至今已有数千年。在人类社会发展的漫长时间里,各类金融要素通过满足社会再生产过程中的投融资需求,促进资本的集中与转换,实现了社会资源的优化配置。改革开放以来,我国金融发展进程加快,在金融服务主体多样化、服务需求特色化、服务内容差异化等方面做出了诸多有益的探索与实践,取得了较好的成绩。但是,仍有部分较为弱势的经济主体面临金融排斥,难以获得优质的金融服务和产品。

林业专业合作社正是市场上面临金融约束的经济主体之一。林业专业合作社存在有效抵押物不足、内部制度不健全、成员异质性等问题,其信贷主体资格很难获得金融机构的认可,正规信贷融资严重不足。然而,林业专业合作社在突破家庭小规模、分散化经营格局,发挥规模经营优势,提高林业劳动生产率和林地投入产出率,实现林业集体经济现代化等方面发挥着重要作用。融资约束不仅限制了合作社个体的发展,更影响林业产业乃至社会经济的整体前行。事实上,林农的结社行为不仅是社会自我组织、自我管理、自我服务的一种途径,更是国家与社会进行协同治理的重要依靠力量。随着我国"双碳"战略目标的提出,林业作为提高我国碳汇能力的重要经济部门,其经营发展的重要性日渐凸显。通过提供信贷等金融要素,支持林业专业合作社的发展,既能维护农民权益、促进农民增收,也有利于规模化经营森林,积极推动"双碳"目标的落地实现。

本书作者黄凌云博士敏锐地关注到了林业专业合作社外源融资不足的现象,从供需双方的角度进行思考,在新的视野下,通过研究方法的创新设

---

① 福州大学党委常委、副校长,经济学研究员,二级教授,博士生导师。

计,构建了新的研究框架,得到了一系列的新颖观点和结论。黄凌云博士认为不应只探讨林业专业合作社最终是否获得融资这一结果,更应从其是否踏入资本市场争取融资、是否能够获得融资、所获融资又是否满足生产经营需求这三个维度进行研究,就此形成了林业专业合作社与正规信贷之间"参与—获取—满足"的逻辑分析框架。由于内源融资的匮乏,林业专业合作社往往面临资金短缺的困境,其生产经营活动需要外源融资的支持,而与之相适应的各类金融产品和服务仍处于成长阶段,如何创新设计此类金融产品和服务,是未来研究工作和实践工作的重点。此书的研究结论对于思考金融要素在林业生产经营中的分配、增强林业专业合作社获取信贷资源的能力等关键问题具有重要的启示。

信贷等金融资源受到"虹吸效应"的影响,不断地流向利润回报高、周期较短的产业,似林业这类投资回收期长、具备极强正外部性的产业极易成为"金融贫困地"。如今,金融已成为服务实体经济的重要力量,初步实现了"致广大",但在"尽精微"上仍有较大的进步空间。如果金融资源能够对林业这一具有生态、经济及社会效益等多重价值的部门形成系统性的有力支撑,将会进一步促进社会发展及环境生态文明的改善。此书既是对林业专业合作社获取更多金融支持的呼吁和策论,也是对统筹经济发展和生态环境保护的倡议和助力。

谨以此序祝愿黄凌云博士在未来的学术之路上能够不忘初心,做到守正笃实,久久为功。

2023 年 3 月 18 日

# 序 二

戴永务[①]

　　我国集体林地占全国林地面积的 60%，共涉及 1 亿多农户、5 亿多农民。集体林的建设不仅关系美丽中国建设，更是实现乡村振兴、共同富裕的重要举措。21 世纪初，福建省在全国范围内率先开展了以明晰所有权、放活经营权、落实处置权、确保收益权为主要内容的集体林权制度改革。随后，这一改革推广至全国，并获得了可喜的成效。据国家林业和草原局统计，目前我国已确权的集体林地面积 27.05 亿亩[②]，占全国林地总面积的 63.5%。截至 2020 年，我国共有新型林业经营主体 29.43 万个，林权抵押贷款面积 666.67 亿公顷左右，贷款余额 726 亿元，全国林业产业产值平稳增长，集体林权制度改革得到了全面推进。但是，由于林地资源碎片化、林业融资不足等问题，集体林的综合效益不高，森林水库、钱库、粮库、碳库的"四库"作用没有得到充分发挥。针对上述问题，党的二十大报告和 2023 年中央一号文件中，均明确指出要继续"深化集体林权制度改革"，而发展适度规模的林业新型经营主体，并辅以充分的金融支持，是走出改革深谷的必由之路。

　　林业专业合作社作为林业新型经营主体之一，是盘活森林资源、提升林业产业经营效率的有力抓手，但其发展却受到资金制约。本书便是对于林业专业合作社正规信贷可得性的研究。书中详细回顾了林业专业合作社的发展沿革，分析了林业专业合作社融资面临的三重困境，在优化林业专业合作社正规信贷需求识别机制的基础上，对福建省林业专业合作社的正规信贷融资现状、融资方式及影响其信贷参与、获取和配给的成因进行系统的理

① 福建农林大学经济与管理学院党委委员、副书记、常务副院长，福建省高校新型特色智库集体林业改革发展研究中心主任，教授，博士生导师。

② 1 亩＝666.67 平方米。

论分析和实证研究,并提出促进林业专业合作社正规信贷可得性的对策建议。

林业金融研究具有重要的现实意义。目前,集体林权制度改革已进入深水区,与林权制度相关的配套改革,尤其是金融方面的改革是这一阶段的重点。金融活水是实现"绿水青山"转向"金山银山"的重要力量。引导信贷资金投向林业领域,既能够调动林农及其他经营主体参与林业发展的积极性,释放林业产业活力,发挥金融对产业的"托举"作用,同时也是金融业履行社会责任,守护绿水青山,助推"双碳"目标实现的责任与担当。

本书的原型是作者的博士论文。在成稿过程中,黄凌云博士花费一年多的时间,深入福建省4个地级市,8个县(市、区),共43个乡镇对林业专业合作社的理事长或核心社员进行调研访谈。这并非一份轻松的任务,需要带队者科学制订好调研方案,组织协调访谈人员及调研行程。事实上,实践调研能力不仅是从事林业领域问题研究必不可少的能力之一,也是从事学术工作应具备的基础素质。调研工作往往是发现现实问题的第一步,研究者在调查研究的过程中,逐渐拓展思考的深度与广度,经过认真细致的思考分析,将大量零碎的材料加以系统化、条理化。随后,站在学术的角度,深挖问题背后的形成原因并进行论证,从知其然到知其所以然,最终提出合理有效的解决方法和对策。

如今,作者的博士教育阶段已经结束,展现在她面前的是广阔而深远的学术职业生涯,出版博士论文是这一职业生涯中重要的组成部分,可喜可贺。"凡操千曲而后晓声,观千剑而后识器。"希望在未来的学术旅程中,黄凌云博士能够秉持求真务实、笃实好学的作风,怀抱满腔热忱投身于学术研究之中。

"雄关漫道真如铁,而今迈步从头越。"希望这本书既是作者博士求学生涯的句号,也是其未来学术旅程的开端。

2023 年 5 月 6 日

# 前　言

新一轮集体林权制度改革以来,林业专业合作社在促进林地规模经营、发展现代林业、加速林业产业化经营等方面发挥着日益重要的作用,不仅增加了林农收入,进一步实现了森林的价值转化,同时,林地规模化种植所带来的固碳释氧、减少污染等外部性功能,为实现我国"双碳"目标贡献了一份力量。然而,林业专业合作社在实践中遇到了诸多难题,其中融资难正成为限制林业专业合作社发展的主要瓶颈之一。林业专业合作社的信贷需求具有大额化、低利率、长期限的倾向,但其自身却缺乏有效的抵押担保品,再加之内源性融资能力有限,使得林业专业合作社的基础设施、季节性的资金周转等需求往往难以被满足。资金的缺乏限制了林业专业合作社的发展壮大,使其难以实现规模化、产业化、现代化经营。要切实有效地解决林业专业合作社的融资问题,有必要进一步加强对林业专业合作社融资的理论理解,深入剖析林业融资的特征,摸清林业专业合作社的融资现状,找出影响林业专业合作社正规信贷可得性的原因,并在此基础上提出更有针对性的对策建议。

目前学术界关于林业专业合作社正规信贷融资的研究不多,现有的对于合作社融资困境的解读多从农业产业的视角出发,少数的实证分析成果仅从供给的角度探讨影响林业专业合作社信贷可得性的影响因素,且对合作社正规信贷需求的识别不够全面。为解决这些问题,本书以农村金融理论、社会资本理论、"小银行优势"理论、交易费用理论以及信息不对称理论为基础,在优化林业专业合作社正规信贷需求识别机制的基础上,采用问卷调查法和定量分析法对福建省林业专业合作社的正规信贷融资现状、融资方式及影响其信贷参与、获取和配给的成因进行系统的理论分析和实证研究,并提出促进林业专业合作社正规信贷可得性的对策建议。

本书的研究内容包括以下五个部分:

第一章提出问题。本章回顾了国内外关于农民专业合作社信贷约束成因、融资渠道选择、银行贷款技术、正规信贷可得性以及正规信贷配给的相关文献,在此基础上提出研究问题。随后,简要介绍本书的研究目标和意义、框架与技术路线以及主要创新点。

第二章和第三章为理论分析。第二章先对本书所使用的关键概念进行内涵界定,随后采用文献研究法,借鉴已有的学术成果,介绍本书所依据的理论基础,包括交易成本理论、农村金融发展理论、社会资本理论和"小银行优势"理论。第三章则从林业产业特性、林业专业合作社组织特性两个方面着手,分析林业专业合作社的信贷融资特征,并列出常见的林业专业合作社正规信贷方式,包括抵押贷款、信用贷款、担保贷款以及其他贷款方式。

第四章至第八章为实证分析部分。

第四章对本书所使用的数据进行说明,在对福建省林业专业合作社进行问卷调研的基础上,对所收集的数据进行描述性统计分析,总结林业专业合作社的信贷现状与问题。

第五章和第六章分别从需求和供给两端分析影响林业专业合作社正规信贷参与的因素。第五章使用多项 Logit 模型实证研究了影响林业专业合作社融资渠道选择的因素,第六章则使用加权最小二乘法分析影响银行贷款技术选择的因素。

第七章和第八章分别为林业专业合作社正规信贷的获取和配给实证研究。第七章使用双变量 Probit 模型,探究影响林业专业合作社正规信贷获取的因素,第八章基于有序 Probit 模型,研究影响林业专业合作社信贷配给程度的原因。

第九章为案例研究。选取福建省林业专业合作社中最常见的林下种养殖类和植树造林类两类林业专业合作社进行案例研究,基于改进后的波士顿矩阵,以合作社产业化运作模式和盈利能力为划分依据,在两种类型中各选取四家典型林业专业合作社对其共性与特性进行对比分析,探讨不同运作模式、不同盈利能力的林业专业合作社在正规信贷的需求与配给上的差异,并做出案例总结与启示。

第十章为研究总结。本章先对全书研究进行总结,随后基于林业专业合作社、林业相关部门以及金融机构三个视角,提出相应的对策建议。最后,说明本研究存在的不足之处,并对未来的研究进行展望。

本书的主要创新点体现在以下四个方面:

第一,降低样本选择性偏差导致的估计偏误。以往关于农民专业合作社正规信贷可得性的研究仅从合作社的信贷供给情况出发进行实证分析,将会忽略具有实际信贷需求,却因各种原因无法获得贷款的合作社,这将导致样本选择性偏误。本书从供给与需求两方面出发,摒弃以往简单使用"是否获得贷款"为被解释变量的做法,将"是否有正规信贷需求"与"是否获得贷款"同时作为被解释变量放入回归模型进行分析,研究对象包括"有正规信贷需求,获得贷款""有正规信贷需求,未获得贷款""无正规信贷需求,获得贷款""无正规信贷需求,未获得贷款"四个群体,避免了样本选择性偏差可能导致的估计效率损失。

第二,林业专业合作社正规信贷需求识别的优化。学术界通常使用"是否申请贷款"作为识别信贷需求的首个问题,回答"是"的借款方被划分为具有有效信贷需求的群体进行分析。但这一判定方式忽略了无正规信贷需求,但由于外界因素而申请了正规信贷,并且最终获得贷款的借款人,即"无正规信贷需求,获得贷款"的群体。本研究在实际调研时发现,部分合作社发展资金充足,并无信贷需求,但由于当地政府鼓励、亲朋好友劝说等外在原因而申请并获得了贷款。若使用已有的识别方法,这类林业专业合作社将被归类为"有正规信贷需求,获得贷款"的群体,这无疑会影响实证结果的准确性和真实性。因此,本研究从需求的角度出发,先询问"是否想要申请贷款",再询问"是否获得贷款",并进一步直接询问受访林业专业合作社对于自己所属归类的判断,以此优化对其正规信贷需求的识别。

第三,验证了"小银行优势"理论在林业专业合作社信贷实践过程中的重要性。本书从"小银行优势"理论的视角,丰富了林业专业合作社信贷约束领域的实证文献,拓宽了林业专业合作社融资约束的研究视角。此外,本书也拓展了"小银行优势"理论的研究领域。已有的关于"小银行优势"理论与贷款技术选择的研究多针对中小企业，本书以林业专业合作社为研究对象，扩展了"小银行优势"理论的适用对象。最后，本书的研究结论在一定程度上论证了农村商业银行等小规模银行在林业信贷融资领域的重要性，对完善林业专业合作社规范信贷体系提供了经验证据。

第四，丰富了正规信贷可得性的研究内容。一是研究对象的丰富。现有的正规信贷可得性研究多针对农户，少数学者研究了影响农民专业合作社正规信贷可得性的因素，缺少针对林业专业合作社的研究。二是研究内涵的丰富。目前已有的关于农民专业合作社正规信贷可得性的研究成果仅研究了合作社是否获取正规信贷，未进一步探究其信贷需求是否得到满足。本书认为，可得性并不仅仅意味着贷款获得结果，还包括贷款的满足情况。在对林业专业合作社的信贷获取影响因素进行分析后，本书进一步实证研究了林业专业合作社遭受正规信贷配给约束的影响因素，对其信贷需求无法得到满足的原因进行了分析。

林业专业合作社一方面能够了解林农需求，服务林业生产，另一方面能够对接市场，帮助林农进行产品销售，收集分析市场信息，进而反哺林农，引导林农以市场为导向，调整生产结构、选择种植品种等，在集体林业发展过程中发挥着支持适度规模经济的重要作用，是连接分散化经营与集约经营之间的纽带和桥梁。但是，一直以来，林业专业合作社的信贷需求满足程度较低，可贷资金太少是林业专业合作社正规信贷市场参与度低的主要原因。贷款额度低使得林业专业合作社向金融机构申请贷款的意愿大大下降，即便有申请贷款的合作社也面临信贷配给、融资需求无法得到充分满足的情况。本书的研究表明，整体而言，林业专业合作社的融资行为趋于正规化，融资渠道更倾向于正规金融机构，但现有的金融产品无法满足林业专业合作社正规信贷的实际需求。

从宏观层面来看，林业行业的金融市场环境有待改善。中国缺少专门的林业金融机构，林业基金制度较为落后，农村金融机构城市化经营倾向明显，大量的林业资金"逆流"向城市，相关的涉林金融机构如农业银行、农信社、邮储银行存在空洞化问题，服务林业的相关金融机构功能愈加弱化。从行业层面来看，林木资源评估难、林权抵押贷款手续成本高、林业贷款风险补偿机制缺位等因素也是制约林业金融长效发展的主要原因。面对这些难题,需要了解影响林业专业合作社融资渠道选择的因素,探讨金融机构对其贷款技术的影响,在此基础上,寻找林业与金融机构新的结合点,促进林业金融体系在微观、中观和宏观的层面上进行包容性发展。

当然,林业专业合作社中也不乏顺利获得正规信贷的群体,但仍存在获得的贷款无法满足实际需求的情况。随着林业现代化建设步伐的不断推进,中国林业发展进入转型升级期,林业产业化发展和产业技术升级都需要大量的资本投入,而资金的缺乏阻碍了林业专业合作社的发展。有必要了解林业专业合作社面临的信贷配给和融资困境,并给出针对性的建议,促进林业专业合作社的发展壮大,为全面推进林业现代化建设、实现中华民族永续发展提供坚实的生态保障。

本书得到了福建省社会科学基金青年项目"资源资本化视角下支持福建省森林碳汇价值实现的模式研究(FJ2022C045)"的研究支持,在此表示感谢。由于作者水平有限,书中若有疏漏谬误之处,恳请各位专家和读者不吝指正!

黄凌云

2022 年 11 月

# 目　录

1　导论:作为融资弱者的林业专业合作社 ……………………… 001

　1.1　林业专业合作社发展沿革 …………………………………… 004

　1.2　林业专业合作社融资的三重困境 …………………………… 018

　　1.2.1　林农融资困境 …………………………………………… 019

　　1.2.2　林业产业融资困境 ……………………………………… 024

　　1.2.3　合作社融资困境 ………………………………………… 044

　　1.2.4　文献述评与展望 ………………………………………… 050

　1.3　林业专业合作社正规信贷的研究目标 ……………………… 052

　1.4　林业专业合作社正规信贷可得性的研究思路 ……………… 053

　　1.4.1　总体研究思路 …………………………………………… 053

　　1.4.2　技术路线 ………………………………………………… 054


2　关键概念界定与理论基础 ……………………………………… 057

　2.1　关键概念界定 ………………………………………………… 058

　　2.1.1　林业专业合作社 ………………………………………… 058

　　2.1.2　正规信贷 ………………………………………………… 059

　　2.1.3　信贷可得性 ……………………………………………… 060

　2.2　理论基础 ……………………………………………………… 061

　　2.2.1　农村金融理论 …………………………………………… 061

2.2.2 社会资本理论 ............................................. 065

2.2.3 "小银行优势"理论 ....................................... 067

2.2.4 交易费用理论 ............................................. 071

2.2.5 信息不对称理论 ........................................... 077

3 林业融资特性与林业专业合作社正规信贷方式 ............... 083

　3.1 林业正规信贷融资特性 ................................. 084

　　3.1.1 产业特性视角 ..................................... 085

　　3.1.2 组织特性视角 ..................................... 089

　3.2 林业专业合作社正规信贷方式 ......................... 094

　　3.2.1 抵押贷款 ......................................... 094

　　3.2.2 信用贷款 ......................................... 096

　　3.2.3 担保贷款 ......................................... 097

　　3.2.4 其他贷款方式 ..................................... 100

4 调查设计与描述性统计分析 ............................... 103

　4.1 调查设计 ............................................. 104

　　4.1.1 样本区域选择 ..................................... 104

　　4.1.2 问卷设计 ......................................... 106

　　4.1.3 数据收集 ......................................... 107

　4.2 描述性统计分析 ....................................... 110

　　4.2.1 林业专业合作社经营情况 ........................... 110

　　4.2.2 林业专业合作社正规信贷需求与满足情况 ............. 118

　　4.2.3 林业专业合作社正规信贷获得情况 ................... 128

5 林业专业合作社正规信贷的参与：融资渠道选择 ............. 135

　5.1 理论假设 ............................................. 137

　　5.1.1 禀赋特征 ......................................... 137

5.1.2 理事长特质 ·········································· 138

5.1.3 社会资本 ············································ 139

5.1.4 银社关系 ············································ 140

5.2 计量模型与变量说明 ·································· 141

5.2.1 多项 Logit 模型 ···································· 141

5.2.2 变量说明 ············································ 142

5.2.3 样本描述性统计分析 ································ 144

5.3 实证结果 ··············································· 145

5.3.1 模型检验 ············································ 145

5.3.2 模型回归结果 ········································ 146

5.4 进一步探讨 ············································ 147

6 林业专业合作社正规信贷的参与:贷款技术选择 ·········· 151

6.1 理论假设与研究方法 ·································· 153

6.1.1 理论假设 ············································ 153

6.1.2 研究方法 ············································ 155

6.1.3 变量说明 ············································ 155

6.2 经验性结果分析与检验 ································ 158

6.2.1 描述性统计分析 ······································ 158

6.2.2 加权最小二乘法回归结果 ···························· 159

6.2.3 稳健性检验 ·········································· 161

6.3 进一步探讨 ············································ 163

7 林业专业合作社正规信贷的获取 ·························· 167

7.1 理论假设 ··············································· 169

7.2 林业专业合作社正规信贷获取情况识别 ·············· 173

7.2.1 获取情况识别流程 ···································· 173

7.2.2 信贷获取情况问卷设置 ······················· 174

7.3 模型设定和变量说明 ·················································· 177

　　7.3.1 模型设定 ·························································· 177

　　7.3.2 变量说明 ·························································· 178

　　7.3.3 样本描述性统计分析 ·········································· 179

7.4 实证结果 ·································································· 180

　　7.4.1 模型回归结果 ·················································· 180

　　7.4.2 平均边际效应 ·················································· 183

　　7.4.3 稳健性检验 ······················································ 185

7.5 进一步探讨 ······························································ 188


8 林业专业合作社正规信贷的配给 ·································· 189

8.1 理论假设 ·································································· 191

8.2 信贷配给程度识别 ······················································ 194

　　8.2.1 信贷配给程度识别流程 ········································ 194

　　8.2.2 信贷配给程度问卷设置 ········································ 195

8.3 模型设定和变量说明 ·················································· 196

　　8.3.1 模型设定 ·························································· 196

　　8.3.2 变量说明 ·························································· 198

8.4 实证结果与分析 ························································ 199

　　8.4.1 模型回归结果 ·················································· 199

　　8.4.2 平均边际效应 ·················································· 201

8.5 进一步分析 ······························································ 203


9 林业专业合作社经营特性与信贷可得性案例分析 ········· 207

9.1 研究方法和变量说明 ·················································· 209

　　9.1.1 案例分析法 ······················································ 209

　　9.1.2 变量说明 ·························································· 210

9.2 林下种养殖类林业专业合作社 ······································ 211

9.2.1 单案例描述 ·············· 211

9.2.2 综合案例分析 ·············· 213

9.3 植树造林类林业专业合作社 ·············· 219

9.3.1 单案例描述 ·············· 219

9.3.2 综合案例分析 ·············· 221

9.4 进一步分析 ·············· 227

10 研究结论与对策建议 ·············· 229

10.1 研究结论 ·············· 230

10.2 对策建议 ·············· 232

10.2.1 基于林业专业合作社视角 ·············· 232

10.2.2 基于金融机构视角 ·············· 234

10.2.3 基于林业相关部门视角 ·············· 235

10.3 研究不足与展望 ·············· 236

参考文献 ·············· 237

附录一　林业专业合作社正规信贷调研问卷 ·············· 263

附录二　林户家庭收入与支出调查表 ·············· 274

附录三　各章图表索引 ·············· 276

# 1 导论:作为融资弱者的林业专业合作社

1.1 林业专业合作社发展沿革

1.2 林业专业合作社融资的三重困境

1.3 林业专业合作社正规信贷的研究目标

1.4 林业专业合作社正规信贷可得性的研究思路

自 2003 年我国开展新一轮集体林权制度改革以来,以"分林到户"为核心的林权再分配使林农的生产力得到了充分的解放和发展,在促进农户增收、推动农村经济社会可持续发展、实现乡村振兴等方面发挥了重要的作用。但是,"分林到户"也造成了我国农村森林经营状况高度分散化的局面,出现森林经营水平较低、市场信息不灵、林产品进入市场的成本高和收益率偏低等一系列问题(周训芳、诸江,2014)。分散的林地经营模式催生了规模化经营的现实要求。2007 年《中华人民共和国农民专业合作社法》施行以来,林业专业合作社得以蓬勃发展。以林业专业合作社为代表的新型林业经营主体成为促进林业适度规模经营,发展林业产业,实现林业现代化的重要基石。

党的十九大报告提出,要按照产业兴旺、生态宜居、乡风文明、治理有效、生活富裕的总要求来实施乡村振兴战略。培育发展多种形式的新型林业经营主体作为"产业兴旺"的重要内容,是实施乡村振兴战略的重要环节(王睿、周应恒,2019)。党的二十大报告指明,要深化集体林权制度改革。林业专业合作社作为最重要的新型林业经营主体之一,是实现林业规模经营的重要经济组织,也是进一步深化集体林权制度改革的重要力量。合作社的经营形式是我国特色合作事业发展的重要标志(张雪,2022),通过林业专业合作社,既能把极度分散的、高度碎片化的集体林地的承包经营权人组织成为一个经济利益共同体,借助林业专业合作社的组织力量统一经营集体林,提高林业组织化程度,推动分散经营向专业化、规模化经营转变,又能保持农民独立的林地承包经营权人的地位,维护集体林权制度改革的成果,保障林农的物权。发展林业专业合作组织对巩固林业改革成果、带动农民增收致富、发展生态林业与民生林业、建设生态文明,具有十分重要的意义。

但在实践中,林业专业合作社的发展受到严重的资金约束,且信贷约束对农民合作社的绩效有显著的负向影响(万博文、郭翔宇,2022)。林业融资难问题一直是林业专业合作社实践工作和理论研究的重点难点。林业专业合作社的融资方式包括以缴纳入股金、社员投资等形式进行的权益融资和对外进行借贷活动的债务融资。权益融资作为林业专业合作社的初始资本，往往无法满足其扩大生产的需求，只能为社员提供简单的生产或销售服务（路征、余子楠、朱海华，2018），而由于林业专业合作社先天的产业弱质性，导致其存在缺少可抵押物品、内部制度不健全、成员异质性等问题，林业专业合作社的信贷主体资格很难获得金融机构的认可，正规信贷融资严重不足（刘冬文，2018），林农无法拥有足够的资金投资于高风险和更高产的技术，这反过来影响了他们的农业利润（Guirkinger and Boucher，2008）。资金短缺和融资困难限制了合作社的发展，成为影响林业专业合作社发展壮大的长期、普遍问题。

针对这一问题，国家有关部门积极采取措施，加强对林业专业合作社的金融服务。《国家林业局关于加快林业专业合作组织发展的通知》指出要积极争取金融部门在信用评定基础上对示范社开展联合授信，有条件的地方予以贷款贴息，规范林业专业合作社开展信用合作。《中国人民银行 财政部 银监会 保监会 林业局关于做好集体林权制度改革与林业发展金融服务工作的指导意见》明确鼓励探索创新"林业专业合作组织＋担保机构"信贷管理模式与林农小额信用贷款的结合，提高借款人的信用等级和融资能力，同时创新投保方式，支持林业专业合作组织集体投保。尽管推动林业金融创新的政策层见叠出，但从实际执行效果来看，仍然有大量的林业专业合作社面临着信贷约束，林业信贷功能明显缺位。

破解传统农村金融扶持困局、培育新型林业经营主体是完善新型林业经营体系的微观基础，也是实现乡村振兴战略的重要保障（王睿、周应恒，2019）。目前学术界关于林业专业合作社信贷融资的研究相对滞后，多将林业专业合作社等同于农业专业合作社，忽略了林业与农业由于生产特性、产业特性、产品特性、政治环境等原因造成的融资约束的差异，缺乏针对性。部分研究则停留在理论探讨和个别地区的案例分析上，缺少更为系统的理论论证和实证研究。为探究造成林业专业合作社正规信贷约束的成因，切实有效地解决林业专业合作社的融资问题，有必要进一步加强对林业专业合作社融资的理论理解，深入剖析林业融资的特征，摸清林业专业合作社的融资现状，找出影响林业专业合作社正规信贷可得性的原因，并在此基础上提出更有针对性的对策建议。

本书基于福建省林业专业合作社的问卷调研,展现了当下林业专业合作社信贷融资的现状,深入探究了影响林业专业合作社正规信贷可得性的各方因素。福建省是林业大省,森林覆盖率常年居全国第一,是典型的南方重点集体林区。作为集体林权制度改革的先驱者,福建省林业专业合作社的发展起步较早,已具备一定规模,经营项目日益多样化,整体发展水平不断提升。并且,福建省在林业金融配套改革方面做出了多项创新,如全面开展林权抵押贷款、率先成立省级林权收储中心、多地多形式的林业金融产品创新等,对福建省林业专业合作社的信贷可得性进行分析能够有力地反映我国林业专业合作社的信贷融资情况,具有典型性和代表性,可以为全国其他省份的林业专业合作社正规信贷融资提供经验借鉴和决策参考。

## 1.1　林业专业合作社发展沿革

林业专业合作社的发展与集体林权制度改革的发展阶段具有一定的同步性。因此,为了更好地了解林业专业合作社的发展脉络,有必要对集体林权制度的阶段性变革进行梳理。本书在黄李焰等人(2005)和柯水发、温亚利(2015)对于中国林业产权制度变迁阶段性划分的基础上,将集体林权制度划分为如表 1-1 所示的八个阶段。八个阶段分别为:土改时期(1950—1952 年)、初级农业合作社时期(1953—1955 年)、高级农业合作化时期(1956—1957 年)、人民公社化时期(1958—1980 年)、林业"三定"改革时期(1981—1991 年)、林业股份合作制时期(1992—1997 年)、林业产权制度改革突破时期(1998—2002 年)、林业产权制度改革深化时期(2003 年至今)。需要说明的是,由于政策的实施具有滞后性,因而并非以政策颁布的当年作为阶段划分依据,而是依据各阶段的主要实践焦点进行阶段划分。

表 1-1　集体林权制度改革阶段性划分

| 年份 | 时期划分 | 实践焦点 |
|---|---|---|
| 1950—1952 年 | 土改时期 | 分林到户，林农对个人所有的山林拥有支配权。激发林农经营的积极性。 |
| 1953—1955 年 | 初级农业合作社时期 | 农民个人仅保留自留山上的林木及房前屋后零星树木的所有权，山权及成片林木所有权通过折价入社，转为合作社集体所有。 |
| 1956—1957 年 | 高级农业合作化时期 | 国家开始从归国家所有的天然林中采伐木材，且通过集体化控制集体林的采伐。 |
| 1958—1980 年 | 人民公社化时期 | 国家和集体拥有森林、林木和林地所有权，山林集体所有，统一经营。 |
| 1981—1991 年 | 林业"三定"改革时期 | 在集体林区实行开放市场、分林到户的政策，使农民拥有较充分的林地经营权和林木所有权。同时，部分国有林区将经营权转到林木经营者手中。 |
| 1992—1997 年 | 林业股份合作制时期 | 林业股份合作制是按"分股不分山、分利不分林"的原则，对责任山实行折股联营。 |
| 1998—2002 年 | 林业产权制度改革突破时期 | 允许林地转让使用权和经营权。 |
| 2003 年至今 | 林业产权制度改革深化时期 | 明晰产权、承包到户。在林业方面放活经营权、落实处置权、保障收益权；深化林权流转、林业税费、林业保险、林业融资等配套改革。 |

　　土地改革时期（1950—1952 年），为了实现"耕者有其田"，使一切没有土地的人都有土地，实现乡村社会的整合与资源再分配，我国对山林土地进行了政策改革（见表 1-2）。1928 年的《井冈山土地法》规定，"茶山、柴山，照分田的办法，以乡为单位，平均分配耕种使用"。1950 年 6 月颁布的《中华人民共和国土地改革法》，遵循了先前与土地分配相关的精神，把与林业相关的茶山等作为特殊土地问题处理。该法条的第四章"特殊土地问题的处理"中的第十六条规定："没收和征收的山林、鱼塘、茶山、桐山、桑田、竹林、果园、芦苇地、荒地及其他可分土地，应按适当比例，折合普通土地统一分配之。为利于生产，应尽先分给原来从事此项生产的农民。分得此项土地者，可少分或不分普通耕地。其分配不利于经营者，得由当地人民政府根据原有习

惯,予以民主管理,并合理经营之。"同章的第十八条规定:"大森林、大水利工程、大荒地、大荒山、大盐田和矿山及湖、沼、河、港等,均归国家所有,由人民政府管理经营之。其原由私人投资经营者,仍由原经营者按照人民政府颁布之法令继续经营之。"在第十九条规定中进一步说明了林地经营权和所有权的分配:"使用机器耕种或有其他进步设备的农田、苗圃、农事试验场及有技术性的大竹园、大果园、大茶山、大桐山、大桑田、大牧场等,由原经营者继续经营,不得分散。但土地所有权原属于地主者,经省以上人民政府批准,得收归国有。"至此,农民分得了个体所有的山林,拥有了生产经营的权利,山林所有者可自由地就归属个人所有的山林进行采伐、利用、出卖和赠送。

表 1-2　土地改革时期相关政策文件

| 年份 | 政策 | 主要相关内容 |
| --- | --- | --- |
| 1928 年 12 月 | 《井冈山土地法》 | 废除封建性及半封建性剥削的土地制度,实行耕者有其田的土地制度。 |
| 1950 年 6 月 | 《中华人民共和国土地改革法》 | 统一分配山林、果园竹林等林业用地,说明了林地经营权和所有权的分配。 |

初级农业合作社时期(1953—1955 年),土地改革全面完成,全国各地逐步开始进行大规模的工业化建设。随着大量农村人口流向城市,城市和工业对粮食的需求量大增。经济稍显恢复后,农村的粮食消费量也逐步上升。因此,为了实现农业增产的目标,出现了春耕互助组、农业生产初级合作社等形式的合作组织。如表 1-3 所示,早在 1951 年 2 月 2 日,中央人民政府政务院关于《农林生产的决定》中就指出,"组织起来,是由穷变富的必由之路",该《决定》提出了应对农业互助组涣散的解决思路,对巩固和发展农业互助组起了积极作用。同年 9 月,中共中央印发《关于农业生产互助合作的决议(草案)》,指出劳动互助和生产合作比起单纯的孤立的个体经济有极大的优越性,应启发农民由个体经济逐步地过渡到集体经济。初级合作社一度出现了急躁冒进的倾向,以至于 1953 年 3 月,中共中央批准通过了《中南局关于纠正试办农业生产合作社中急躁倾向的报告》,要求明确指出试办社的要求和目的,明确规定建社的条件与充分作好建社前的准备工作。

**表 1-3　初级农业合作社时期相关政策文件**

| 年份 | 政策 | 主要相关内容 |
|------|------|--------------|
| 1951 年 2 月 | 中央人民政府政务院《关于农林生产的决定》 | 提出组织起来，是农林生产由穷变富的必由之路。 |
| 1953 年 3 月 | 《中南局关于纠正试办农业生产合作社中急躁倾向的报告》 | 明确指出试办社的要求和目的，明确规定建社的条件与充分作好建社前的准备工作。 |
| 1955 年 10 月 | 中共中央《关于农业合作化问题的决议》 | 总结建社经验，并提出合作化运动的步骤。 |

1955 年 10 月，中共中央发布了《关于农业合作化问题的决议》，据该决议所述，农业生产合作社的数量已由 1954 年春季的 10 万个增加到 65 万个，加入农业生产合作社的农户，已由 180 万户增加到 1690 万户，增长 8 倍余，约占全国农户的 15％。该《决议》同时规定，在林业方面，林农个人仅保留自留山上的小片林木及房前屋后的零星树木的所有权，山权及成片林木所有权通过折价入社，转为合作社集体所有。需要经常投入大量劳动的林木，例如新栽的幼林、果园、茶山、桑田、桐山、竹林等，则交给合作社统一经营，由合作社付给合理的报酬，费工比较少、收益比较多的成材林，例如松林、杉林等，经过林农同意，也可以由合作社统一经营。这一阶段，合作社社员保留对林地的所有权，而向合作社让渡林业资产的支配权、使用权和占有处分权（柯水发、温亚利，2005）。

高级农业合作化时期（1956—1957 年）是农业合作化发展的高速变化阶段，相关政策可见表 1-4。1955 年 12 月，毛泽东主持编辑的《中国农村的社会主义高潮》一书中，大力提倡发展高级社。1956 年 1 月起，全国范围内普遍办起了高级社。到了当年 1 月底，高级社发展到 13.6 万个，入社农户占总农户的比重由上年底的 4％，猛增到 30.7％。初级社入社农户占总农户的比重，由上年底的 59.3％降为 49.6％（高化民，1999：273-274）。中共中央政治局 1956 年 1 月 23 日发布了《一九五六年到一九六七年全国农业发展纲要（草案）》，第十八条规定指出，要"发展林业，绿化一切可能绿化的荒地荒山"。具体做法是从 1956 年起，在 12 年内，在自然条件许可和人力可能经营的范围内，绿化荒地荒山。在一切宅旁、村旁、路旁、水旁，只要是可能的，都要有计划地种起树来。为此,必须依靠农业合作社造林,实行社种社有的政策,要求合作社自己采集树籽和培育树苗,采取分工负责、包栽包活的办法。同时,鼓励社员在自己的住宅旁种树,自种自有。种树,除了用材林(包括竹林)以外,应当尽量利用一切人力和城乡空地,发展果木、桑、柞、茶、漆、油等经济林木。在此基础上,还需大力加强国营造林,铁路、干线公路和大河流两旁、大型水库周围、矿山附近的绿化,可以由附近的农业合作社经营,按照有关部门所定的规格造林,收益归合作社。该条文要求在 12 年内尽可能地把国有森林全部经营管理起来。国家不便经营管理的小规模国有林,应当委托合作社经营管理。随后,在 1956 年 2 月底,高级社发展到 23.5 万个,入社农户占总农户的 51%,初级社降到 36%(高化民,1999:274)。

表1-4　高级农业合作社时期相关政策文件

| 年份 | 政策 | 主要相关内容 |
| --- | --- | --- |
| 1956 年 1 月 | 中共中央政治局《一九五六年到一九六七年全国农业发展纲要(草案)》 | 发动一切力量,依靠农业合作社造林,实行社种社有。 |
| 1956 年 3 月 | 《中共中央关于在农业生产合作社扩大合并和升级中有关生产资料和若干问题的处理办法的规定》 | 初级社转为高级社时,允许社员保留私有的零星树木,但果园等成片林木应过渡性转为合作社公有,并相应地取消土地报酬。 |
| 1956 年 6 月 | 第一届全国人民代表大会第三次会议通过《高级农业生产合作社示范章程》 | 进一步规定社员林木入社的具体做法。 |
| 1957 年 9 月 | 中共中央发布《中共中央关于在农业合作社内部贯彻执行互利政策的指示》 | 强调成片的经济林、用材林应统一经营,实行比例分红。 |

1956 年 3 月,《中共中央关于在农业生产合作社扩大合并和升级中有关生产资料和若干问题的处理办法的规定》,指出在初级社转为高级社的时候,社员的土地转为合作社公有,并相应地取消土地报酬。在林业方面,初级社转为高级社的时候,允许社员保留私有的零星树木,可自主经营。社员私有的果园和其他成片的林木,可以归社公有,也可以在一两年内采取过渡办法,暂不归社公有,仍然由合作社统一经营,并支付原主合理的报酬。果

园和其他成片的林木转归合作社公有的时候，必须经过充分协商，取得原主的同意，并且应当给原主合理的代价。果园和林木的价款，除了应摊的股份基金外，其余部分从果园和林木的每年收益中抽出一定的比例分年偿还。该规定界定了高级社和初级社的一个重要区别就是取消土地报酬，林地转为集体所有。

同年 6 月，第一届全国人民代表大会第三次会议通过了《高级农业生产合作社示范章程》，进一步对社员林地集体化原则做出了规定，该《章程》指出，少量零星的树木仍归属社员私有，幼林和苗圃则在合作社偿付原主一定的工本费之后再转为合作社集体所有。大量成片的经济林，根据今后收益多少、经营难易、原主需耗费的投入和所得收益的多少，作价归合作社集体所有，价款从林木的收益中分期付还。大量成片的用材林则根据当时的材积分等作价，转为合作社集体所有，价款从林木的收益中分期付还。1957 年9 月，中共中央发布《关于在农业合作社内部贯彻执行互利政策的指示》，强调了成片的经济林、用材林应统一经营，但可实行比例分红，以实现合作社内部的互利互惠。《指示》中还鼓励林业进行多样化经营，以获取经济利润。

这一时期，国家开始从归国家所有的天然林中采伐木材，且通过集体化控制集体林的采伐。公有产权成了唯一的产权类型，农民只有名义上的生产资料。这一做法带来了产权纠纷，如一部分属于个体农民的林地，未加入过初级社获得分红就转向了高级社，相当于无偿将林地交给了集体。还有一些林农的零星林地也被强制入社，导致权益受损。

人民公社化时期（1958—1980 年），包括林木、林地在内的所有重要生产资料都属于国有或集体所有，产权高度集中化，但林业的生产经营效率不升反降，且林业资源遭到了严重破坏（柯水发、温亚利，2005）。如表 1-5 所示，1958 年 3 月 20 日，中共中央通过《关于把小型的农业合作社适当地合并为大社的意见》，提出应转变农业生产关系，将合作社适当地并为大社。隔日，又通过了《中共中央关于合作社社员的自留地和家庭副业收入在社员总收入中应占比例的意见》，规定社员保留一部分自留地是正当的，但不能留存过多，否则不利于合作社的巩固发展，并规定了自留地和家庭副业收入在社员总收入中所占的比例应在 20％～30％。两个《意见》下发后，全国掀起了并大社的浪潮。

表 1-5  人民公社化时期相关政策文件

| 年份 | 政策 | 主要相关内容 |
|------|------|------------|
| 1958 年 3 月 | 中共中央《关于把小型的农业合作社适当地合并为大社的意见》 | 提出转变农业生产关系。 |
| 1958 年 3 月 | 中共中央《关于合作社社员的自留地和家庭副业收入在社员总收入中应占比例的意见》 | 规定合作社社员自留地和家庭副业收入在社员总收入中所占的比例应在 20%～30%。 |
| 1958 年 8 月 | 中共中央《关于在农村建立人民公社问题的决议》 | 明确发展政社合一的人民公社。 |
| 1958 年 12 月 | 中国共产党第八届中央委员会第六次全体会议通过《关于人民公社若干问题的决议》 | 提出大兴山水草木之利,大大发展农林牧副渔的综合经营。 |
| 1961 年 6 月 | 中共中央《关于确定林权,保护山林和发展林业的若干政策规定(试行草案)》 | 确定和保障山林的所有权、明确山林的经营管理和收益分配、规范木材的采伐和收购,鼓励造林。 |
| 1963 年 5 月 | 国务院颁布《森林保护条例》 | 新中国第一次推出保护森林资源的相关条例。 |
| 1967 年 9 月 | 中共中央 国务院等部门联合发布《关于加强山林保护管理、制止破坏山林、树木的通知》 | 强调森林是社会主义建设的重要资源,应保护森林,禁止破坏山林。 |

1958 年 8 月,中共中央发布《关于在农村建立人民公社问题的决议》,人民公社化运动由此开始。该《决议》规定合作社应政社合一,乡党委就是社党委,乡人民委员会就是社务委员会。即小学教育、修路、调解纠纷、户口婚姻登记等行政工作由合作社负责,行政干部的工薪、行政经费、小学经费等开支也由合作社支出,逐渐形成了以"一大二公"为基本特征的人民公社。具体是指:第一,人民公社规模大;第二,人民公社生产资料公有化程度高。《决议》的颁发意味着农业生产合作社正式全面转变为人民公社。1958 年12 月,中国共产党第八届中央委员会第六次全体会议通过《关于人民公社若干问题的决议》,提出大兴山水草木之利,大大发展农林牧副渔的综合经营。1961 年 6 月,中共中央发布了《关于确定林权,保护山林和发展林业的若干政策规定(试行草案)》,进一步确定和保障山林的所有权、明确了山林的经

营管理和收益分配,并提出木材采伐和收购的规范,同时鼓励公社造林。

这一时期,林地等生产资料全面归公,即"集体共了个人的产"。由于当时过于强调粮食生产,限制家庭副业经营,特别是在理论上没有划分清楚发展商品经济同资本主义的关系,对发展多种经营必然要推进商品交换的发展缺乏清醒的认识,把不少社员进行的多种经营当作资本主义倾向进行批判,因而农林业生产合作社并未开展多种经营方式,陷入了单一经营的片面性(高化民,1999:256)。大量的天然林遭到掠夺式砍伐,加之木材生产是高指标,各地形成了集中过量采伐的局面。1963 年 5 月,国务院颁布《森林保护条例》,这是新中国成立后的第一部林业条例,是我国依法治林的第一步。但是,森林仍然遭到大范围的破坏。1967 年 9 月,中共中央 国务院等部门联合发布《关于加强山林保护管理、制止破坏山林、树木的通知》,要求人民群众认真执行国务院发布的"森林保护条例",严禁乱砍滥伐、盗窃树木、毁林开荒等行为,严格实行计划采伐,计划收购。以上政策收效甚微。这一时期,国营林业的管理弱化,国有林受到了破坏,国家执行"以粮为纲"方针,使得林业的地位逐渐下降,国有和集体林区集中过伐现象普遍。1966—1977年,全国发生森林火灾 11 万多起,平均每年受害森林面积达 67 万公顷。东北、内蒙古和西南国有林区的 131 个林业局中,有 25 个可采资源枯竭,开始出现资源危机和经济危困局面(樊宝敏、李晓华、杜娟,2021)。实践证明,这一时期的政社合一建设,既不利于农村基层政权建设,也不利于林业集体经济的长足发展。

林业"三定"改革时期(1981—1991 年),中央颁布了一系列正确的林业政策,帮助林业生产的恢复和林业产业的发展(见表1-6)。1981 年 3 月,《中共中央、国务院关于保护森林发展林业若干问题的决定》,认为林业的各类问题是因为:长期以来,没有把林业放在与农牧业同等重要的地位;林权不稳,政策多变;营林资金很少,木材价格不合理,取之于林多,用之于林少;林区没有因地制宜,以林为主,多种经营;林业生产重砍轻造,没有坚持以营林为基础的方针;木材多头经营,体制混乱,"一把锄头造林,百把斧头砍树";森林管理不严,法纪长期废弛。该《决定》开始推行以"稳定山权林权,划定自留山,落实林业生产责任制"为主要内容的林业"三定"工作。这一时期,集体林区实行开放市场、分林到户的政策,使农民拥有较充分的林地经营权和林木所有权(柯水发、温亚利,2005)。同时,部分国有林区将经营权转到林木经营者手中。各地通过林业"三定",基本上稳定了山林权属,普遍颁发了山林权证书(樊宝敏、李晓华、杜娟,2021)。但此时,全国的森林覆盖率仍然较低。1981 年 12 月,五届人大四次会议通过《关于开展全民义务植树运动的决议》,该《决议》提到当年的全国森林覆盖率仅 12.7%,因而号召除老弱病残者外,全国人民每人每年义务植树 3~5 棵,或者完成相应劳动量的育苗、管护和其他绿化任务。

表 1-6　林业"三定"改革时期相关政策文件

| 年份 | 政策 | 主要相关内容 |
| --- | --- | --- |
| 1981 年 3 月 | 《中共中央、国务院关于保护森林发展林业若干问题的决定》 | 重点推行以"稳定山权林权,划定自留山,确定林业生产责任制"为主要内容的林业"三定"工作。 |
| 1981 年 12 月 | 五届人大四次会议通过《关于开展全民义务植树运动的决议》 | 开展全民义务植树运动。 |
| 1982 年 12 月 | 中共中央政治局通过《当前农村经济政策的若干问题》 | 首次提出了应实行政社分离,实行生产责任制,特别是联产承包制。 |
| 1983 年 10 月 | 《中共中央、国务院关于实行政社分开建立乡政府的通知》 | 将"在农村建立乡政府,政社必须相应分开"写入宪法。 |
| 1984 年 3 月 | 《中共中央 国务院关于深入扎实地开展绿化祖国运动的指示》 | 强调林业经营的承包责任制,支持林业专业户的发展。 |
| 1987 年 6 月 | 《中共中央、国务院关于加强南方集体林区森林资源管理坚决制止乱砍滥伐的指示》 | 严格执行年森林采伐限额制度,停止分林到户,完善林业生产责任制。 |
| 1990 年 9 月 | 国务院批复《关于 1989—2000 年全国造林绿化规划纲要》 | 第一个全国性林业发展规划。 |

1982 年 12 月,中共中央政治局通过《当前农村经济政策的若干问题》,首次提出了应实行政社分离,实行生产责任制,特别是联产承包制,认为政社合一的体制要有准备、有步骤地改为政社分设。经过一年多的试点实践,1983 年 10 月,《中共中央、国务院关于实行政社分开建立乡政府的通知》,将"在农村建立乡政府,政社必须相应分开"的规定写入宪法,要求各乡要建立

乡政府。以"政社合一"为基本特征的人民公社形式的林业合作宣告瓦解，林业经营进入现代化发展阶段。1984 年 3 月，《中共中央 国务院关于深入扎实地开展绿化祖国运动的指示》，提出"放宽政策，建立和完善林业生产责任制绿化荒山荒滩，是开发性事业，只有进一步放宽政策，发动群众，依靠群众来进行，才能成功"，强调林业经营的承包责任制，呼吁各地积极支持林业专业户的发展。1987 年 6 月，《中共中央、国务院关于加强南方集体林区森林资源管理坚决制止乱砍滥伐的指示》，表明要严格执行年森林采伐限额制度，完善林业生产责任制。该《指示》指出，集体所有集中成片的用材林，若仍未分到户的不得再分，已经分到户的，要以乡或村为单位组织专人统一护林，分林到户工作就此停止。1990 年 9 月，国务院批复了林业部《关于1989—2000 年全国造林绿化规划纲要》，确定了包括造林原则、造林绿化规划目标等在内的第一个全国性林业发展规划。

林业股份合作制时期（1992—1997 年），这一时期是林业经营形式的改革阶段，相关政策如表 1-7 所示。分林到户的林地分配方式一定程度上解决了公平分配的问题，但也带来了林地分散、难以规模经营的后患。林业股份合作制是按"分股不分山、分利不分林"的原则，对所属责任山进行折股联营，即采取林木、林地、劳力、资金等折价入股的方式，广纳不同所有者的各类生产要素，对森林资源进行资产化经营，在利润分配上实行按劳分配与按股分红相结合，是当时发展林业生产的一种较好的生产组织形式。1992 年1 月，邓小平进行南方谈话。同年 3 月 26 日，《深圳特区报》率先发表了《东方风来满眼春——邓小平同志在深圳纪实》的重大社论报道，并集中阐述了邓小平南方谈话的要点内容，关于改革开放的种种看法引起了社会的广泛反响。1993 年 11 月，中共中央通过《关于建立社会主义市场经济体制若干问题的决定》，提出深化农村经济体制改革，各级供销社要继续深化改革，真正办成属于农民的合作经济组织，并积极探索向综合性服务组织发展的新路子。要逐步全面放开农产品经营，改变部门分割、产销脱节的状况，发展各种形式的贸工农一体化经营，把生产、加工、销售环节紧密结合起来。该《决定》为林权制度改革提供了政策依据。实践中，一些地方陆续自发建立起股份合作制乡村林场，抓住改革机会，逐步摆脱单一集体经营的束缚，开始实行自愿互利基础上的多层次、多形式、多渠道的联合经营（林业部造林绿化和森林经营司、林业部经济发展研究中心，1998:1）。1995 年 8 月，国家体制改革委、林业部公布《林业经济体制改革总体纲要》，指明要改革集体林业经营形式，以多种方式有偿流转集体、宜林、四荒地使用权，并兴办股份合作林场，推进林业适度规模经营。

表 1-7　林业股份合作制时期相关资料文件

| 年份 | 政策 | 主要相关内容 |
|---|---|---|
| 1992 年 3 月 | 《深圳特区报》首发《东方风来满眼春——邓小平同志在深圳纪实》的报道 | 提出"改革开放胆子要大一些"。 |
| 1993 年 11 月 | 中共中央通过《关于建立社会主义市场经济体制若干问题的决定》 | 提出发展农村社会化服务体系，把生产、加工、销售环节紧密结合起来，为林权制度改革提供了政策依据。 |
| 1995 年 8 月 | 《林业经济体制改革总体纲要》 | 改革集体林业经营形式，以多种方式有偿流转集体、宜林、四荒地使用权，并兴办股份合作林场，推进林业适度规模经营。 |

　　福建省从 20 世纪 80 年代中期起，便率先在三明市开展集体林区经营形式的改革实验，其改革目的是依靠乡村林业股份合作制实现"四个转变"：从开发利用天然林向人工培育用材林基地、速生丰产林基地、经济林基地、创汇林业基地转变；从传统粗放经营的林业向集约经营、注重实效的现代林业转变；从单一的木材生产、封闭式林业向多种经营、综合利用、立体开发、全面发展的开放式林业转变；从林业部门独家办林业向国家、集体、个人、各行各业一起上，发动全社会办林业转变（林业部造林绿化和森林经营司、林业部经济发展研究中心，1998:2）。湖南怀化市及广东始兴县也开始进行林业股份合作制的试点，并逐步推广。宜林荒山使用权的拍卖只在西南地区和吕梁地区的部分县市进行试点，没有在全国展开（黄李焰、陈少平、陈泉生，2005）。林业股份合作制对于解决森林资源产权归属、合理分配各类生产要素、推进适度规模经营等方面都显示出了其他组织形式难以比拟的优越性，在实践中显示出了旺盛的生命力，被林农及其他林业经营者和投资者

广为接受。

林业产权制度改革突破时期（1998—2002 年），林地可以自由转让使用权和经营权，为林业合作提供了产权基石，相关资料文件见表 1-8。1998 年，我国遭受罕见洪水灾害，除了气候异常、降雨集中外，也与生态环境遭受破坏有很大关系。1998 年 10 月，《中共中央、国务院关于灾后重建、整治江湖、兴修水利的若干意见》，提出实行封山植树、退耕还林的政策，防治水土流失，改善生态环境，并全面叫停长江、黄河流域上中游的天然林采伐，国内木材需求可通过种植速生树种来解决，大力营造速生丰产林基地。2003 年 3 月，《农村土地承包法》开始生效，规定承包方依法享有承包地使用、收益和土地承包经营权流转的权利。对于不宜采取家庭承包方式的荒山、荒沟、荒丘、荒滩（简称"四荒"）等农村土地，可以采取招标、拍卖、公开协商等方式进行承包。林地的承包期为 30～70 年，特殊林木的林地承包期，若经国务院林业行政主管部门批准可以进一步延长。林农拥有了长期而有保障的林地使用权和经营权，承包权得到保障。2003 年 6 月，《中共中央 国务院关于加快林业发展的决定》，提出要扶持发展各种专业合作组织，森林、林木和林地使用权可依法继承、抵押、担保、入股和作为合资、合作的出资或条件。自此，全国开始了新一轮林业产权制度改革。

表 1-8　林业产权制度改革突破时期相关资料文件

| 年份 | 政策 | 主要相关内容 |
|---|---|---|
| 1998 年 10 月 | 《中共中央、国务院关于灾后重建、整治江湖、兴修水利的若干意见》 | 提出实行封山植树、退耕还林的政策，防治水土流失，改善生态环境。 |
| 2003 年 3 月 | 《农村土地承包法》 | 规定承包方依法享有承包地使用、收益和土地承包经营权流转的权利。 |
| 2003 年 6 月 | 《中共中央 国务院关于加快林业发展的决定》 | 提出要扶持发展各种专业合作组织，森林、林木和林地使用权可依法继承、抵押、担保、入股和作为合资、合作的出资或条件。 |

林业产权制度改革深化时期（2003 年至今）包括集体林权制度的主体改

革和配套改革,相关政策如表 1-9 所示。福建省率先开展了以"明晰所有权、放活经营权、落实处置权、保障收益权"为主要内容的集体林权制度改革,随后,各省相继推出加快林业发展的政策。2005 年 6 月,国家林业局印发《国家林业局关于继续深入落实〈中共中央 国务院关于加快林业发展的决定〉的意见》,提出要大力发展和壮大林业产业,完善林业产业社会化服务体系,研究各种林业专业合作组织扶持政策。2005 年 12 月,《中共中央 国务院关于推进社会主义新农村建设的若干意见》提出要发展农业产业化经营。具体做法包括推广龙头企业、合作组织与农户有机结合的组织形式,积极引导和支持农民发展各类专业合作经济组织,加快立法进程,加大扶持力度,建立有利于农民合作经济组织发展的信贷、财税和登记等制度。2008 年 4 月,国务院常务会议研究部署集体林权制度改革工作,审议并原则通过《中共中央 国务院关于全面推进集体林权制度改革的意见》,指出集体林权制度改革的总体目标是用 5 年左右时间,基本完成明晰产权、承包到户的改革任务。在此基础上,继续深化改革,完善政策,健全服务,规范管理,逐步形成集体林业的良性发展机制,实现资源增长、农民增收、生态良好、林区和谐的目标。该《意见》提出的完善集体林权制度改革的政策措施包括加强林业社会化服务,扶持发展林业专业合作组织,培育一批辐射面广、带动力强的龙头企业,以促进林业规模化、标准化、集约化经营。

表 1-9　林业产权制度改革深化时期相关资料文件

| 年份 | 政策 | 主要相关内容 |
|---|---|---|
| 2005 年 6 月 | 国家林业局印发《国家林业局关于继续深入落实〈中共中央 国务院关于加快林业发展的决定〉的意见》 | 提出要大力发展和壮大林业产业,完善林业产业社会化服务体系,研究各种林业专业合作组织扶持政策。 |
| 2005 年 12 月 | 《中共中央 国务院关于推进社会主义新农村建设的若干意见》 | 提出发展农业产业化经营。推广龙头企业、合作组织与农户有机结合的组织形式,积极引导和支持农民发展各类专业合作经济组织,加快立法进程,加大扶持力度,建立有利于农民合作经济组织发展的信贷、财税和登记等制度。 |

续表

| 年份 | 政策 | 主要相关内容 |
|---|---|---|
| 2008 年 4 月 | 国务院常务会议审议并原则通过《中共中央 国务院关于全面推进集体林权制度改革的意见》 | 用 5 年左右时间，基本完成明晰产权、承包到户的改革任务。扶持发展林业专业合作组织，培育一批辐射面广、带动力强的龙头企业，促进林业规模化、标准化、集约化经营。 |
| 2009 年 5 月 | 中国人民银行、财政部、银监会、保监会和国家林业局联合发布《关于做好集体林权制度改革和林业发展金融服务工作的指导意见》 | 鼓励各类担保机构开办林业融资担保业务，大力推行以专业合作组织为主体，由林业企业和林农自愿入会或出资组建的互助性担保体系。 |
| 2012 年 7 月 | 国务院办公厅印发《关于加快林下经济发展的意见》 | 多次强调支持农民林业专业合作组织建设和发展，提高农民发展林下经济的组织化水平和抗风险能力。 |
| 2013 年 9 月 | 国家林业局印发《关于加快林业专业合作组织发展的通知》 | 强调高度重视，充分认识加强林业专业合作组织建设的重要意义；强化措施，不断落实林业专业合作组织发展政策。 |
| 2017 年 7 月 | 国家林业局印发《关于加快培育新型林业经营主体的指导意见》 | 鼓励发展股份合作社，优化金融保险扶持政策。积极开展示范社创建活动，推进农民林业专业合作社规范化发展。 |
| 2018 年 5 月 | 国家林业和草原局印发《关于进一步放活集体林经营权的意见》 | 进一步拓展集体林权特别是经营权权能，推广规模经营主体间开展林权收储担保业务；引导具有经济实力和经营特长的农户领办林业专业合作社，形成规模化、集约化、商品化经营。 |

　　除了主体改革外，与林权制度相关的配套改革，如经营主体、金融支持等改革也逐渐开展进行。2009 年 5 月，中国人民银行、财政部、银监会、保监会和国家林业局联合发布《关于做好集体林权制度改革和林业发展金融服务工作的指导意见》，鼓励各类担保机构开办林业融资担保业务，大力推行以专业合作组织为主体，由林业企业和林农自愿入会或出资组建的互助性担保体系。2012 年 7 月，国务院办公厅印发《关于加快林下经济发展的意

见》,文中多次强调要支持农民林业专业合作组织的建设和发展,提高农民发展林下经济的组织化水平和抗风险能力。2013 年 9 月,国家林业局印发《关于加快林业专业合作组织发展的通知》,强调应高度重视,充分认识加强林业专业合作组织建设的重要意义,认为"发展林业专业合作组织是提高林业组织化程度,推动分散经营向专业化、规模化经营转变,为林农服务的最主要的载体,是林业科技推广最重要的载体,是落实强林惠农政策最重要的平台,也是构建现代林业经营体系的重要基石"。各地应强化措施,不断落实林业专业合作组织发展政策。2017 年 7 月 18 日,国家林业局印发《关于加快培育新型林业经营主体的指导意见》,鼓励发展股份合作社,优化金融保险扶持政策。同时鼓励和支持林业专业大户、家庭林场、农村能人等牵头组建农民林业专业合作社,并推进农民林业专业合作社规范化发展。2018 年 5 月,国家林业和草原局印发《关于进一步放活集体林经营权的意见》,进一步拓展了集体林权特别是经营权权能,建议推广规模经营主体间开展林权收储担保业务。鼓励引导具有经济实力和经营特长的农户领办林业专业合作社,形成规模化、集约化、商品化经营。

新一轮集体林权改革是进一步解放和发展生产力的必然要求,是促进农民持续增收的重要措施(罗必良、高岚,2013:38)。改革进程中,发展林业专业合作社对巩固林业改革成果、带动农民增收致富、建设生态文明,具有十分重要的意义。

## 1.2 林业专业合作社融资的三重困境

合作社是实现农民增收、农业升级和农村发展的重要途径(许建明、孟庆国,2018;徐旭初,2022),而金融支持不仅能很好地缓解农民的流动性约束,提升人力资本投资和生产性投资,也能极大缓解合作社的资金约束,帮助合作社开展业务,促进合作社规模扩张(李润平、周灵灵,2014)。但由于缺少抵押担保品、金融交易成本过高等问题,合作社面临着严重的信贷约束,不论是处于发展起步阶段还是发展中期的合作社都面临资本匮乏制约发展的问题(孙才仁、王玉莹、张霞,2014),如何破解这一难题是促进合作社发展的重中之重。林业专业合作社的融资困境,根源于农户本身的金融资源匮乏,又面临林业产业特性和合作社组织形式缺陷所带来的融资局限,是包括农户、林业产业以及合作社组织在内的三重困境。

### 1.2.1　林农融资困境

由于缺少抵押品,农民仅靠信用从银行或者农村信用社申请贷款的信用额度十分有限(徐丽鹤、袁燕,2017)。部分农户受到正规金融的抑制,转而向非正规金融渠道寻求资金支持。本书对农户融资渠道选择和正规信贷配给的已有研究进行回顾,以深入探讨农户的融资困境。

(1)农户融资渠道选择。农村信贷市场的融资渠道可分为正规金融与非正规金融两个来源,在正规信贷市场上,农民专业合作社面临较为严重的金融抑制。刘文雯和王征兵(2014)对驻马店118家农业专业合作社进行调查发现,87%的合作社在资金短缺时曾向银行申请贷款,但绝大部分都借款失败,最终成功向银行贷款的合作社仅占21%。非正规金融是长期存在于信贷市场上的主要融资渠道之一,相比正规金融,通常认为非正规金融借贷的交易成本要更低,信息不对称程度也有所降低,具有审查和甄别机制灵活、成本低、及时性强等优点,能够很好地缓解农村融资约束(张冀民、高新才,2016;刘政、杨先明,2017)。何光辉和杨咸月(2014)通过对2009年的农村微观调查数据进行实证研究发现,非正规借款在农村信贷市场上占有绝对优势,张晓琳等人(2018)对山东省922户农户的问卷调查结果也显示,非正规金融机构是该地区农户的融资渠道首选。

学术界中不乏关于正规金融和非正规金融之间关系的探讨。不少学者观察到了正规金融和非正规金融之间的互补效应。张兵和张宁(2012)对非正规金融与农户的信贷可获性进行了实证研究,结果表明,非正规金融与正规金融在服务对象和借款用途方面具有显著差异,二者的互补性体现在功能上的互补。刘西川等人(2014)认为非正规金融与正规金融之间存在互补关系,但二者互补的体现却与张兵和张宁的结论相反,刘西川等人所观察到的非正规金融部门与正规金融部门的互补关系主要体现在两个部门同时提供生产性贷款和消费性贷款,并且会共同支持某一借款者。刘勇和李睿(2018)在关于农业补贴和非正规金融对我国农户正规信贷需求的影响研究中发现,非正规金融与农业补贴一样,都会刺激农户的正规信贷需求,即非正规信贷与正规信贷之间存在互补关系。

但也有学者持不同的看法,认为正规金融和非正规金融之间存在替代效应。如刘雨松和钱文荣(2018)运用2014年中国家庭追踪调查(CFPS)数据实证研究了正规、非正规金融对农户创业决策及创业绩效的影响,发现当正规金融无法满足创业农户的融资需求时,农户会转向非正规金融以获取创业所需资金,王春超和赖艳(2017)在研究金融抑制对企业融资渠道选择行为的影响时,也观察到了类似的情况,他们认为,金融抑制会提高正规金融的融资成本,促使企业转而选择非正规金融进行融资。Jain(1999)和殷浩栋等人(2017)也有相似的研究成果,他们的研究表明,非正规金融凭借自身的成本和信息优势在一定程度上替代了正规金融,进而在农户信贷市场中占据了有利地位,并对正规金融借贷形成了挤出效应。

不同类型的借款者往往会依据自身情况来选择信贷合约(Conning and Udry,2007:2857-2908)。正规金融机构为了防范贷款风险,往往会制定借款人的进入标准,进而产生诸如公共费用、时间成本、信息披露成本以及其他各类附加费用等隐性成本(李富有、匡桦,2010)。理性的借款人会对这类隐性成本进行衡量,进而做出是否贷款的决定。但也有研究表明,除了正规金融部门给予的信贷配给外,借款人对于风险的惧怕、对投资机会的认知程度以及对正规金融部门决策的预判等因素也会影响借款人的贷款决策。即农户融资渠道的选择取决于农户与正规金融和非正规金融借贷过程中的各种必要程序、贷款条件、交易风险,以及农户预期的贷款获得情况等因素(赵建梅、刘玲玲,2013)。也有学者通过总结梳理认为,影响农户融资渠道选择的最本质因素可以分为两个部分,一是交易成本,包括借贷利率、信息成本、"欠人情"的隐性成本和交通、时间成本;二是农户的自身禀赋,家庭基本特征,包括家庭结构、人口特征、资产状况、社会资本等(殷浩栋、汪三贵、王彩玲,2017)。

从实证研究的角度来看，常见的影响农户融资渠道选择的因素包括年龄、性别、受教育年限、健康状况、家庭人口规模、土地规模、财务水平、社会资本等家庭特征以及与金融机构距离、信息成本以及过往信贷经历等个人特征(马晓青、刘莉亚、胡乃红，2012；赵建梅、刘玲玲，2013；甘宇，2017；殷浩栋、汪三贵、王彩玲，2017)，关于企业融资渠道选择的影响因素则集中在企业注册资本、企业规模、发展情况、资金缺口等方面(李富有、匡桦，2010；张扬，2012；王春超、赖艳，2017)。由于所研究的被解释变量不尽相同，在计量方法的使用上有最小二乘法、三阶段最小二乘法等针对被解释变量为具体数值的计量方法，也有适用于二元变量的 Probit 模型、双变量 Probit 模型等。

已有的关于融资渠道选择的研究多将焦点集中在农民和企业，关于农民专业合作社融资渠道选择的研究较少，且对于正规金融与非正规金融的讨论居多，较少见到对于混合贷款情形的研究。对于农村融资渠道选择的研究，无论是从研究对象还是研究内容来看，都有待进一步丰富。

(2)农户正规渠道信贷配给。依据 Stiglitz 和 Weiss(1981)对信贷配给现象做出的阐述，信贷配给是指信贷市场上可贷资金供给需求均衡时存在的部分借贷者无法获得贷款的经济现象。从供给的角度看，信贷配给是银行为降低自身风险而对潜在客户进行筛选的市场行为，从需求的角度看，信贷配给是指部分借款者即便愿意接受正规信贷所带来的隐性成本，也无法获得贷款支持，具体表现为信贷需求的满足程度(Williamson，1987；陈言，2018)。

在早期的研究中，大多文献都将农户信贷配给默认为数量配给，直到 Boucher 等人(2008)提出，信贷配给应分为数量配给和风险配给，并证明了二者同时存在于信贷市场上。其中，数量配给是指常见的农户贷款人无法获得信贷资金，风险配给则发生在保险市场缺失的情况下，贷款人受信息不对称的限制，将资金风险转移给借款人，以至于借款人自愿退出信贷市场，即使借款人拥有获得贷款资格所需的抵押品。此后，不断有学者对信贷配给进行研究并细化了其分类方式，如梁虎和罗剑朝(2019)从供给和需求两方面出发，将信贷配给分为需求缺乏型、未受信贷配给、需求型信贷配给、供给型信贷配给四类，陈言(2018)将信贷配给分为数量配给、担保配给、风险配给、交易成本配给和社会资本配给，董晓林等人(2018)则认为信贷配给包括价格配给、完全数量配给、部分数量配给、风险配给和交易成本配给五个类型,许多学者有类似的研究(任劼、孔荣、Turvey,2015;王静、朱烨炜,2015;孟樱、王静,2017;彭澎、吕开宇,2017;米运生、石晓敏、廖祥乐,2018)。也有学者依据研究目标将信贷配给简单分为两种,如需求型信贷配给和供给型信贷配给、银行信贷配给和自我信贷配给等(李成友、李庆海,2016;李庆海、吕小锋、孙光林,2016;王性玉、胡亚敏、王开阳,2016)。表1-10列出了近几年学术界对于信贷配给的常见划分及定义。

表 1-10　常见信贷配给类型分类与说明

| 信贷配给类型 | 类型说明 | 来源 |
|---|---|---|
| 需求缺乏型 | 因自有资金充足、利率过高等原因而没有有效贷款需求 | 梁虎、罗剑朝(2019) |
| 未受信贷配给 | 申请正规信贷且贷款金额得到完全满足 | 梁虎、罗剑朝(2019) |
| 供给型信贷配给 | (部分被动配给)仅获得申请贷款的部分;(完全被动配给)申请贷款被拒绝 | 梁虎、罗剑朝(2019),李庆海、吕小锋、孙光林(2016),李成友、李庆海(2016) |
| 需求型信贷配给 | 因社会资本缺乏、贷款程序繁杂、非利息成本、贷款拒绝率过高或失去抵押物等原因主动放弃申请贷款 | 梁虎、罗剑朝(2019),李庆海、吕小锋、孙光林(2016),李成友、李庆海(2016) |
| 数量配给 | 因被银行机构拒绝导致贷款需求未满足或只获得部分满足的情况 | 陈言(2018),米运生、石晓敏、廖祥乐(2018),任劼、孔荣、Turvey(2015) |
| 完全数量配给 | 借款者没有获得贷款 | 董晓林、冯韵、管煜茹(2018),孟樱、王静(2017) |
| 部分数量配给 | 借款者没有获得其实际需求的贷款数额,只得到部分贷款 | 董晓林、冯韵、管煜茹(2018),孟樱、王静(2017) |
| 担保配给 | 因自知缺少有效担保而放弃申请贷款的情况 | 陈言(2018) |
| 风险配给 | 因担心失去抵押品而放弃申请贷款的情况 | 陈言(2018),董晓林、冯韵、管煜茹(2018),米运生、石晓敏、廖祥乐(2018),孟樱、王静(2017),任劼、孔荣、Turvey(2015) |

续表

| 信贷配给类型 | 类型说明 | 来源 |
|---|---|---|
| 交易成本配给 | 因交易成本太高而放弃申请贷款的情况 | 陈言(2018)，董晓林、冯韵、管煜茹(2018)，米运生、石晓敏、廖祥乐(2018)，孟樱、王静(2017)，彭澎、吕开宇(2017) |
| 社会资本配给 | 因自知缺少人情关系、政治资源等社会资本而放弃申请贷款的情况 | 陈言(2018) |
| 自我配给 | 借款者因为自身主观原因没有申请贷款或获得贷款 | 孟樱、王静(2017)，王性玉、胡亚敏、王开阳(2016) |
| 价格配给 | 以贷款利率作为市场出清机制，借款人因利率过高而无法得到贷款的情形 | 董晓林、冯韵、管煜茹(2018)，米运生、石晓敏、廖祥乐(2018)，孟樱、王静(2017)，任劼、孔荣、Turvey(2015) |

目前,识别农户信贷配给影响因素的模型可大致分为单方程模型和多元方程组模型两种。单方程模型多使用 Probit 模型或 Logit 模型,如彭澎和吕开宇(2017)采用了 Probit 模型对中国农村信贷市场中农户正规信贷交易成本配给的影响因素进行了研究,任劼等人(2015)使用二元 Logit 模型来分析农户风险配给的影响因素,陈言(2018)、李成友和李庆海(2016)也采用了单方程模型。使用单方程模型的研究,其研究对象大多是具有信贷需求的农户,或是在数据处理时直接将无信贷需求的农户视为没有遭受信贷配给。由于此类方程无法处理没有信贷需求的农户样本,因而会产生样本选择偏差的问题,导致样本选择性估计偏误(李庆海、吕小锋、孙光林,2016)。

多元方程模型包括多项 Logit 模型、双变量 Probit 模型和双重样本选择模型等。如孟樱和王静(2017)将信贷配给类型分为数量配给、价格配给、风险配给、交易成本配给和自我配给,使用多项 Logit 模型分析了不同信贷配给类型的影响因素;王静和朱烨炜(2015)运用双变量 Probit 模型对农户受到信贷配给的影响因素及程度进行了实证研究,李庆海等人(2016)通过双重样本选择模型来识别影响农户需求型配给和供给型配给的因素。多项

Logit模型被广泛用于研究信贷配给问题,但是该模型对数据的要求较严格,需要满足无关独立性假设(IIA假设),即被解释变量的不同选项之间不相关,具有一定难度,双变量Probit模型和双重样本选择模型能够纠正样本选择性问题,具有较高的估计效率。

## 1.2.2 林业产业融资困境

(1)林业投资现状。自1950年以来,林业总投资总体呈平稳上升趋势(见表1-11)。特别是1978年改革开放后,林业生产活力被激发,林业投资快速增长。我国林业投资在1978年达到10.57亿元,除1987年、1988年略有降低外,其他年份均保持稳步增长。2000年的林业投资为167.77亿元。2020年受新冠肺炎疫情影响,我国林业投资完成额达4300亿元(见图1-1),与改革开放之初相比,增长了400多倍(按现价计算)。

国家投资在生态建设中发挥引导功能和主导功能。但是,从长线看,林业总投资中的国家比重呈波动性降低态势。相比一开始林业由国家百分百投资的局面,"十三五"时期(2016—2020年)林业投资中的国家投资比重仅有49%,这意味着当前林业总投资中,除了国家预算内投资外,其他投资(国内贷款、利用外资、自筹资金、其他资金等)正在逐渐被引入林业产业的发展中。

国家投资在生态建设中发挥主导功能。投资结构由从以国家预算投入为主、森工投资为重点向国家预算投入比重降低、森工和营林并重转变,最终形成多种投入方式并存、国家预算重点支持林业重点生态工程的投资结构。就林业重点生态工程而言,国家投资的占比在逐步提升,从"八五"时期一直上升(31%),在"十三五"时期达到了91%。2020年,林业落实中央资金约1400亿元,新增政策性开发性贷款322.2亿元。

从林业投资分布情况来看(见图1-2),2020年林业投资多用于生态建设与保护,占比44.14%;排名第二的是林业产业发展,占比为39.98%。林业支持与保障及其他用途各占比12.62%和3.26%。

表 1-11　各个时期全国林业投资完成额及林业重点生态工程投资

| 时期 | 林业总投资/亿元 | 林业总投资中国家投资比重 | 林业重点生态工程投资合计/亿元 | 林业重点生态工程投资占林业总投资比重 | 林业重点生态工程中国家投资比重 |
|---|---|---|---|---|---|
| 三年恢复时期（1950—1952 年） | 0.82 | 1.00 | — | — | — |
| "一五"时期（1953—1957 年） | 7.69 | 1.00 | — | — | — |
| "二五"时期（1958—1962 年） | 25.17 | 0.87 | — | — | — |
| 三年调整时期（1963—1965 年） | 22.57 | 0.85 | — | — | — |
| "三五"时期（1966—1970 年） | 30.57 | 0.73 | — | — | — |
| "四五"时期（1971—1975 年） | 45.78 | 0.64 | — | — | — |
| "五五"时期（1976—1980 年） | 51.71 | 0.62 | — | — | — |
| "六五"时期（1981—1985 年） | 83.73 | 0.43 | — | — | — |
| "七五"时期（1986—1990 年） | 128.44 | 0.40 | — | — | — |
| "八五"时期（1991—1995 年） | 278.18 | 0.36 | 50.57 | 0.18 | 0.31 |
| "九五"时期（1996—2000 年） | 749.90 | 0.46 | 281.18 | 0.37 | 0.64 |
| "十五"时期（2001—2005 年） | 2164.82 | 0.73 | 1481.95 | 0.68 | 0.86 |
| "十一五"时期（2006—2010 年） | 5471.75 | 0.62 | 2610.88 | 0.48 | 0.80 |
| "十二五"时期（2011—2015 年） | 14511.48 | 0.45 | 2968.10 | 0.21 | 0.83 |
| "十三五"时期（2016—2020 年） | 22952.56 | 0.49 | 2566.21 | 0.11 | 0.91 |

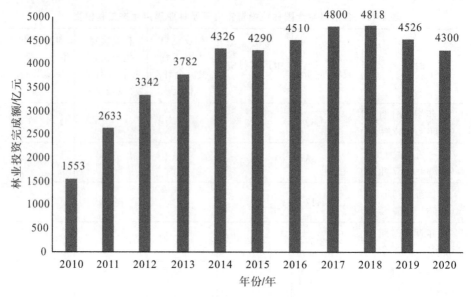

**图 1-1 历年全国林业投资完成额**

数据来源：国家林业和草原局。

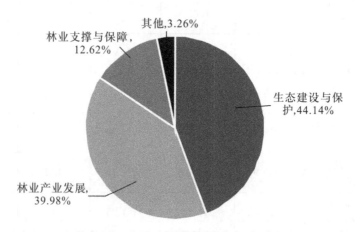

**图 1-2 2020 年林业投资分布情况**

数据来源：国家林业和草原局。

（2）林业金融研究历程。要了解林业产业的融资困境，有必要对林业金融研究的发展历程进行梳理，以获得历史视角。本部分使用知识图谱的共被引分析法，利用 CiteSpace V 软件对 1987—2016 年间国内外林业金融的研究成果进行可视化分析，对过去林业金融研究前沿的演进机制进行总结梳理，掌握其发展脉络，以利于更深入地了解林业产业的融资困境。

知识图谱的共被引分析是国内外学者对某一研究领域的研究前沿及历程进行研究的主流方法（许振亮、郭晓川，2012；赵蓉英、魏明坤，2016；Burmaoglueral.，2017；Rosa，2017）。CiteSpace 共被引分析能够以图谱的形式呈现文献的被引情况，可视化地展现了某一领域的知识基础和研究前沿。已发表文献所形成的共被引聚类形成了该领域的知识基础，并且这一聚类具有相对稳定性（许振亮、郭晓川，2012），研究前沿是指以共被引文献为知识基础的施引文献集合，代表了该领域代表性思想的发展情况。为了追踪国际林业金融研究的知识基础及研究前沿，使用 CiteSpace Ⅴ 软件对所收集的时间跨度为 1987—2016 的 1582 篇论文进行文献共被引分析。

经不断优化，最终确定英文文献时间分区为 10 年，中文文献为 5 年，每一时区的节点数量均为 10，选择"聚类视角"，得到林业金融国内外文献共被引聚类图谱，进一步启动 CiteSpace Ⅴ 软件中的"时区视角"观察林业金融研究前沿的发展历程。为使软件图片更清晰可见，本书对图片进行优化处理，如图 1-3 至图 1-6 所示。

在结果分析中，中介中心性是测度节点在网络中重要性的一个指标，文献爆发性用于检测突发主题，被引频次反映了作为知识基础的代表性被引文献，通过节点大小来衡量，年轮的厚度与其在相应时区内的被引频次成正比。国内外文献共被引知识图谱的网络节点数量分别为 40 个和 56 个，连线数量分别为 72 条和 114 条，网络模块度（modularity）分别为 0.6280 和 0.7453，网络同质性（silhouette）分别为 0.6354 和 0.9432，均超过 0.5，说明聚类较为合理（见图 1-3 和图 1-4）。国际共被引知识图谱的网络节点采用参考文献作为标签，自动生成 9 个聚类，选取同质性较好的 7 个聚类作为分析（见表 1-12），国内共被引知识图谱则采用关键词作为分类标签，生成 8 个聚类（见表 1-13）。国际文献集中在 1992 年之后，1987—1991 年这一时间段无相关文献（见图 1-5）。中国林业金融的研究具有明显的时间分区（见图 1-6）。因此，以下将对 1990 年代至 20 世纪末、21 世纪初至 2010 年代、2010 年代至今三个时间段的国内外林业金融知识群进行分析。按照时间顺序将重要文献进行整理(见表 1-14),结合各个时间段,阅读相关聚类的施引文献,并结合表 1-12 和表 1-13 中的聚类分类及其关键词,对林业金融国际的学术发展动向进行深入解读。

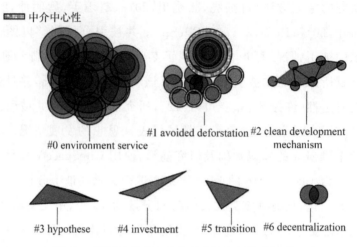

图 1-3　国际林业金融文献共被引知识聚类图谱

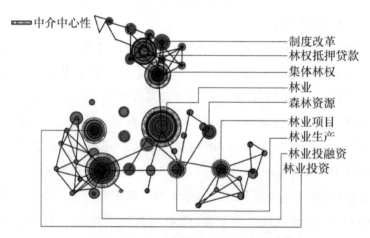

图 1-4　国内林业金融文献共被引知识聚类图谱

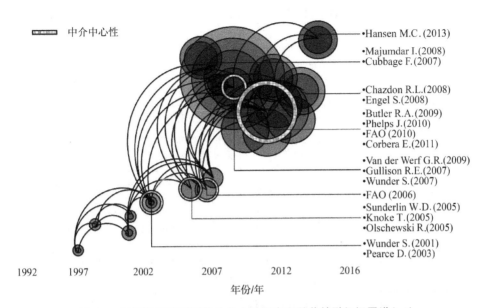

图 1-5　时区视角下的国际林业金融研究文献共被引知识图谱（一）

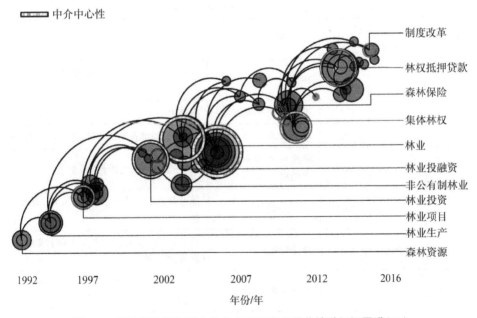

图 1-6　时区视角下的国内林业金融研究文献共被引知识图谱（二）

表 1-12　国际林业金融领域研究聚类

| 聚类号 | 经典文献数量 | 年份 | 研究前沿 | 关键词 |
|---|---|---|---|---|
| 0 | 9 | 2009 | 森林生态重要性及环境付费 | 环境服务付费;生态修复;森林生态服务功能 |
| 1 | 9 | 2006 | 碳汇林业 | 避免滥砍滥伐;碳排放;气候政策;森林退化 |
| 2 | 6 | 2000 | 森林清洁发展机制 | 清洁发展机制;京都议定书;碳汇项目非持久性问题;碳计量 |
| 3 | 4 | 1998 | 森林发展策略 | 家庭发展策略;林农收入;监管成本;环境红利 |
| 4 | 4 | 2005 | 森林管理与投资 | 投资;异龄管理;财政分析;私有林 |
| 5 | 3 | 2005 | 园林景观发展与管理 | 转型过渡;景观管理;农林复合景观;林业规模 |
| 6 | 2 | 2003 | 政府财政转移分配模式 | 分散化投资;林农生计;激励策略;资源管理 |

表 1-13　国内林业金融领域研究聚类

| 聚类号 | 经典文献数量 | 年份 | 研究前沿 | 关键词 |
|---|---|---|---|---|
| 0 | 14 | 2003 | 林业投融资 | 林业投融资;非公有制林业;国家林业局 |
| 1 | 9 | 2012 | 集体林权制度改革 | 集体林权;林权抵押贷款;制度改革 |
| 2 | 8 | 1998 | 森林管理 | 林业项目;林业生产周期;速生丰产林 |
| 3 | 7 | 2008 | 林业资本与林业信贷约束 | 林业;公益性;弱质性;投融资 |
| 4 | 5 | 1997 | 林业经营管理 | 林业生产;中国林业;企业留利;商品林 |
| 5 | 5 | 2010 | 森林保险 | 森林保险;永安市;林权改革;成效;政策性森林保险 |
| 6 | 4 | 2012 | 林业金融供给 | 金融供给;商业性金融;林业金融;金融创新 |
| 7 | 4 | 2013 | 林业金融问题与对策 | 问题;对策建议;中央林业投资;福建 |

表 1-14    国际林业金融研究重要文献

| 年份 | 第一作者 | 节点文献 | 被引频次 | 中心度 | 频增度 | 聚类号 |
|------|----------|----------|----------|--------|--------|--------|
| 2001 | Wunder S. | Poverty Alleviation and Tropical Forests—what scope for synergies? | 7 | 0.07 | 3.7 | 6 |
| 2003 | Pearce D. | Sustainable forestry in the tropics：panacea or folly? | 7 | 0.11 | — | 1 |
| 2005 | Knoke T. | Mixed forests reconsidered：a forest economics contribution on an ecological concept | 8 | 0.13 | — | 4 |
| 2005 | Olschewski R. | Secondary forests as temporary carbon sinks? The economic impact of accounting methods on reforestation projects in the tropics | 7 | 0.13 | — | 1 |
| 2005 | Sunderlin W.D. | Livelihoods，forests，and conservation in developing countries：an overview | 23 | — | 5.19 | 6 |
| 2006 | FAO | Global Forest Resources Assessment 2006 | — | 0.14 | — | 1 |
| 2007 | Cubbage F. | Policy instruments to enhance multi-functional forest management | 12 | — | — | 6 |
| 2007 | Gullison R.E. | Tropical Forests and Climate Policy | 7 | — | — | — |
| 2007 | Wunder S. | The efficiency of payments for environmental services in tropical conservation | 13 | — | 3.98 | 0 |
| 2008 | Majumdar I. | Characterizing family forest owners：a cluster analysis approach | 11 | — | — | 7 |
| 2008 | Chazdon R.L. | Beyond deforestation：restoring forests and ecosystem services on degraded lands | 12 | — | — | 0 |
| 2008 | Engel S. | Designing payments for environmental services in theory and practice：an overview of the issues | 26 | — | 6.12 | 0 |

续表

| 年份 | 第一作者 | 节点文献 | 被引频次 | 中心度 | 频增度 | 聚类号 |
|------|----------|----------|----------|--------|--------|--------|
| 2009 | Butler R.A. | REDD in the red: palm oil could undermine carbon payment schemes | 18 | 0.46 | — | 1 |
| 2009 | Van der Werf G.R. | Correction: $CO_2$ emissions from forest loss | 17 | — | 3.86 | 0 |
| 2010 | FAO | Global Forest Resources Assessment 2010 | 19 | — | 4.34 | 0 |
| 2010 | Phelps J. | Does REDD+ threaten to recentralize forest governance? | 16 | — | 4.79 | 0 |
| 2011 | Corbera E. | Governing and implementing REDD+ | 11 | 0.09 | — | 0 |
| 2013 | Hansen M.C. | High-Resolution Global Maps of 21st-Century Forest Cover Change | 13 | — | — | 0 |

①国际森林发展策略的转变与国内林业生产及贷款项目（20世纪90年代至20世纪末）

从20世纪90年代至20世纪末国内外林业金融方面的研究热点关键词（见表1-15）可以看出，在这一时期，无论是国内还是国外均着重于森林发展与经营管理的研究，林业金融成为促进森林事业的金融手段。

表1-15　20世纪90年代至20世纪末林业金融研究热点

| 平均年份 | 国内外 | 研究前沿 | 关键词 | 经典文献数量 | 聚类号 |
|----------|--------|----------|--------|--------------|--------|
| 1997 | D | 林业生产 | 林业生产；中国林业；企业留利；商品林 | 5 | 4 |
| 1998 | I | 森林发展策略 | 家庭发展策略；林农收入；监管成本；环境红利 | 4 | 3 |
| | D | 林业项目 | 林业项目；林业生产周期；速生丰产林 | 8 | 2 |

说明："D"为国内，"I"为国际。下同。

20世纪90年代至20世纪末，国际上越来越多的人对乱砍滥伐粗犷式的森林发展策略提出质疑。森林被称为"地球之肺"，在固碳释氧、净化空气、调节气候、蓄水保土等方面具有无可替代的作用。但在 20 世纪 90 年代，由于采伐失当、谋求土地利用和砍伐津贴、人口和贫困压力等原因，森林资源丰富的地区存在大量的粗放式砍伐，导致森林大规模削减（Nepstad et al.，1999）。森林生态系统的脆弱性引发了世界范围内对森林经营管理的重视，众多学者使用案例研究法来佐证其重要性，较具代表性的是 Barreto 等学者（1998）对东部亚马逊森林的研究证实了良好的计划采伐以及伐木后的造林处理有利于森林资源的可持续发展。但对于追求现时利益的经济落后地区乃至发展中国家而言，植树造林缺乏经济吸引力。为促进森林的永续发展，世界银行支持众多国家开展林业的计划。如世界银行向中国提供总贷款额为 3 亿美元的大型林业外资项目"国家造林项目"，计划在 1990—1995 年，在北起辽宁南至海南的 16 个省（自治区、直辖市）的近 300 个县内建立 98.5 万公顷高标准速生丰产用材林（程红，1998）。这一阶段为林业金融的萌芽阶段，正因为森林发展经营方式的转变，催生了支持林业发展的金融项目。

国内在这一时期主要推行林业速生丰产林及治沙贷款，由中国农业银行负责这两个项目的业务。但由于林业、治沙贷款项目利率低、周期长、回收率低，中国农业银行作为商业性银行所固有的盈利性本质与林业经济活动的低效益性产生了不可调节的利益矛盾。1995 年，中国成立了不以盈利为目的的政策性银行——中国农业发展银行，并将林业、治沙两项专项贷款业务划归中国农业发展银行，以促进林业事业的顺利开展。中国农业发展银行成立初期只有总行和分行两级，业务由中国农业银行代理。作为商业银行，中国农业银行在信贷活动中存在"利己"行为。由于中国农业发展银行只进行贷款的增量业务，贷款余额没有划转，仍留在中国农业银行，很难做到专款专用，容易产生新贷还旧贷、以代收息、用中国农业发展银行贷款还中国农业银行贷款等"掉包"行为。针对这一现象，有学者提出对林业贷款实行"统贷统还"，即林业部门将其所辖区域内或所辖单位发展林业或治沙的贷款由一个具有法人资格的经济实体承贷，到期由该实体负责偿还（武康明，1996）。这一方法要求林业部门参与林业信贷活动，包括组织参与、企业经营管理与监督等，强化了林业部门对林业产业发展的调控性，也有利于林业贷款项目的专款专用。

②国际林业碳汇项目与国内林业投融资(21世纪初至2010年代)

21世纪之后,国际上对林业金融的研究愈加增多,研究的重点主要包括清洁发展机制(clean development mechanism,CDM)、减少毁林和森林退化引起的排放(REDD)以及环境服务付费(PES)等林业碳汇项目(见表1-16),以及在此基础上引发的关于园林景观以及森林管理投资等探讨。国内研究的重点则聚焦于集体林权制度改革下的林业投融资问题。

**表1-16 21世纪初至2010年代林业金融研究热点**

| 平均年份 | 国内外 | 研究前沿 | 关键词 | 经典文献数量 | 聚类号 |
|---|---|---|---|---|---|
| 2000 | I | 清洁发展机制 | 清洁发展机制;京都议定书;碳汇项目非永久性问题;碳计量 | 6 | 2 |
| 2003 | I | 金融激励 | 分散化森林管理;林农生计;激励策略;资源管理 | 2 | 6 |
| | D | 林业投融资 | 林业投融资;非公有制林业;国家林业局 | 0 | 14 |
| 2005 | I | 森林管理与投资 | 投资;异龄管理;财政分析;私有林 | 4 | 4 |
| | I | 园林景观发展与管理 | 转型过渡;景观管理;农林复合景观;林业规模 | 3 | 5 |
| 2006 | I | 林业碳汇 | 避免滥砍滥伐;碳排放;气候政策;森林退化 | 9 | 1 |
| 2008 | D | 林业投融资转变 | 林业;公益性;弱质性;投融资 | 7 | 3 |
| 2009 | I | 环境服务付费 | 环境服务;生态修复;森林生态服务功能;环境付费 | 9 | 0 |

在国际林业碳汇项目中,3种机制备受关注,分别是清洁发展机制(CDM)、减少毁林和森林退化引起的排放(REDD)以及环境服务付费(PES)。

第一,清洁发展机制(CDM)。以传统工业为代表的第二产业消耗了大量煤炭石油等不可再生资源,造成严重的环境污染和大量的温室气体排放。为减少碳排放,1997年在日本京都召开的联合国气候变化框架公约参加国三次会议上通过了《京都议定书》,制定了国际排放贸易、联合履行机制和清洁发展机制3种基于市场机制、旨在成功有效地实现减排目标的国际合作减排机制(张华明、赵庆建,2011)。进入 21 世纪之后,国际学术界对林业金融的关注点逐渐聚焦在清洁发展机制上。CDM 的核心内容是允许发达国家在发展中国家实施造林和再造林等温室气体减排项目并购买二氧化碳的吸收指标,获取"经核证的减排量"(CERs)。但是,CDM 项目的非永久性问题引发了广泛关注。森林虽然具有固碳功能,但易遭遇自然灾害、人为砍伐,尤其在 CDM 项目结束后,一旦项目执行人由于缺乏金融激励而停止森林维护,森林项目所吸收的碳会再次释放到大气中,从而形成非永久性风险(Marland,Fruit,and Sedjo,2001;Subak,2003;姚兰、刘滨、吴宗鑫,2004)。这一问题引发了对碳计量的探讨,有学者认为使用与保险或储备金相结合的到期信用体系,可以保证比传统保险政策更长的时间跨度,同时保持对长期碳储蓄的激励(Subak,2003)。在国际森林碳汇市场上,CERs 是一项高附加值的金融产品。自 2007 年始,中国已成为全球最大的 CDM 信贷供应商(Liu,2014)。截至 2012 年,中国所签发的 CERs 数量占总数的 64.93%,为最大签发国(曾诗鸿、狐咪咪,2013)。但由于国内碳交易市场不完善,中国缺乏碳交易价格的话语权,交易价格不到国际市场价格的一半,碳交易的附加值很低(漆雁斌、张艳、贾阳,2014)。国内学术界对中国清洁发展机制(CDM)的研究多侧重于 CDM 项目所存在的区域分布差异现象及投资机制设计等问题(杨涛、李随成,2015;游达明、刘芸希,2016)。

第二,减少毁林和森林退化引起的排放(REDD)。在 20 世纪中期,贫困被公认为是造成森林破坏的重要原因。社会上存在过度美好的预期,即认为随着经济的增长,森林破坏程度会随之降低。但这一观点被众多学者驳斥。收入增加可能会增加森林用地的机会成本,加剧森林土地的需求和森林转化,对发展中国家而言,森林保护与经济增长极难实现共赢的局面(Wunder,2001;Sunderlina et al.,2005)。Sunderlina 等学者(2005)发表于 *World Development* 上的关于生计、森林与发展中国家的森林保护的综述文章是这一时期的关键文献,被引频次为 23,频增度为 5.19。该篇论文主要对两个问题进行综述:一是森林资源的利用程度及其对扶贫的贡献作用究竟如何;二是扶贫与森林保护在何种情况下可以同时兼顾。环境库兹涅茨曲线(EKC)的计量实证说明,环境退化随着时间的推移呈现倒 U 形的形态

(Stern and Common,1996;Dinda,2004)。处于热带、亚热带地区的发展中国家多处于环境库兹涅茨曲线的左侧,天然林毁坏问题十分严重。IPCC2007 年发布的气候报告表明,全球排放的温室气体主要是由发展中国家的毁林造成的(林德荣、李智勇,2010)。

为促进热带地区及亚热带地区的发展中国家减少毁林行为,REDD 进入国际气候变化谈判的议程,旨在从发达国家筹集资金来帮助发展中国家减少毁林,其本质是减少毁林和森林退化引起的碳排放而形成的补偿林地所有者、林地组织或国家的一种金融机制。但是,REDD 也产生了国家主权和林地使用者关于土地权益的争议、补偿措施替代森林砍伐而导致的碳泄漏问题以及森林砍伐基线的制定等政治和技术上的难题(Myers,2007;Miles and Kapos,2008),因而并未得到清洁发展机制(CDM)的批准,从而无法在合约市场上进行交易,只能在自愿碳交易市场上进行交易,或使用指定的碳基金进行支付,如世界银行的森林碳伙伴基金(FCPF)等。Butler 等学者(2009)通过对热带地区的棕榈油利润与早期 REDD 项目的利润模型进行比较,证明了在自愿碳交易市场中,同样的林地,种植棕榈油所产生的利益要高于执行 REDD 项目的利益,并且碳汇价格在自愿碳交易市场上的价格和弹性要远远低于合约市场。因此,REDD 方案的经济可行性、为投资人接纳的可能性以及替代土地其他用途的盈利能力都依赖于 REDD 能否在2012 年《京都议定书》第一承诺期到期时被清洁发展机制批准认定。该文献的被引频次为 18,中心度为 0.46,是所有文章中中心度最高的。2009 年,经过哥本哈根气候变化大会谈判,REDD 又增加了森林保护、森林可持续经营和增加森林碳汇的内容,被称为 REDD＋。REDD＋的机制尚未形成定论,引起了学术界的广泛探讨,如 Phelps 等学者(2010)发表于 *Science* 关于平衡集中式森林管理与分散化森林管理的探讨等。有部分国家和国际组织开始探索性地实施了若干项目,如世界银行 2009 年宣布成立的森林碳伙伴基金(FCPF)、联合国粮农组织实施的 UN-REDD 项目等,取得了一定成效。

第三,环境服务付费(PES)。随着研究的深入,人们逐渐发现,天然林在生物多样性和系统弹性等方面存在无可替代性(Chazdon,2008),森林需要自我再生和修复,国家政策干预必不可少。环境服务付费作为一种将外部的、非市场化的环境价值转化为激励地方行为者提供环境服务(ES)的财政机制(Engel,Pagiola,and Wunder,2008),逐渐进入了林业金融的研究视野。在这一知识群中处于关键点位置的代表文献是 Engel 等学者发表在 *Ecological Economics* 上的论文"理论与实践中的环境服务付费设计：一个文献综述",被引频次为 26 次,频增度达到 6.12。文章沿用 Wunder(2001)关于环境服务付费的定义,认为环境服务付费包括 5 个方面：自愿交易、明确界定的环境服务、至少一个买家、至少一个环境服务(ES)提供者以及供给者保证提供环境服务,其核心是环境服务受益者对相应的提供者进行直接的、契约性的和有条件的付费,使后者得以再采取保护和恢复生态系统的行动(Engel,Pagiola,and Wunder,2008)。在此基础上,该篇论文对 PES 的购买者、销售者、机制运转及建立都进行了详细阐述,并将 PES 与其他政策工具进行比较,认为 PES 具有更高的效率和社会效益。在当时的环境下,有 4 种 ES 类型脱颖而出：一是碳封存和储存,如北部电力公司向热带农民提供种植和维护更多的树木；二是生物多样性保护,如保护捐助者为当地居民留置的或自然恢复的地区创建生物走廊；三是流域保护,如下游用水者向上游农民支付限制砍伐森林的土地使用机会成本费用等；四是景观美化,如旅游经营者出于使游客能够观赏野生动物的目的而支付给当地居民停止狩猎的费用(Wunder,2005)。在这之中,景观美化引起较多重视,在不断发展的经济活动中,景观美化逐渐演变成为森林旅游、森林公园等,具有更强的经济性。Chhatre 和 Agrawal(2009)收集了国际金融研究中心的 10 个热带国家的 80 个森林公园数据,使用多项 Logit 回归对其进行分析后认为,森林公园的存在增加了碳储存,且不会对当地生计造成负面影响。

国内生态补偿的概念与环境服务付费类似,遵循"谁开发谁保护、谁受益谁补偿"的原则(朱丹,2017),包括生态林补偿、退耕还林补偿、公益林补偿等。从理论上说,无论是国际上的 PES 还是国内的生态补偿都具有直接性、明确性的特征,对于林业发展十分有利。但事实上,它们的实施是一个长期过程,需要投入大量的财务预算,导致许多地区的环境支付意愿存在不足(Grieg-Grana,Porras,and Wundera,2005)。因此,尽管 PES 可以在改善资源基础的同时使买卖双方受益,但不太可能完全取代其他林业金融工具

（Wunder，2007）。

REDD＋、CDM 及 PES 之间的区别如表 1-17 所示，表格内容部分参考金银亮和张红霄（2015）题为《减少砍伐和退化所致排放量机制研究进展》的论文。

表 1-17 REDD＋、CDM 及 PES 的区别

| 内容 | REDD＋ | CDM | PES |
|------|--------|-----|-----|
| 范围 | 国家层面或次国家层面 | 项目层面 | 不限，遵循自愿原则 |
| 内容 | 避免毁林和森林退化 | 造林和再造林 | 减少毁林 |
| 机制 | 发达国家对发展中国家援助（市场或非市场） | 可以是发达国家内部，也可以是发达国家向发展中国家购买碳汇 | 环境受益方对环境提供者直接付费 |
| 对象 | 面向热带雨林地区（天然林） | 人工林 | 有提供环境服务的森林 |
| 额外性 | 国家或次国家级，不强调 | 强调 | 不强调 |
| 碳泄露 | 考虑 | 不考虑，注重项目增量 | 不考虑，拥有明确界定的环境服务 |
| 资金来源 | 发达国家对发展中国家的援助、发展碳市场 | 发达国家对发展中国家购买，工业企业购买 | 环境受益方 |

从国内研究视野来看，21 世纪初，中国通过发放林业、治沙、森工和山区综合开发贴息贷款并给予财政贴息来支持林业和山区的综合开发，但政策性贷款的商业化运作导致贷款落实的难度较大，其中抵押担保问题尤为突出。在这一时期，林业抵押贷款使用林木资产作为抵押物，但这一抵押贷款并没有一套规范性文本及可靠的法律或理论依据，存在一定的局限性（谢少平、刘克萍，2001）。在中国，集体林地占中国林地面积的一半以上，但集体林地却普遍存在产权不明晰、利益分配不合理、生产力低下等问题。与集体林地相比，非公有制林业具有产权明晰、利益直接等特征，成为林业投融资创新的风向标。非公有制林业是指建立在土地属于国家所有和集体所有的基础之上，由个体、私营和外资经济利用森林和林木，依法获取收益，并依法自

主处分其经营的森林和林木资产的一种林业经营方式（周伯煌、宣裕方、张慧，2006），如广东省通过林地经营权的拍卖和长期租赁承包等形式，大力鼓励非公有制的投资主体来经营林地（蒋海 等，2002）。但非公有制林地也存在产权保护不力、采伐限额制度的束缚、林业金融保障制度不完善等问题（周伯煌、宣裕方、张慧，2006）。

2002 年中国新一轮的集体林地制度改革发端于福建省武平县，2003 年福建省和江西省全面启动新一轮集体林权制度改革，2008 年在全国全面推开。有学者认为，这是一场以家庭承包经营为基础的分林到户彻底化（张海鹏、徐晋涛，2009）。在这之前，中国林业投资具有明显的公益性，大力实施以生态建设为主的林业发展战略，如"三北"环护林体系工程、长江流域防护林体系工程等（孔凡斌，2008），集体林改在一定程度上促进了林业投融资主体从单一的政策性投入向多元化投入进行转变，但这种转变十分有限。林业项目在很大程度上仍依赖于当地政府主管部门，林业投融资仍以政府及社会公益性投资为主（薛艳、刘勇，2009；章金霞、白世秀，2009）。

2010 年代至今，林业金融的主要研究主题是围绕集体林权制度改革的金融问题。依据 CiteSpace V 的分析结果，这一时期国际林业金融研究热点并未形成群组，森林保险、林权抵押贷款以及林业金融创新等现实现象是国内的研究热点（见表 1-18）。在上一阶段，由于林业缺少抵押品，国内的林业金融资源向非公有制经济倾斜，林业公益性投资居多，但促进效果十分

表 1-18　2010 年代至今林业金融研究热点

| 平均年份 | 国内外 | 研究前沿 | 关键词 | 经典文献数量 | 聚类号 |
|---|---|---|---|---|---|
| 2010 | D | 森林保险 | 森林保险；永安市；林权改革；成效；政策性森林保险 | 5 | 5 |
| 2012 | D | 林权抵押贷款 | 集体林权；林权抵押贷款；制度改革 | 9 | 1 |
| | | 金融创新 | 金融供给；商业性金融；林业金融；金融创新 | 4 | 6 |
| 2013 | D | 林业金融问题与对策 | 问题；对策建议；中央林业投资；福建 | 4 | 7 |

有限,林业发展仍存在众多约束条件。在这样的背景下,中国启动了新一轮的集体林权制度改革,进行彻底的分林到户,旨在还利于民。此后,围绕集体林权改革的林业金融问题研究成为关注的重点,主要包括森林保险问题、林权抵押贷款以及林业金融创新。2016—2022 年的文献中,林业金融的研究主题也大多围绕以上三部分。

一是森林保险问题。在金融支持林业发展过程中,信贷和保险两大金融政策发挥着巨大作用。对于林业受灾频繁、受灾情况严重、林业灾害损失占家庭收入比例高的林农而言,参与林业森林保险是规避森林风险的有效方式(韩婷 等,2016)。但长期以来,森林保险存在信息不对称、配套措施不完善、巨灾风险机制不健全以及林农道德风险等问题,对于森林保险的发展提出了很大的挑战(李文会、张连刚,2017)。现行的保险市场上,可将森林保险分为苗木种植等直接物化成本投入的传统保险和以碳资产为标的的林业碳汇资源保险。

就传统森林保险而言,我国早在 2009 年就开展了森林保险保费补贴试点。依据《中央财政农业保险保费补贴管理办法》,森林保险保费补贴分为中央、省级、地市级、县(市、区)四级。中央财政对公益林和商品林保险的保费补贴比例分别为 50% 和 30%,省级财政的补贴比例为 25%～50%,市、县两级财政也按照 5%～25% 的比例提供保费补贴(于宏源、王伟逸,2020)。在此基础上,各林业大省也出台了众多森林保险保障政策,以期发挥森林保险的最大效用,降低林农的经营风险。如福建省引入竞争遴选机制,不断推动承保机构降低保费费率、提高保额,浙江省磐安县则积极探索森林保险制度改革,提高生态公益林林木火灾、野生动物伤害、护林员意外等项目的保险资金。近年来,随着"双碳"目标的提出,多省进行了林业碳汇保险的试点工作,产生了诸如"福建顺昌模式""福建龙岩模式""江西黎川模式""广东云浮模式"等新型林业碳汇保险模式(秦涛、李昊、宋蕊,2022)。

对于林业受灾频繁、受灾情况严重、林业灾害损失占家庭收入比例高的林农而言,参与林业森林保险是规避森林风险的有效方式(韩婷 等,2016)。已有研究表明,森林保险保费补贴政策对林业产业及农户的林业生产都具有正向的促进作用。富丽莎等人(2021)基于 2001—2017 年中国 31 个省(自治区、直辖市)的面板数据,使用 DID 模型对森林保险保费补贴政策的林业产出规模效应进行实证分析,发现森林保险保费补贴政策对林业第一产业涉林产值有显著的正向影响。杨冬梅等人(2019)对农户林业生产经营效率进行实证检验,发现林业保险能够促进农户林业生产经营效率的提高。孔凡斌等人(2020)使用江西省 700 户用材林农户调查数据,发现参加林地保险对重度贫困农户的林地投入有显著的正向影响。

但长期以来,森林保险存在信息不对称、配套措施不完善、巨灾风险机制不健全以及林农道德风险等问题,对于森林保险的发展提出了很大的挑战(李文会、张连刚,2017)。已有学者从需求端和供给端两方面均对影响林业经营主体森林保险需求的因素进行了深入分析。就需求端而言,林种类型、林农受教育程度以及政府是否对保费进行补贴是影响林农对森林保险有效需求的主要原因(李彧挥、孙娟、高晓屹,2007)。面对这些问题,应加大森林保险政策的正向宣传,引导林农对森林保险的正确认识,扩大参保率。从供给端来看,保险公司投保不方便、理赔不及时、理赔手续过于繁杂、保障水平过低(顾雪松、谢妍、秦涛,2016)、森林保险服务不完善等原因(秦涛 等,2014)是影响林业企业参与森林保险的重要因素。此时应通过明晰企业产权结构,转变经营机制,创新森林保险产品,提升保险公司服务水平,优化保费补贴政策和建立林业信贷与保险互惠机制等措施来提高需求方的森林保险投保意愿。

森林保险政策的改进方向可分为实施差异化政策和风险分摊制度两类方法。差异化政策多指摒弃"低保障、广覆盖"式的森林保险补贴模式,综合考虑地方经济与财政水平以及投保主体情况,有选择有重点地进行差别化财政补贴,逐步完善森林保险财政补贴体系(秦涛 等,2014;富丽莎 等,2021)。风险分摊制度是指建立市场化运作的多层次森林保险风险分散体系(马平、潘焕学、秦涛,2017;吴军,2020)。可通过银保合作、引入商业保险机制等方式来增加森林保险的参与方,进一步规范森林保险的运行,起到风险分摊的作用。同时增加森林保险补贴方式,创新林业保险险种,实现多层次、多方参与的森林保险体系。

二是林权抵押贷款相关研究。中国集体林权制度改革进入了配套设施建设的后林改时代,林业经营主体对资金的需求愈加迫切,开展以林权抵押贷款为核心的林业融资体系改革成为解决资金短缺,加快林业发展步伐的重要途径。林权抵押贷款界定了林业产权归属,使得农户得以使用林权证作为抵押品向农村金融机构申请抵押贷款。2003年6月,中共中央国务院发布了《加快林业发展的决定》,明确指出林业经营者可依法以林木抵押申请银行贷款。2004年,中国开展林权抵押贷款政策试点,福建省永安市开创了我国林权证抵押贷款的先河。中国集体林权制度改革进入了配套设施建设的后林改时代,林业经营主体对资金的需求愈加迫切,开展以林权抵押贷款为核心的林业融资体系改革成为解决资金短缺,加快林业发展步伐的重要途径。2013年,银监会和林业局发布《关于林权抵押贷款的实施意见》,提出银行业金融机构要积极开展林权抵押贷款业务,改善农村金融服务,支持林业发展。2016年发布的中央一号文件再次提出要"推动金融资源更多地向农村地区倾斜,积极发展林权抵押贷款"。2018年,中国银监会、国家林业局、国土资源部联合印发《关于推进林权抵押贷款有关工作的通知》,对强化林业主体服务功能、创新金融服务方式等重点任务做出部署,并提出完善林权统计制度、加强产权保护工作、完善沟通协调机制等保障措施。在实践中,金融机构根据地方实际情况对林权抵押贷款做出大胆创新和尝试,展开了多元化模式的林权抵押贷款融资试点,譬如林权证直接抵押贷款模式、森林资源收储中心担保贷款模式、福建三明"福林贷"模式(林权反担保＋团体信用)、浙江的"林贷通"模式(集体林权抵押＋信用)等(范刘珊、王文烂、宁满秀,2021),林权抵押贷款工作有序开展。据《2021年中国国土绿化状况公报》,截至2021年,我国林权抵押贷款余额830亿元。

集体林权制度改革大幅度提高了林农参与造林、抚育的积极性,增加了林农的收入,产生了一定的社会效益。理论上林权抵押贷款在一定程度上赋予了林权市场流通价值,解决了林农缺乏合适抵押物的难题,实现了交易费用的节约,有助于缓解农户信贷配给(范刘珊、王文烂、宁满秀,2021)。但林权抵押贷款存在抵押物评估难、处置难、管护难,贷款利率偏高、期限长等问题,对其发展造成很大影响。有学者认为,面对林权抵押贷款中的权属不清、价值评估、资产变现、抵押物管理等风险问题,应对林权抵押贷款流程进行风险控制，以降低林权抵押贷款风险（姜林、曾华锋，2010）。可借鉴已有的金融联结创新模式，通过团体信用为林农的林权抵押增信，增强农户的借贷信心，缓解集体林区小农户的信贷配给问题（范刘珊、王文烂、宁满秀，2021）。

在实证分析方面，已有研究证明，林权抵押贷款提高了农户的生产投入积极性（张旭锐、高建中，2020），但不一定提高林农的收入。雷显凯和罗明忠（2020）基于2011—2017年国家林业局跟踪调查江西省364个样本林农的数据分析了集体林权制度改革配套政策对林农林业收入差距的影响，其结论是林权抵押贷款仅对高收入水平的林农林业收入产生负向影响，对低收入和中等收入林农的收入影响不大。这很可能是由林权抵押贷款的信贷可得性较低导致的。

一直以来，如何提高林权抵押贷款的信贷可得性是学术界研究的重点之一。已有文献多从需求视角对林权抵押贷款存在的问题进行分析，认为影响农户林权抵押贷款潜在需求的因素包括户主的文化水平、对林权抵押贷款了解情况、家庭总收入、林地面积、林区交通情况、林业补贴政策等（王磊 等，2011；曾维忠、蔡昕，2011；翁夏燕、陶宝山、朱臻，2016），部分研究也从金融供给视角进行信贷约束的探讨，认为由于存在信息不对称导致的逆向选择和道德风险，即便存在林权抵押贷款的信贷形式，金融机构也会采取信贷配给措施以保证信贷安全（金银亮，2017a）。然而，仅从需求或供给单方面对林权抵押贷款的信贷约束进行考察无法有效地分离和识别出需求因素和供给因素。

三是林业金融问题与林业金融创新研究。创新林业投融资方式、开发新型林产品融资工具，能够为林业产业的现代化发展提供充足的资金，是推动集体林权制度改革的有力保障与重要支持（翁光明，2022）。但是，林业金融的发展阻滞不前。一方面，中国缺少专门的林业金融机构，林业基金制度仍属空白，农村金融机构城市化经营倾向明显，大量的林业资金"逆流"向城市，相关的涉林金融机构，如农业银行、农信社、邮储银行存在空洞化问题，服务林业的相关金融机构功能愈加弱化（丁建臣、赵丹丹，2017）。另一方面，除了林业金融市场环境的持续恶化，林木资源评估难、林权抵押贷款手续成本高、林业贷款风险补偿机制缺位等因素也是制约林业金融长效发展的主要原因(王岗,2015)。

面对这些问题,学者们集思广益,提出了诸多改进对策。一类观点认为应对林业典型投融资模式进行进一步的创新发展。对于应用较为广泛的林权抵押贷款融资、PPP融资等模式,应进一步引导社会资本合作进入林业项目,建立健全相关法律法规体系,给予社会资本更多的优惠倾斜(李垚均 等,2021)。同时创新生态公益林质押融资模式,还款方式根据借款人的还款能力、信用状况来确定,可采取月(季)付息、到期还本或随本清以及分期还款等多种方式(王菊红、魏冬,2020)。相关单位或部门应因材施教,可根据不同类型的林业发展方式,推出不同的金融创新模式,如分为国有商品林类、私有商品林类以及公益林类(王磊 等,2011),探索构建林业财政性金融支持、政策性金融支持、商业性金融支持多管齐下的中国林业金融支持体系,逐步完善林业金融生态环境,提升林业金融资源的配置效率(王建红、冯彦明,2010)。

另一类观点则支持开发新型林产品融资工具。如可设立林业产业投资基金以弥补林业投资过程中的资金缺口。通过林业产业投资基金,既能够实现社会资本的引入,解决林业生产中的资金需求,也能够通过市场化运作模式,利用杠杆放大作用提升扶持的效率,实现林业产业与资本市场融资的有机结合。结合"双碳"目标,林业碳汇领域也可采用碳信用抵押贷款、林业碳汇债券、林业碳汇公益彩票等新型融资产品(彭红军,2020:132-136),丰富林业碳汇融资形式,从而为林业产业的全面发展提供强大动力。也有学者提出,随着信息通信技术的发展,林业金融也应紧随时代的脉搏,寻找新的结合点,将互联网金融与林业金融相结合,能够利用互联网金融的包容性增长效应,促进林业金融体系在微观、中观和宏观的层面上进行包容性增长(任杰,2016)。

### 1.2.3 合作社融资困境

有关农民合作社的融资研究是农业经济学的一个重要领域。本部分将先阐述已有研究对于农民专业合作社信贷约束成因的探索，再探讨合作社的正规信贷可得性。

（1）农民专业合作社信贷约束成因。就农民专业合作社信贷约束成因而言，影响农民专业合作社信贷约束的因素可分为以下四类。

一是信贷交易成本过高。农民专业合作社发挥着连接小农户与大市场的桥梁作用，通过组织、引导、服务农民"抱团"参与市场竞争，在建设现代农业、推动乡村振兴中发挥了积极作用。截至2021年4月底，全国依法登记的农民合作社达到225.9万家[①]。尽管中国农民合作社蓬勃发展，在组织带动小农户、激活乡村资源要素等方面发挥了至关重要的作用，但也存在组织规模小、面临严重融资约束等问题。不少学者认为，农民专业合作社所面临的信贷配给问题之所以是难解之题，其症结在于农村金融市场严重的信息不对称及由此造成的高昂信贷交易成本。Stiglitz和Weiss（1981）论述了因信息不对称引起的逆向选择和道德风险而导致信贷配给的内在经济机理，即当银行和借款人之间面临信息不对称时，银行所采取的信贷配给形式是限制银行将发放的贷款数量，而不是限制每笔贷款的规模，或使利率随贷款规模的增加而增加，此时，银行拒绝向无法观察区分的借款人提供贷款。农民专业合作社信贷配给的原因和可行的对策受到了学者们的广泛讨论。Boucher等人（2008）认为不对称信息会导致两种类型的信贷配给：传统数量配给和风险配给。所谓风险配给指的是农民可以借款，但只能在高抵押合同下获得比安全的生产活动更低的预期福祉，风险配给对小农存在偏见。

Binswanger和Rosenzweig（1986）认为，无法提供可抵押资产的客户将导致高昂的交易成本，刘冬文则认为，农民专业合作社的融资困境源于两点，首先是合作社成员在资金上的异质性导致合作社产权结构异化，使得占比较少的具有资金优势的经济主体获得了控制权和收益权，大部分普通社员由于受到资金约束，具备风险规避倾向而缺乏向合作社投资的激励和能

---

① 中华人民共和国农业农村部.对十三届全国人大四次会议第1004号建议的答复[EB/OL].（2021-06-15）[2023-02-07].http://www.moa.gov.cn/govpublic/NCJJTZ/202106/t20210615_6369582.htm.

力,最终使得合作社内源融资、债务融资和股权融资均取决于领办人、依托单位的经济实力和融资能力;其次是由于政府不当的干预和支持政策扭曲了农户个体参与合作社的动机,进而降低了合作社在信贷市场上的信用,造成外部融资约束(刘冬文,2018)。韦克游(2013)基于交易费用理论对农民专业合作社贷款的治理结构进行机理分析,认为在我国市场治理结构下,农民专业合作社所需承担的信贷成本包括信息成本、执行成本、监督成本及控制成本,市场债务履约机制缺失,农民专业合作社进行信贷活动的交易成本较高,信用能力不足,致使其交易属性表现为较高的资产专用性、不确定性和较低的交易频率。

二是合作社产权结构异化。农民专业合作社的成员之间异质性较大,绝大多数成员属于低收入群体,能够出资的股金数额有限。成员在资金上的异质性造成了合作社产权结构的异化。成员加入合作社需以资金入股,或是以相应的土地、产品、技术等进行折价入股,当合作社开展经营活动,对资金的需求和依赖程度将逐步上升。但对于农村地区而言,资本相对于劳动而言高度稀缺,大部分普通社员仅愿意也仅能够向合作社投入小资本,以获取成员资格和投票等权利,资金的筹集主要依赖少部分农村精英,银行等金融机构要么不愿向合作社放贷,要么仅愿意贷款给这部分农村精英,结果便是合作社股权融资规模严重依赖于这部分农村精英的资金实力(刘冬文,2018),一旦这些农村精英资金链出现问题或是转变经营行业,合作社将面临危机。余丽燕和郑少锋(2011)对福建省农民合作社进行实地调查显示,农民专业合作社中,农民成员数占总数的97.32%,大多数农户自身经济实力不强,农民手头并没有多少剩余资金,内部融资数额十分有限。

合作社的所有权包括剩余索取权和剩余控制权。所谓剩余索取权指的是向合作社索取经济活动产生的净收入的权益,剩余控制权则是指对这部分净收入的支配权(Chaddad and Cook,2003)。组织的剩余索取权是签订合同,以获得组织收入与固定索赔合同(如雇员、债务人等)承诺的付款之间差额的权利。剩余索取通常用于交换资本资源,组织的剩余索取人是承担组织活动财务风险的代理人(Fama,1980;Fama and Jensen,1983),按照Fama的说法,合作社的所有者便是剩余索取人。但是在现实情况中,农民专业合作社的所有者与惠顾者往往无法统一，社员的剩余索取权受到限制，影响了社员进行内源融资的积极性（Fama，1980）。合作社不明晰的产权制度引致了搭便车行为、视界、投资组合等方面的问题（杨军、张龙耀，2013；苟兴朝，2017），增加了交易成本，同时，合作社的股份还具有非市场交易性，导致其内源融资的不足，即所谓"股权饥饿"假说（庞金波、邓凌霏、范琳琳，2016）。内源融资不足降低了合作社向银行或投资者申请获得债务或股权融资的谈判资本，进而造成合作社的外源融资约束（Lerman and Parliament，1993；杨军、张龙耀，2013）。

三是合作社自身特性存在缺陷。就产业风险而言，农民专业合作社的行业特性具有较大的风险性。农业存在自然风险和市场风险，收益具有不确定性。农业生产易受到自然条件的影响，遇到台风、暴雨、霜冻等恶劣天气，农作物生长就会受到不利影响，其最终产品的数量或质量将会降低。并且，农产品生长周期长，其预期价格与最终实际价格并不总是一致，存在亏损风险（张冀民、高新才，2016）。自然风险和市场风险都增大了农业生产的不确定性，进而影响合作社的外部融资；就管理层面而言，大部分农业专业合作社的管理水平不高，存在内控制度不健全、财务管理运行不规范等问题，整体经济实力较弱，盈利水平较低，不具备与金融机构进行议价的能力。部分合作社还存在经营证件缺失，未进行税务登记等重大疏漏，无组织机构代码，此类办理程序上的不规范大大降低了金融机构对合作社的金融支持意愿（刘文雯、王征兵，2014）。

四是金融产品不适应实际需求。现有农村金融机构创新动力不足，农村金融供给总量有限，适合农民专业合作社金融需求的产品十分匮乏，与合作社的切实需求存在一定差距：首先是金融产品类型单一。农民专业合作社能够获得的金融支持方式以抵押贷款为主，然而多数合作社缺乏有效的抵押物品。以禽类养殖合作社为例，在成立之初需要较多资金进行流转，但禽类产品并非有效抵押物，无法获得银行贷款（庞金波、邓凌霏、范琳琳，2016）。其次是贷款周期不合理。银行还贷期限没有考虑到农业生产周期，出现了还款时期与资金投入高峰期或是产品价格低谷期相撞，增加了合作社的贷款成本。再次是贷款额度较低。随着农民专业合作社数量的不断增加,农业产业化经营规模的不断壮大,正规金融需求越来越大,但银行所能提供的金融支持远不能满足合作社的发展需求,导致了合作社多元化资金需求得不到满足的局面。

(2)农民专业合作社的正规信贷可得性。作为农民专业合作社的重要融资渠道之一,正规信贷发挥着举足轻重的作用。以下将从正规信贷的需求与供给、正规信贷可得性影响因素研究两方面,对农民专业合作社的正规信贷可得性研究进行回顾。

一是正规信贷的需求与供给。已有的关于正规信贷可得性的研究多将可得性等同于是否获得贷款,即从供给的角度对借款人的信贷获取情况进行探讨。基于这一看法,不少学者对正规信贷可得性进行了研究。如张彩江和周宇亮(2017)探讨了社会子网络关系强度与中小企业信贷可得性之间的关系,将中小企业信贷可得性作为被解释变量,当被试企业获得了银行贷款则赋值为 1,其余情况赋值为 0;张晓琳等人(2018)以是否获得贷款为依据,对山东省农户信贷的可得性进行了实证研究;戎承法等人(2011)将农民专业合作社的信贷可得性分为获得过和没有获得过贷款两种情形,研究了影响其信贷可得性的因素,也有其他学者对农民专业合作社的信贷可得性进行了类似研究(郭红东、陈敏、韩树春,2011;宰晓娜、吴东立、刘钟钦,2013)。以上将可得性等同于获得性的研究在进行样本分析时,一种做法是将那些有需求但没有申请贷款的借款人以没有获得贷款来处理,另一种做法是仅针对获得贷款的借款人进行分析。但是,上述两种做法都没有基于借款人的信贷需求对信贷可得性进行分析,导致了样本选择性偏差。

为了避免样本选择性偏差,在研究信贷可得性时,需要同时考虑借款人的正规信贷需求。刘西川等人(2009)将农户的正规信贷需求分为有效信贷需求、潜在信贷需求和隐蔽信贷需求。有效信贷需求通过已申请贷款的方式表现出来,潜在信贷需求是指借款人的需求受到了利息以外的其他交易成本的限制,隐蔽信贷需求是指借款人考虑到抵押和风险方面的因素,需求受到了非价格因素的限制。获取数据的普遍做法是通过问卷调查,使用直接诱导式询问方法(DEM)对借款人的贷款需求进行识别。首先,通过询问调查年份借款人"是否申请了贷款"来判断借款人是否具备正规信贷需求,再询问未申请贷款的原因，用以进一步识别区分借款人是否具有潜在贷款需求和隐蔽贷款需求。这一做法得到了普遍的认可，被广泛运用于信贷需求识别的研究中（莫媛、钱颖，2017；刘勇、李睿，2018）。

二是正规信贷可得性影响因素研究。农民专业合作社所面临的信贷约束极大地限制了其发展，不少学者开始研究影响信贷可得性的具体因素。抵押品的可用性、借款人的个人特征和技能以及积极的信贷历史则被认为是避免信贷配给最重要的手段之一，特别是在发展中国家，因为金融机构在筛选、监测和执行方面的成本差异很大（Petrick，2005）。信贷市场也会根据借款人的亲属关系、地理位置的接近程度或与其他市场的相互联系进行群体区分。除此之外，资产规模、盈利水平、社会声誉（合作社等级）、与金融机构联系情况、负责人个体特征、合作社的基本情况、组织规范程度、盈利能力、合作社领导者的期望、银社关系以及外部环境等因素也被认为是影响农民专业合作社正规信贷融资情况的可能原因（戎承法、胡乃武、楼栋，2011；宰晓娜、吴东立、刘钟钦，2013；陈炎伟、黄和亮，2018）。

学术界关于农民专业合作社的数据来源多为问卷调查数据，因其解释变量多为二值选择变量（获得贷款或者未获得贷款），因此大多数论文使用诸如 Logistic 模型、Probit 模型等二值选择模型进行实证研究。如戎承法等人（2011）通过对 9 个省份调查问卷的 Logit 回归发现，农民专业合作社的经营能力、银社关系、理事长背景、无形资产、外部政策环境与其信贷可获得性呈正相关关系，而财务管理情况对其信贷可获得性的影响并不明显，郭红东等人（2011）认为影响农民专业合作社正规信贷可得性的因素包括合作社资产规模、盈利能力、信用情况、银社关系和理事长情况，在此基础上建立了农民专业合作社正规信贷影响因素理论框架，并对浙江省 285 家农民专业合作社进行问卷调查，采用二元 Logistic 回归模型进行分析，认为固定资产规模大、信用等级高、与银行关系密切、示范等级高的农民专业合作社更易获得正规贷款。毛飞等人（2014）同样使用 Logistic 模型对 115 家农民专业合作社的融资服务供给影响因素进行分析，结果表明，合作社在服务功能、内部一体化程度、资产实力、社员组织事务参与度及金融机构对组织信贷扶持力度等方面的提升有助于合作社获得融资服务。陈炎伟和黄和亮（2018）使用了二元 Logistic 模型对福建省的农民专业合作社信贷可得性进行了分析，发现合作社的固定资产规模、发展等级、与银行联系紧密程度、理事长社会荣誉和受教育水平与其信贷可得性呈现明显的正相关。宰晓娜等人（2013）也进行了类似研究。李润平和周灵灵（2014）则认为，合作社的融资需求强度和资金需求期限存在差别，应对其进行分类研究，因而使用有序 Probit 模型对其进行分析，结果表明，成员人数、成员出资、资产结构、品牌注册和民间借贷影响合作社的资金需求期限，理事长为企业负责人、拥有企业、外部销售渠道稳定且自有资金丰厚的合作社资金需求越高。

以上成果对于研究林业专业合作社的信贷获取情况做出了巨大贡献，但仅仅以"有无获得贷款"这一供给结果作为解释变量进行研究容易产生样本选择性偏差。现实中，存在大量有申请贷款却未能获得贷款的农业合作社，仅从贷款获得情况着手研究容易遗漏这一群体，造成样本偏差。

为解决这一问题，学者们使用双变量 Probit 模型对其进行实证分析，如 Jia 等人（2010）通过双变量 Probit 模型来研究正规和非正规部门对中国农村家庭进行信贷配给的决定因素，徐璋勇和杨贺（2014）也使用该模型比较研究了农户特征及农户社会资本对其正规信贷和非正规信贷供需情况的影响，张晋华等人（2017）使用双变量 Probit 模型和联立方程组（SEM），从村级层面和家庭层面两个维度研究社会网络对农户正规信贷的影响，莫媛和钱颖（2017）则使用双变量 Probit 模型研究银农关系强弱对创业农户信贷可得性的影响，胡新杰和赵波（2013）、黄祖辉等人（2009）也做了类似的研究。与单变量 Probit 模型或是 Logistic 模型相比，双变量 Probit 模型可在分析供给结果的基础上识别需求，在需求和供给相互作用的四种可能结果中，至少可以识别出"有需求，有供给"和"有需求，无供给"两种，而于前者而言，仅能识别出"有需求，有供给"一种结果，显然，双变量 Probit 模型具有更高的估计效率（Meng and Schmidt，1985）。

### 1.2.4 文献述评与展望

前人已有的学术成果为农民专业合作社信贷融资领域的研究做出了巨

大贡献，但是从文献上看，现有的研究仍存在一些不足。

第一，从研究立足点来看，众多文献对于合作社融资困境的解读均立足于农业产业特性的视角之上，缺少对林业产业特性所引致的林业专业合作社信贷供给、需求特征的分析。林业的产业特点、林业产品的生产经营特点具有特殊性，在探讨林业合作社的信贷约束不应忽视这些方面。林业专业合作社林权抵押贷款、林业金融的相关研究也缺少对林业特性的深入剖析与探究，对于林业专业合作社的信贷问题阐述仍然有待进一步更为系统的诠释。

第二，从研究对象来看，学术界关于融资渠道选择、信贷约束等研究更多地关注个体农户或企业，对于新型林业经营主体的信贷研究也多集中于农民专业合作社，缺少对林业专业合作社融资约束的深入研究。尽管林业合作社与农业合作社之间拥有许多共性问题，但相对于其他农业合作社来说，林业合作社的公益事业性质功能更强，是具有公益事业和基础产业双重性质的合作组织（罗攀柱，2015），这是林业合作社显著区别于农业合作社的特性。目前关于林业专业合作社信贷问题的相关文献并不多见，已有文献多聚焦于合作社林权抵押贷款的情况、问题与对策（何安华、孔祥智，2009；谢向黎、石道金、许宇鹏，2014），或是研究如何改善林业合作社金融服务机制，如何扶植其发展（何筠 等，2016；罗攀柱，2018）。尽管有学者研究了林业贷款的信贷配给及约束，但其研究主体多为林农（刘轩羽、夏秀芳、周莉，2014；谢玉梅、周方召、胡基红，2015），而非林业专业合作社。

第三，从研究角度来看，现有的关于农民专业合作社信贷可得性的成果仅从供给的角度出发进行研究，那么将会产生一个问题：如果将合作社的正规信贷需求考虑在内，现有的研究结果是否仍然成立？基于这一思考，有必要建立一个将正规信贷需求与供给同时纳入考量的分析框架，以避免样本选择性偏差可能导致的估计偏误。

第四，从识别方法来看，通用的正规信贷需求识别方式认为，有申请正规信贷的借款方均具有有效信贷需求，这一判断依据将无法识别"无正规信贷需求，获得贷款"这一类群体，导致估计结果准确性的下降。

第五，从研究内容来看，关于信贷可得性的研究多将信贷可得性等同于信贷获取结果,仅关注什么影响了"有没有获得贷款",未对信贷需求是否得到满足进行进一步分析。事实上,合作社信贷的获取是一个"参与—获取—满足或不满足"的事件闭环,先发生了参与行为,才能够获知信贷是否可得这一结果,且得到贷款之后,也应考虑所获贷款是否能够满足合作社的贷款需求。若仅考虑如何提高林业专业合作社的信贷获取情况,忽视了林业专业合作社对信贷参与行为以及融资需求是否得到满足的思考,会使信贷可得性的研究失之深度与内涵。

# 1.3 林业专业合作社正规信贷的研究目标

基于以上文献回顾,本书以林业融资特性为研究起点,详述林业专业合作社正规信贷的现存方式,基于福建省的林业专业合作社正规信贷调查数据,从供给和需求两个角度深入探究影响其正规信贷可得性的因素,为提升林业专业合作社正规信贷可得性提供基本的分析框架与决策支持,并为下一阶段深化集体林权制度改革的政策取向提供参考和借鉴。

研究的重点在于:

第一,从林业产业特性、林业专业合作社组织特性两方面出发,探讨林业专业合作社正规信贷融资的特征,进一步加深对林业专业合作社正规信贷的理解。

第二,有效识别林业专业合作社的正规信贷需求,优化信贷需求与信贷获取、信贷需求与信贷配给群体的分类。

第三,实证研究影响林业专业合作社融资渠道和贷款技术选择、正规信贷获取以及正规信贷配给的因素,找出制约林业专业合作社信贷可得性的障碍性因素。

第四,多案例对比研究。选取林下种养殖类林业专业合作社和植树造林类林业专业合作社的典型案例,基于改进的波士顿矩阵进行多案例对比研究,探讨林业专业合作社的经营特性对其正规信贷可得性的影响。

第五,理论研究和实证研究相结合,基于林业专业合作社视角、林业相关部门视角以及金融机构视角，提出推进林业专业合作社正规信贷配套改革制度的对策建议，以期为政府决策和社会实践提供依据与支持。

　　林业专业合作社中不乏有正规信贷需求但由于手续烦琐、无熟人或是不了解林业金融产品而并未向银行提出贷款申请的群体，也存在申请了贷款却无法获得、即便获得贷款但所获资金无法满足需求的林业专业合作社。如何促进以及提高这类群体的信贷可得性是亟待解决的现实问题。本书通过实证分析研究了影响林业专业合作社信贷获取以及信贷配给的因素，为提高林业专业合作社信贷市场参与度和信贷可得性提供了参考和借鉴。本书的理论意义主要体现在建立了林业专业合作社融资渠道选择和正规信贷可得性的理论分析框架，一定程度上丰富了关于林业专业合作社信贷约束的研究。现阶段关于林业合作社信贷问题的研究多以规范性研究、描述性研究为主，缺少从供需双方进行探究的实证分析。本书将林业专业合作社作为研究主体，通过交易成本理论、农村金融发展理论、社会成本理论和"小银行优势"理论构建了林业专业合作社融资渠道选择和正规信贷可得性的理论分析框架，丰富了林业专业合作社融资的理论研究。

# 1.4　林业专业合作社正规信贷可得性的研究思路

## 1.4.1　总体研究思路

　　本书提出林业专业合作社正规信贷"参与—获取—满足"的逻辑分析框架，如图1-7所示。林业专业合作社要获得正规信贷，首先要参与正规信贷市场，了解影响林业专业合作社参与正规信贷市场的因素是研究其信贷可得性的基础步骤。其次，林业专业合作社的融资参与情况包括正规信贷融资、非正规信贷融资、混合借贷以及未发生借贷四种情形，其参与情况在某种程度上决定了合作社的信贷获取情况和信贷满足情况。此外，财务报表型贷款、抵押型贷款、信用评级型贷款和关系型贷款等多种贷款技术，大幅度缓解了拥有不同融资需求的小规模企业与银行之间的信贷配给缺口,有必要探究影响林业专业合作社贷款技术选择的因素,找出提高林业专业合作社的信贷可获得性、缓解其融资约束的有效方法。

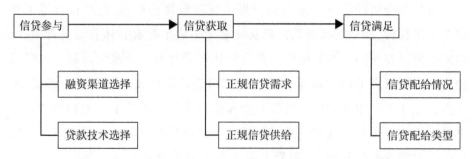

**图 1-7　林业专业合作社正规信贷"参与—获取—满足"分析框架**

随后,本书将同时从需求和供给两个方面对林业专业合作社信贷获取的影响因素进行实证研究。信贷获取是正规信贷借贷双方共同作用的结果,信贷获取的最终结果往往会对林业专业合作社的信贷满足程度造成影响。

最后,本书从信贷配给情况和信贷配给类型两个方面研究林业专业合作社的信贷满足程度。是否获得信贷和信贷需求是否得到满足为两种概念,应对其进行区分研究。本书先对需求作用下遭受信贷配给的原因进行探讨,再对林业专业合作社受到不同信贷配给的原因进行实证分析。

## 1.4.2 技术路线

本书遵从"提出问题—分析问题—解决问题"的思路展开研究。总体而言,本书以农村金融理论、社会资本理论、"小银行优势"理论、交易费用理论以及信息不对称理论为指导,采用问卷调查法及计量分析方法,对林业专业合作社的正规信贷可得性情况进行研究。本书的技术路线图如图 1-8 所示,具体思路如下。

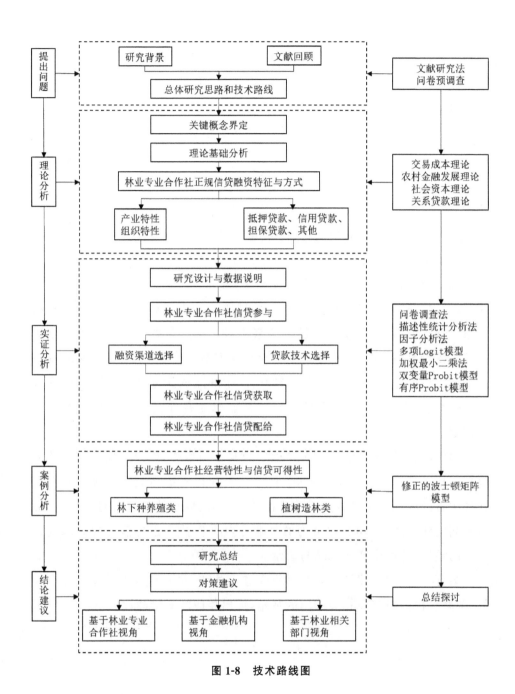

**图 1-8　技术路线图**

第一部分:提出问题。介绍本书的研究背景,回顾了国内外关于农民专业合作社信贷约束成因、融资渠道选择、银行贷款技术、正规信贷可得性以及正规信贷配给的相关论文,在此基础上提出研究问题,并提出本书的总体研究思路和技术路线。

第二部分:理论分析。采用文献研究法,借鉴已有的学术成果,基于农村金融理论、社会资本理论、"小银行优势"理论、交易费用理论以及信息不对称理论,对林业专业合作社面临的信贷约束进行分析。随后,从林业产业特性、林业专业合作社组织特性两个方面着手,分析了林业专业合作社的信贷特征,并列出常见的林业专业合作社信贷方式。

第三部分:实证分析。首先,对福建省的林业专业合作社进行问卷调研,对所收集的数据进行描述性统计分析,对林业专业合作社的信贷现状与问题进行总结;其次,使用多项 Logit 模型实证分析影响林业专业合作社融资渠道选择的因素,基于加权最小二乘法对影响其贷款技术选择的因素进行了实证研究;再次,运用双变量 Probit 模型从信贷需求与信贷供给双方出发,实证研究了林业专业合作社信贷可得性的影响因素,验证理论假说;最后,使用有序 Probit 模型分析了林业专业合作社遭受信贷配给的影响因素。

第四部分:案例分析。基于改进后的波士顿矩阵,以产业化运作模式和股权结构类型为划分依据,在林下种养殖类和植树造林类两类林业专业合作社中各选取四家典型林业专业合作社,对其共性与特性进行对比分析,探讨不同运作模式、不同股权结构的林业专业合作社在正规信贷的需求与配给上的差异,并做出案例总结与启示。

第五部分:结论建议。对全书研究进行总结,并分别基于林业专业合作社、金融机构以及林业相关部门的视角,提出相应的对策建议。

# 2　关键概念界定与理论基础

2.1　关键概念界定

2.2　理论基础

本章是全书的理论基础章节。章节先对贯穿全书的林业专业合作社、正规信贷以及信贷可得性的概念做出界定，随后介绍了本书进行分析所依据的理论，包括农村金融理论、社会资本理论、"小银行优势"理论、交易费用理论以及信息不对称理论。

# 2.1 关键概念界定

## 2.1.1 林业专业合作社

根据 2017 年 12 月 27 日第十二届全国人民代表大会常务委员会第三十一次会议修订的《中华人民共和国农民专业合作社法》，本书认为，林业专业合作社是在农村家庭承包经营基础上，林产品的生产经营者或者林业生产经营服务的提供者、利用者，自愿联合、民主管理的互助性经济组织。林业专业合作社以其成员为主要服务对象，开展业务包括：林业生产资料的购买、使用；林产品的生产、销售、加工、运输、贮藏及其他相关服务；农村民间工艺及制品、休闲农业和乡村旅游资源的开发经营等；与林业生产经营有关的技术、信息、设施建设运营等服务。

依据新《合作社法》，合作社成员可以用货币出资，也可以用实物、知识产权、土地经营权、林权等可以用货币估价并可以依法转让的非货币财产，以及章程规定的其他方式作价出资，合作社的盈余则主要按照成员与林业专业合作社的交易量（额）比例返还。此外，新《合作社法》还规定，三个以上的林业专业合作社在自愿的基础上，可以出资设立林业专业合作社联合社，实行一社一票制。

本书参考国家林业局农村林业改革发展司编写出版的《林业专业合作社示范社典型实例》，依据林业专业合作社所从事的业务，将林业专业合作社分为经济林类、森林抚育类、苗木花卉类、林下种养殖类、加工储藏类、流通运输类和景观利用类七个类别（国家林业局农村林业改革发展司，2014：1-

88)。经济林类林业专业合作社指的是种植果林、油茶林、茶叶等经济林的林业专业合作社;森林抚育类指的是主要从事植树造林、林木培育的林业专业合作社;苗木花卉类林业专业合作社则以培育苗木、花卉种植等业务为主;林下种养殖类林业专业合作社采用林药、林菜、林菌、林草、林粮等多种形式进行生产经营活动;加工储藏类林业专业合作社指的是从事林产品及林副产品储藏加工的林业专业合作社;流通运输类林业专业合作社指的是从事销售、贮藏、运输等经营业务的林业专业合作社;景观利用类林业专业合作社指的是从事森林景观开发、森林生态旅游等业务的林业专业合作社。

## 2.1.2 正规信贷

林业专业合作社正规信贷指的是林业专业合作社向正规金融机构申请贷款的经济活动。要明确正规信贷这一定义,有必要对林业专业合作社的贷款方——正规金融机构做出明晰的界定。正规金融机构指的是从事金融活动的组织,通常以一定量的自有资本为运营资本,通过吸收存款、发行各种证券、接受他人的财产委托等形式形成资金来源,而后通过贷款、投资等形式运营资金,并且在向社会提供各种金融产品和金融服务的过程中取得收益,具有便利支付结算、促进资金融通、创造信用与存款货币等功能(李健,2016:278)。本书中所指的正规金融机构包括三种类型:商业银行、政策性银行及合作金融机构。

(1)商业银行。商业银行是金融机构中最具代表性、占比最大的机构。我国商业银行主要包括 6 家国有商业银行(中国建设银行、中国工商银行、中国邮政储蓄银行、中国农业银行、中国银行、交通银行),12 家全国性股份制商业银行(招商银行、浦发银行、中信银行、中国光大银行、华夏银行、中国民生银行、广发银行、兴业银行、平安银行、恒丰银行、浙商银行、渤海银行),以及城市商业银行和农村商业银行(李健,2016:314)。商业银行在业务经营中遵循的基本原则是安全性、流动性和盈利性。

(2)政策性银行。政策性银行是指由政府发起或出资建立,按照国家宏观政策要求,在一定的业务领域内从事银行业务的政策性金融机构。其业务经营目标是配合并服务于政府的政策和经济社会发展规划,推动经济的可持续与协调发展,促进社会和谐(李健,2016:325)。我国政策性银行包括国家开发银行、中国进出口银行以及中国农业发展银行。其中,中国农业发展银行与林业专业合作社信贷的关系较大,主要承担国家规定的农业政策性金融业务。

(3)合作金融机构。合作金融机构是指按照国际通行的合作原则,以股金为资本、以入股者为服务对象、以基本金融业务为经营内容的金融合作组织(李健,2016:328)。国内的合作金融机构主要包括农村信用社和农村合作银行。由于林地多位于农村,林业专业合作社一般向当地的农村信用社申请贷款,农村信用社服务于个体经济或小规模经济,服务范围相对较小,因此具备较强的信息对称性,能够在一定程度上降低个体获取金融服务的交易成本。林业专业合作社由于产权结构异化等原因,多采用社员单独或联合担保申请贷款的间接贷款方式为合作社进行融资,加之农村信用社在农村的网点远多于农业发展银行和农业银行,所以林业专业合作社申请贷款的机构多以农村信用社为主。

## 2.1.3 信贷可得性

林业专业合作社正规信贷可得性是对正规信贷这一经济活动最终获得贷款的情况做出的结果描述,它包含两个方面的含义:信贷获取和信贷满足。

信贷可得性的第一层含义为信贷获取。目前学术界大多数学者使用直接衡量法,即用借款人是否获得贷款来定义可得性,如 Cole(1988)使用企业的贷款申请是否被批准来衡量信贷的可得性;徐丽鹤和袁燕(2017)在研究民间借贷的可得性时,使用是否因为生产、生活等需要从民间金融市场上获得融资来衡量可得性,包含发生民间借贷和未发生民间借贷两种情况;张晓琳等人(2018)将农户信贷可得性界定为能否得到贷款,张蕴晖和董继刚(2018)以申请贷款是否成功来判断农村小微企业的信贷可得性。以上皆是从信贷的获取情况来描述可得性,本书以此为基础,认为信贷可得性的第一层含义是指在考虑林业专业合作社正规信贷需求的基础上,其信贷的获取情况,即"有没有"。依据这一定义,可将林业专业合作社划分为四个群体:"无正规信贷需求,未获得贷款"、"无正规信贷需求,获得贷款"、"有正规信贷需求,未获得贷款"和"有正规信贷需求,获得贷款"。

信贷可得性的第二层含义是信贷满足。部分学者采用间接衡量的方式来衡量可得性。如 Petersen 和 Rajan(1994)在研究企业与债权人之间的关系对信贷可得性和成本的影响时,使用总债务与企业资本金的比值来衡量信贷可得性,冯兴元(2004)将正规金融贷款可得性定义为企业实得贷款额与企业贷款需求额的比例。参考以上,本书认为,信贷可得性的另一层含义是指林业专业合作社的信贷需求是否得到满足,即"够不够"。换言之,林业专业合作社是否受到了信贷配给。信贷配给是对信贷资金需求方的约束(任建军,2009),当林业专业合作社的正规信贷需求未被满足时,便是受到了信贷约束。基于这一定义,本书将林业专业合作社分为三个类型:"无正规信贷需求,无信贷配给"、"有正规信贷需求,无信贷配给"和"有正规信贷需求,有信贷配给"。

## 2.2  理论基础

### 2.2.1 农村金融理论

金融发展是指金融总量的增长和金融结构的改善和优化,保留了金融资产的发展、金融机构的发展和金融市场的发展。农村金融理论的发展大致经历了农业信贷补贴论、农村金融市场论和不完全竞争市场论三个发展阶段(李海峰,2012;李万超,2014)。董晓林和张龙耀(2017:29)则认为,除了以上三个阶段外,还包括了微型金融理论。本书选取农业信贷补贴论、不完全竞争市场理论和微型金融理论作为农村金融发展理论的讨论重点。

(1)农业信贷补贴理论。农业信贷补贴理论受到学术界的广泛认可。该理论是在借鉴麦金农的金融抑制理论的基础上形成的。麦金农(1997)最早提出了金融抑制理论,认为大多数发展中国家的金融体制和经济发展之间存在相互制约的关系。发展中国家的金融体制落后,效率低下,阻碍了经济的发展,经济的呆滞又限制了资金的积累,制约了金融的发展,从而形成金融体制与经济发展之间的恶性循环(麦金农,1997:77)。由于金融抑制,发展中国家里大量的小企业被排斥在有组织的资金市场之外,它们只能依靠自身的内部融资进行自我投资,以改革技术和提高实质资产的质与量。并且,由于技术变革和投资无法细分式渐进,而是间断地以成批形式出现,因此,小企业必须先有一个时期的内部积累,才能跳跃式地进行投资(麦金农,1997:1-2)。金融抑制理论揭示了农村市场的不完善性以及政府干预农村金融发展的必要性。

农业信贷补贴理论在此基础上形成,它认为,农村居民,特别是贫困阶层没有储蓄能力,农村发展的资金不足。并且,由于农业收入的不确定性、投资的长期性、低收益性等产业特性,农业不可能成为以利润为目标的商业银行的融资对象。因此,为了促进农业生产和缓解农村贫困,政府有必要通过提供专项贷款的方式由外部注入资金来干预农村金融市场,降低农业的融资利率。并且,农业与其他产业之间的利率差距应由政府进行补贴。鉴于金融机构在农村开展业务成本较高、风险较大,因此,还应当对金融机构进行保护和监管。在这种理论的指导下,各国纷纷建立起农村金融机构,特别是专业农业信贷机构,由这类机构为农民提供贷款,扩大了农村部门的融资供给,促进了农业生产的增长。

但是,农业信贷补贴理论存在缺陷,主要表现在:其一,过分依赖外部资金。如若农民可以持续得到廉价资金,那么其储蓄行为将会缺少激励,使得农村储蓄难以建立自己的资金来源,农业信贷将成为纯粹的财政压力;其二,信贷补贴偏好流向中上层农民。当低的利率上限使农村贷款机构无法获得足够的利益时,官方信贷的分配将会偏向于照顾大户,低息贷款的补贴将会被集中转移到使用大笔贷款的、较富有的农户身上;其三,资金回收率低下。农村信贷机构缺少有效地监督其借款者偿债行为的动力,会造成借款者故意拖欠贷款。从实践上看,这三个问题在农村信贷机构中普遍存在,农业信贷补贴理论下的专门农业贷款机构从未发展成为净储户与净借款者之间真正的、有活力的金融中介(董晓林、张龙耀,2017:30)。农业信贷补贴政策有可能会逐渐损害农村金融市场的可持续发展能力,使得农业信贷补贴政策代价高昂却收效甚微。

(2)不完全竞争市场理论。不完全竞争市场理论的代表人物是斯蒂格利茨,他认为:"发展中国家的金融市场不是一个完全竞争的市场,尤其是贷款一方(金融机构)对借款人的信息根本无法充分掌握,如果完全依靠市场机制就可能无法培育出一个社会所需要的金融市场。为了补救市场的失效部分,有必要采用诸如政府适当介入金融市场以及借款人的组织化等非市场要素"(王信,2014)。斯蒂格利茨认为,由于存在市场失灵,政府应积极介入金融市场。政府在金融市场中的作用十分重要,但是政府不能取代市场,而是应补充市场。政府对金融市场监管应采取间接控制机制,并依据一定的原则确立监管的范围和标准(董晓林、张龙耀,2017:31)。

不完全市场竞争理论的主要政策建议包括:其一,相比利率市场化,更应该注意保持实际存款利率不为负数,同时抑制存贷款利率的增长,若因此产生信贷约束或信贷供给不均的问题,可由政府在不损害金融机构鼓励农村储蓄的同时从外部供给资金;其二,在不损害银行最基本利润的基础上,政策性金融是有效的;其三,担保融资、使用权担保以及互助储金会等办法是有效的,可以改善信息的非对称性,并且,政府应鼓励并利用借款人联保小组以及组织借款人互助合作形式,以避免农村金融市场存在的不完全信息所导致的贷款回收率低下的问题(董晓林、张龙耀,2017:31)。

不完全竞争市场理论与农业信贷补贴理论存在差别,不完全竞争市场理论要求,任何形式的政府介入都要能够有效地克服市场缺陷带来的问题,要具备完善的体制结构。在这一理念指导下,要实现对发展中国家农村金融市场的非市场要素介入,首先应该关注改革和加强农村金融机构,排除阻碍农村金融市场有效运行的障碍,如消除政策上的寻租空间,对农村金融机构运行成本进行适当补偿等。表 2-1 列出了农业信贷补贴论和不完全竞争市场论的区别。

表 2-1　农业信贷补贴论和不完全竞争市场论的区别

| 理论 | 政府干预 | 利率管制 | 对金融机构的管制 | 贷款资金的筹集 | 专业贷款的有效性 | 对非正规金融的评价 |
|---|---|---|---|---|---|---|
| 农业信贷补贴论 | 必要 | 低利率管制 | 必要 | 从农村外部注入 | 有效 | 弊大于利 |
| 不完全竞争市场论 | 市场机制失效时必要 | 放松管制 | 逐渐放松管制 | 不足部分政府提供 | 适当时有效 | 政府适当引导 |

资料来源：董晓林，张龙耀，2017.农村金融学[M].北京：科学出版社：32.

（3）微型金融理论。不完全竞争市场论认为农村金融市场不是一个完全竞争的市场，借贷双方之间存在着严重的信息不对称、逆向选择和道德风险。微型金融理论基于不完全竞争市场论，认为可以利用借款人之间的互相担保、互相合作、相互监督等激励机制来克服农村金融市场上的信息不对称和抵押物缺失问题。微型金融理论研究的核心是团体贷款机制。所谓的团体贷款是指提出贷款申请而又不能提供传统抵押物的借款人应按贷款机构的要求自由选择同伴组成贷款小组，小组成员相互担保彼此的还款责任，并承担连带责任和停贷威胁。

担保贷款通过构建新的契约结构和组织模式，降低了小额无抵押贷款的风险和成本（Morduch，2000），在一定程度上缓解了信贷市场借贷双方的信息不对称，提高了金融市场效率。连带责任和停贷威胁的动态激励机制使得借款人面临横向监督、横向压力、社会排斥等社会制裁，从而有助于缓解和克服无抵押贷款过程中的逆向选择和道德风险。在林业专业合作社的贷款方式中，担保贷款是常见的贷款方式之一。

农村金融理论为本书分析林业专业合作社信贷市场的供给情况提供了理论视角。林业生产经营活动伴随着自然风险、管理风险、市场风险等不确定因素，安全性较低，收益不稳定，使得林业难以成为以获取利润为首要目标的商业银行的融资对象，即便是农村信用社、农村商业银行等合作金融机构出于盈利考虑，也更倾向于将信贷分配给贷款金额更多，还款周期更短的借款人。林业贷款项目的特性往往与商业银行的运行原则相冲突。此外，由于限额采伐管理制度和多变的林业政策，使得集体林木处置权长期未能真正落实，林业资产的流动性和变现能力较差，即便通过林业收储担保的手段也往往存在出险的抵押林权无法处置、无人接盘等问题。

## 2.2.2 社会资本理论

社会资本(social capital)是个人或组织从社会获取的资源或资金的总称。最早提出"社会资本"这一概念的是庞巴维克(2009:93-98),他认为社会资本是促进生产的产品总和,包括七个方面:土地的生产性改良、配置和运用,厂房、仓库、店铺等各种生产性建筑物,工具、机器等生产性器具,用于生产的动物,用于生产的原材料和辅助材料,作为仓库存货的消费品以及货币,而"无形的资产"诸如商标、债务或其他权益不应被视为社会资本。但随着研究的深入,社会资本更多地被视为一种资源。如 Putnam(1995)认为,社会资本代表个人通过社会关系网络可以获得的关系资源,社会资本既可能是个人资源,也可能是一个地区的特征。

对于社会资本的解释,较受认可的是科尔曼在《社会理论的基础》一书中给出的定义。科尔曼从社会资本的功能特性出发,认为社会资本是个人拥有的资本财产,它拥有两个特征:由构成社会结构的各个要素所组成以及为结构内部的个人行动提供便利(科尔曼,2008:279)。除此之外,社会资本还具有公共物品特征。由于社会资本是影响个人行动能力以及生活质量的重要因素,人们会尽力创造这一资源,但是,创立社会资本的行动往往为行动者之外的人带来利益,许多社会资本原是其他行动的副产品。多数社会资本的出现或消失都不能以人的意志为转移,因此,社会资本难以被人识别,更难以被准确衡量。

进一步地,科尔曼将社会资本的主要形式分为义务与期望、信息网络、规范和有效惩罚、权威关系、多功能社会组织、有意创建的组织六个方面(科尔曼,2008:283-289)。图 2-1 展示了科尔曼的社会资本主要形式分类。义务与期望指的是社会的可信任程度,包括应尽的义务是否履行以及个人所承担的义务范围两方面。个人或企业的可信任程度越高,他所能拥有的社会资本也将越丰富。信息网络是存在于社会关系内部的信息获取途径,利用业已存在的社会关系是获取信息的重要手段。规范和有效惩罚要求人们放弃自我利益,依照集体利益行事,在规范某些社会行为的同时,也会为某些行为提供便利,如有助于妇女夜间安全的规定,会制约某些犯罪行为。权威关系指的是如果行动者 A 把某些行动的控制权转让给行动者 B,B 可获得以上述控制权为形式的社会资本。如若缺乏权威关系,共享同一利益时将会出现搭便车问题。权威通常被授予具有能力的领导人。多功能社会组织是指通过自愿建立组织来帮助组织成员实现他们的目标。林业专业合作社、农村信用社等组织便是这类多功能的社会组织,通过这些组织的建立,组织成员拥有了某一类可供使用的社会资本。有意创建的组织是指在特定情况下,社会资本是社会行动者投资的直接产物,是社会行动者期望取得的投资效果。如某些商业总裁班,部分参加者加入这类班级的目的在于提高社会资本的质量。需要注意的是,尽管社会资本对社会行动具有促进作用,但是,社会资本的价值会随着时间的推移而逐渐贬值,不断更新和增值才能确保其生命力(科尔曼,2008:297)。

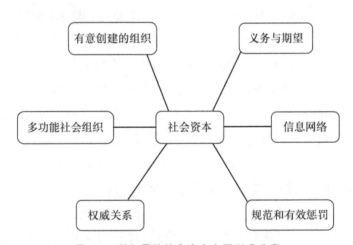

图 2-1  科尔曼的社会资本主要形式分类

投资水平是社会资本促进经济增长的一条重要途径,社会资本能够降低个人和组织为了避免受合伙人欺骗而产生的交易成本和代理成本(Putnam,1995),在减少信息不对称、促进融资活动开展等方面具有重要意义(庞金波、邓凌霏、范琳琳,2016;Yu and Nilsson,2018)。林业专业合作社作为由人所组成的农村社会经济组织,既需要与外界组织与环境进行渠道接通以汲取外部资源,也需要内部整合建构内在凝聚,在这其中,社会资本就扮演着关键角色(崔宝玉,2015)。就林业专业合作社而言,存在个人层面和组织层面的社会资本之分。个人层面的社会资本主要为合作社社员个人的社会网络,由于成员的异质性,普通社员和核心社员所拥有的社会资本存在差异。普通社员无法与外部社会资源进行有效对接,存在扩张性不足、关系脆弱等难以克服的内在缺憾,而核心社员的社会网络质量、数量都要更好,社会资本的回报率更高。较强的社员社会资本会对合作社的竞争优势、绩效和治理做出正面贡献(廖媛红,2015;戈锦文、范明、肖璐,2016)。组织层面的社会资本在某种程度上等同于核心社员的社会资本。一方面,由于核心社员多以合作社代言人的身份外出参加活动,如参加政府召开的座谈会,向政府提供有关调研报告或策略建议,代表合作社接触官员并争取政府的各类优惠政策,与商业伙伴进行谈判与交易等,从这一层面上看,合作社所拥有的组织资源与核心社员的社会资源难以区分;另一方面,合作社普遍存在理事长"一肩挑"的现象,在生产经营中,往往是理事长运用自己所拥有的社会资源来帮助合作社获取更好的经济回报。

对于以社会资本为根基的合作社来说,将合作社的社会资本向财务资本转化从理论上是可行的(余丽燕、郑少锋,2011)。合作社的社会资本有助于调动整体成员的融资参与意识,进而缓解资本约束。余丽燕和 Nilsson (2017)认为,资本控制型合作社存在资本约束问题的主要原因是普通成员的融资潜能被抑制。资本控制型合作社容易忽视民主和公平,导致普通成员主人翁意识淡薄,融资自然被认为是核心成员的事情,而社会资本的应用有利于提高成员的参与感,解决成员激励的问题。通过发掘合作社内部丰富的社会资本资源,建立成员与合作社的合作和信任,提高整体成员的主人翁意识,有助于缓解合作社的资本控制与资本约束问题。

### 2.2.3 "小银行优势"理论

有学者提出,不同规模的银行对于贷款技术的运用程度存在不同。Bergera 等人(2005)基于契约不完全理论对小银行与大银行处理小企业贷款时的信贷行为进行了分析,认为小银行由于组织结构扁平化的优势,相比于大银行更有利于收集和分析"软"信息,这在对小企业进行关系型贷款时具有优势。Brickley 等人(2003)利用得克萨斯州商业银行 1998 年的数据,验证了在可识别的环境中,小型银行比大型银行更具有比较优势。

但也有学者持相反的观点,认为银行规模对于企业的贷款结果并无影响,企业的信贷配给更多地受到社会经济结构、企业自身条件等因素的影响。如 Ferria 和 Messori(2000)认为,与金融机构的关系会在一定程度上改变信贷配给,但这一过程是取决于社会经济结构,而非银行规模。Peek 等人(1998)则认为,银行规模并非扩大小企业贷款市场的必要因素,银行规模的扩大并没有收缩小企业的贷款市场,相反,当银行发生并购时,反而会增加小企业的贷款发放总量;Berger 等人(2010)也对"小银行优势"理论提出了异议,他们认为,尽管小银行在关系贷款方面具有比较优势,但这一优势更多地体现在大公司的贷款申请中。

学术界对"小银行优势"理论进行了广泛的检验,不少学者的研究结果表明,相比大银行,小银行更多地将软信息(如企业家的经营能力、声誉等),而非硬信息(如资产评估、财务报表等)纳入贷款决策的考量,"小银行优势"理论在小微企业的贷款中得到了普遍应用(Berger et al.,2005;程超、林丽琼,2015;刘忠璐,2018;张蕴晖、董继刚,2018;张一林、林毅夫、龚强,2019)。然而,也有学者认为,随着银行与中小企业之间业务开展方式的转变,原先关于大银行对中小企业放贷不感兴趣的看法已不全面(Jenkins,2014),无论硬、软信息贷款技术,大银行机构都有明显的比较优势(李华民、吴非,2019)。总体而言,是贷款技术的运用影响了小微企业的可得性,而非银行规模(董晓林、张晓艳、杨小丽,2014)。

与"小银行优势"理论相关的是银行贷款技术的选择。中小企业与金融机构之间存在严重的信息不对称,金融机构无法低成本验证中小企业的生产经营活动是否为高质量项目(逆向选择问题),也无法确保所提供的资金不会被用于其他替代项目(道德风险问题),中小企业获得正规信贷的可能性大大降低。中小企业对金融机构所提供的外部资金存在较大的依赖性,其面临的信贷约束无疑制约了中小企业的进一步发展。为缓解小规模企业与银行之间的信贷配给缺口,针对需求特征的多种贷款技术应运而生。

Berlin 等人(1999)首先介绍了交易型贷款和关系型贷款的概念。随后,Berger 和 Udell(2002)将贷款技术视为解决可导致信贷配给或"过度贷款"等问题的手段,并将贷款技术分为财务报表型贷款、抵押型贷款、信用评级型贷款和关系型贷款四种类型。财务报表型贷款是指金融机构在放贷时侧重于评估财务报表信息,适合能够提供审计后的财务报表、财务管理相对透明的企业;抵押型贷款是指金融机构在进行信贷决策时侧重抵押品的质量,该类贷款要求企业提供高质量的可抵押物品,且金融机构能够密集监控此类资产的周转;信用评级型贷款指金融机构基于对借款人或借款企业的信用评级来决定是否提供信贷,考虑到企业所有者的信誉与大多数小企业密切相关,金融机构还需了解主要所有者的财务状况和信用历史(Feldman,1997);关系型贷款则是指金融机构的信贷决策取决于金融机构员工从与借款方的长期接触中获得的关于公司和所有者的特定信息或关于他们所经营的商业环境的一般信息。Berger 和 Udell(2002)将财务报表型贷款、抵押型贷款和信用评级型贷款归为交易型贷款技术,但也有许多学者在进行相关研究时,在交易型贷款技术中增加了担保型贷款技术(董晓林、程超、吕沙,2015;林乐芬、李晅,2017;张蕴晖、董继刚,2018),即银行会依据借款人的担保方或担保物而做出信贷决策。由于担保贷款是林业金融信贷中常见的贷款方式,因此,本书认为,担保型贷款技术也属于交易型贷款技术。贷款技术的类型及定义具体可参考表 2-2。

**表 2-2 贷款技术类型及定义**

| 贷款技术类型 | | 含义 |
|---|---|---|
| 交易型贷款技术 | 财务报表型贷款 | 申请贷款时,能够出具审计后的财务报告。 |
| | 抵押型贷款 | 申请贷款时,拥有有效的抵押物。 |
| | 信用评级型贷款 | 金融机构基于对借款人或借款企业的信用评级来决定是否提供信贷以及信贷的金额、期限等。 |
| | 担保型贷款 | 借款人具有有效的担保方或担保物。 |
| 关系型贷款技术 | 关系型贷款 | 金融机构的信贷决策取决于从与借款方的长期接触中获得的各类软信息。 |

　　Berger 和 Udell(2002)认为关系型贷款是减少小型企业融资中信息不对称问题的最强大技术之一。交易型贷款技术通常与贷款发放时产生的"硬"信息相关,如财务报表分析中的财务比率,基于资产的抵押比率、担保方或担保物的可信度或信用评级结果。关系型贷款通常通过信贷员与公司,所有者和当地社区环境的接触来收集"软"信息,这些软信息可能不容易被他人观察、被他人验证或传输给他人。随着时间的推移,银行通过与企业长期频繁的接触所收集的信息具有超出公司财务报表、抵押品和信用评级的重要价值,如企业的真实生产信息、企业主的各方面能力及品行等(董晓林、程超、石晓磊,2017),更有助于金融机构处理信息不透明的问题(Berger and Udell,2002)。在关系型贷款下,银企关系的强弱会影响信贷的可得性。邵林(2018)通过 Richardson 信贷两期模型表明,银企信用关系与企业所获得的债务融资正相关,张晓玫等人(2013)基于投资-现金流模型,利用上市中小企业数据实证研究了银企关系与中小企业融资情况之间的关系,结果表明,上市中小企业与银行建立亲密的银企关系有助于缓解自身的融资约束;Behr 等人(2011)的研究也表明,较长的信贷双方关系有助于减少小额贷款人和借款人之间的信息不对称,改善借款人的信贷获取情况并减少贷款审批流程所耗费的时间;Zhang 等人(2018)通过建立人工信贷市场代理的仿真模型,证实了银行向关系企业发放的贷款总额总是大于非关系企业发放的贷款总额,银企之间的关系可以有效缓解中小企业的融资困难。

　　就林业专业合作社而言,尽管财务报表型贷款、抵押型贷款、担保型贷款和信贷评分型贷款都得到了不同程度的应用,但是其应用均受到一些客观条件的约束,如能够提供完整财务报表的林业专业合作社较少,林权抵押贷款由于评估难、处置难、变现难等问题,无法成为高质量的抵押品,林权收储担保所开展的业务量有限,主要依赖于当地政府的推动扶持才得以产生和维持,个人信用贷款能够获得的贷款额度普遍偏低等。而通过使用关系型贷款技术,当银企关系发展到一定阶段时,借贷双方的信息不对称情况得到大幅度缓解,银行能够充分识别和控制借款企业的风险(董晓林、程超、石晓磊,2017),最终起到降低抵押品要求(Behr,Entzian,and Güttler,2011)、增加信贷可得性的作用(Ferria and Messori,2000)。

### 2.2.4 交易费用理论

(1)交易费用的含义与分类。服务于交易的资源需要通过融资来实现,交易费用与金融资本是紧密联系在一起的(埃里克、鲁道夫,2015:37)。要理解交易费用,首先要明确交易的含义。Williamson(1985:1)认为,交易指的是某种物品或服务从一种技术边界向另一种技术边界的转移,其有三个维度,包括不确定性、交易发生的频率以及交易专用性投资的程度。Commons(1934:58)则认为交易是个人之间分割和获取对有形物品未来的所有权,Alchian(1969)则将交易费用等同于信息费用,但无论是哪种定义都意味着资源的转移(埃里克、鲁道夫,2015:31)。交易的转移不仅包括物质交换,也包括不带来有形产品但却与生产有关的信息交换(Miller and Vollmann,1985)。埃里克·弗鲁博顿和鲁道夫·芮切特还将交易费用分为三种:市场型交易费用、管理型交易费用和政治型交易费用(埃里克、鲁道夫,2015:33)。

本书采取埃里克·弗鲁博顿和鲁道夫·芮切特(2015)对于交易费用的分类,对林业专业合作社信贷行为中的交易费用进行讨论。图2-2展示了交易费用对林业专业合作社正规信贷可得性的影响。林业专业合作社的各类型交易费用会导致搜寻、谈判决策、监督履行等费用的上升,形成集体行动困境,降低市场经济的自由度,最终作用于林业专业合作社的正规信贷可得性。以下就三种交易费用进行分别论述。

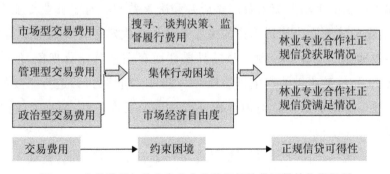

**图2-2 交易费用与林业专业合作社正规信贷可得性作用机制**

市场型交易费用是林业专业合作社信贷行为中首要的交易费用。该费用包括信息费用和谈判费用，具体而言可分为合约的准备费用（搜寻和信息费用）、决定签约的费用（谈判和决策费用）以及监督费用和合约义务履行费用（埃里克、鲁道夫，2015：33-34）。

从市场型交易费用来看，林业专业合作社在正规信贷申请中，首先产生的是搜寻和信息费用。对林业专业合作社而言，需要投入时间和精力以获取林业信贷的相关信息，并按照贷款步骤进行相应的信息填写和申报。但合作社作为一个弱势的经济组织，受外部市场环境复杂性和合作社认知判断能力的多重制约，其对市场信息的搜索、筛选、甄别、分析与加工能力较弱，获取有价值的信息存在较大的成本（韦克游，2013）。部分贷款者通过比较各银行所提供的金融产品的差异来寻找最低价格的供给者，进而产生了更多的费用，而一旦林业合作社的贷款申请未通过，其所投入的资本都将成为沉没成本。林业专业合作社进行信贷活动的搜寻和信息费用不仅花费较多，风险也较高。

从金融机构的角度来看，银行难以获取合作社财务情况、经营情况的有效信息。多数林业专业合作社无法提供完整有效的会计报表，因而银行难以获取合作社真实的财务信息。在进行林权抵押贷款资产评估时，林木的价值评估存在评估风险。林木市场交易价格近年来呈波动下降的趋势，若是银行对林木市场缺乏了解或是评估机构采用错误的评估方法进行林木资产评估，会使得林木的估值偏离市场价格，进而造成不良贷款。

随后产生的市场型交易费用是谈判和决策费用。对于林业专业合作社而言，这里的谈判和决策费用指的主要是合作社决定进行贷款的执行成本。尽管多数林业专业合作社因成员的异质性而存在精英俘获现象，但作为一个经济组织，贷款决策的产生仍会耗费一定的时间精力，如进行必要的决策会议和投票等组织活动。但因合作社成员的异质性较强，执行难度和成本均较高。

对于金融机构而言，若要了解林业生产经营及市场情况，需要走访林业专业合作社进行实地考察，并对林业知识有一定的了解，这会耗费不少的人力、物力和财力。相比于其他商业贷款，林业贷款获取信息的成本较高，回报率却较低,存在高风险和低收益的矛盾。

当交易达成后,卖方的交货时间需要监督,产品质量和数量需要度量,由此产生监督费用和合约义务履行费用。保护权利和执行合约的条款会产生费用,度量交易中有价值的物品属性也涉及费用(埃里克、鲁道夫,2015:34)。当贷款交易实施后,金融机构需要对林业专业合作社的合同执行情况进行监督和贷后检查,从而产生监督成本,而受到合作社的产权安排、决策机制、地理分布、规模状况、合作社的成员异质性等因素的影响,金融机构对合作社及社员的贷款进行事后监督的成本较高(韦克游,2013)。

当监督和执行存在高昂费用时,机会主义行为和违约的发生在某种程度上是无可避免的。如林业专业合作社社员以投资林业发展为名进行林业贷款,但事实上却将资金投到其他风险性高的生产活动或创业活动中,造成资金回收困难。或是贷款人缺乏诚信意识,拒不执行还款义务等。林业贷款者的机会主义行为不但会使得信贷资源进行再分配,还会造成总产出水平或福利水平的损失。尽管机会主义行为可以通过适当的制度安排来避免,但其存在本身便阻碍了制度的实施(埃里克、鲁道夫,2015:35)。

林业专业合作社获得信贷的过程中,也会产生管理型交易费用。管理型交易费用指的是执行企业与雇员之间劳动合约的费用,包括建立、维持或改变一个组织设计的费用以及组织运行费用(埃里克、鲁道夫,2015:35)。其中,建立、维持或改变一个组织设计的费用包括人事管理、信息技术、公共关系、游说活动等方面的投入;组织运行费用包括制定决策、监管命令的执行、度量工人绩效有关的费用、代理费用、间接费用、信息管理费用、半成品滞留费用、企业内运输费用等。

在林业专业合作社进行贷款时,由于制度安排的缺陷和社员普遍存在的小农思想,合作社的民主管理和决策容易陷入集体行动困境,即尽管资金的注入能够帮助合作社发展生产,但出于对利益的追求和对负债的天然抗拒,林业专业合作社的贷款决策极难得到所有社员的认可。因此,合作社贷款多采取间接贷款形式,即由核心社员向银行申请贷款,并将所贷款的资金用于合作社发展。但这一行为会产生搭便车现象,增加了合作社的管理和控制成本。合作社作为一个集体组织,其所进行的集体行动一方面意味着合作,但另一方面却往往会产生冲突。尤其当个人利益与集体利益产生冲突时,会产生强烈的离心力,使得组织变得松散无力,甚至最终解体(鹿斌、金太军,2015)。

政治型交易费用是指集体行动提供公共产品所产生的费用,包括建立、维持和改变一个体制中的正式和非正式政治组织的费用,如税收、政治集团的建立和经营费用等,以及政体运行的费用。此外,附加在社会上的交易费用也包括在其中,如由于破坏自由交换所导致的资源损失(埃里克、鲁道夫,2015:36)。

市场经济自由的程度会影响金融资源。经济自由可以减轻银行对贷款方的监管不确定性,从而提供一定程度的政策透明度,减少金融市场崩溃的可能性(Blau,2017)。但是受到森林生态功能的限制,林业经济市场的自由化程度较低。早期林业的滥砍滥伐导致生态环境受到了严重的破坏,森林保护政策大幅度加强,砍伐指标大面积缩减,直接对林木交易市场造成了影响。随后,我国开展了新一轮的集体林权制度改革,基本完成了明晰产权、承包到户的改革任务,林农造林护林的积极性得到显著提升。但是,分林到户的政策措施也产生了林权分散、无法规模化运营等问题,降低了林业市场经济的自由程度,影响了林业金融市场的供应量。

为盘活林业资源,政府不断加强林业专业合作社等新型林业经营主体的市场地位,向林业专业合作社注入大量公共资源,如项目扶持政策、科技推广鼓励政策、财政贴息政策、贷款优先激励政策等。此类政府规制存在自由量裁权,而自由量裁权的存在会产生寻租空间(陈炜、任梅,2013),不利于金融竞争的自由发展。

(2)影响交易费用的因素。除以上三种类型的交易费用外,还需对林业专业合作社的资产专用性和信息不对称进行探讨,二者均会对交易费用产生影响。资产专用性往往与事后的交易费用有关。资产专用性较高意味着一旦不能在现有交易关系中进行流动,则资产的大部分价值将会转化为沉没成本(韦克游,2013)。Williamson(1985:95)将专用性投资区分为四类:地址专用性(site specificity)、有形资产专用性(physical asset secificity)、人力资本专用性(human capital specificity)、专用资产专用性(edicated asets)。

结合林业专业合作社的实际情况,此处仅对前三种专用性投资进行讨论。图 2-3 为资产专用性与林业专业合作社正规信贷可得性之间的作用机制。林业专业合作社的地点专用性、有形资产专用性以及人力资本专用性较强,在地理区位、林地等固定资产、合作社成员情况等方面易受到约束,影响了信贷双方主体的供给和需求。

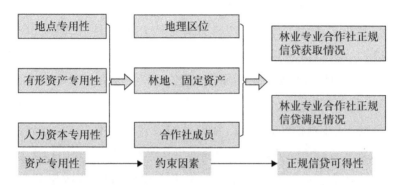

**图 2-3 资产专用性与林业专业合作社正规信贷可得性作用机制**

首先,林业专业合作社的资产存在地点专用性。埃里克和鲁道夫(2015:93)参考了 Joskow(1985)对采煤厂与燃煤发电厂之间的近距离关系进行的案例,认为地点专用性指的是"买者和卖者相互靠近,是一种最小化存货和交通费用的交易前决定"。买家和卖家之间的地址越是靠近,越能节约诸如交通、物流等交易费用。也有学者认为,地点专用性不单指地址,也包括土地的使用属性,如早期人地关系紧张的条件下,林地频频被转为农地,此时林地的地点专用性并不强(罗必良、高岚,2013:54)。

就林业专业合作社而言,其地点专用性较强。从土地使用属性来看,无论在法律还是社会层面上,林地都不被允许转变为耕地。一旦林地转为耕地,其所创造的生态价值将会被大大削弱。如我国为保护环境生态而划定的生态保护红线具备强制约束性,凡是划入生态保护区的区域均禁止进行工业化和城镇化开发,从而有效保护我国珍稀、濒危并具代表性的动植物物种及生态系统,以维护我国的生态系统功能良好运转。

从地理区位属性来看,林业专业合作社无法脱离林木单独存在。林业专业合作社的生产、加工等生产经营活动都与林地的地理位置息息相关。

并且,林区大多位于偏远地区,因交通不便,所花费的物流费用、交通费用、管理费用相对较高,可转移性差,存在较大的机会成本,这些弱势对林业专业合作社能否顺利获得正规贷款存在影响。地点专用性对信贷可得情况的影响被广泛采纳到农户信贷可得性的相关研究中,"与最近的金融机构距离"这一指标常被作为考察借贷的机会成本、交易成本或是金融环境的影响因素之一(刘西川、陈立辉、杨奇明,2014;万宇涛、杨立社,2015)。

其次,林业专业合作社的资产具有有形资产专用性。有形资产专用性指的是"合约方或两方在设备和机器方面所进行的投入在设计上具有交易专用性的特征,但作其他使用时价值则较低"(Joskow,1985;Williamson,1985:95)。罗必良和高岚(2013:54)认为,产品的技术越复杂,其资产专用性越强,因此,从技术的角度上看,林产品的资产专用性较弱。也有学者将"physical asset specificity"译为自然属性专用性(韦克游,2013),认为合作社的土地、水利及农机等有形资产用途的专用性较强,如若更改资源配置将严重削弱其使用价值,甚至使之变得毫无价值。

就林业专业合作社的有形资产来看,诸如集材机、木材装载机、植树机、挖坑机等林业设备的资产专用性较强,但这些林业器械可以租用,影响较小。林业专业合作社拥有较强专用性的有形资产当数林地,但在大部分地区,林地交易流转市场并不完善,削弱了林权抵押的变现能力,无法成为银行所认同的具有盈利能力的高质量抵押品。

最后,还需考虑林业专业合作社的人力资本专用性。人力资本专用性的产生是"由于边干边学、投资以及转让专用于特殊关系的技术"(Joskow,1985;Williamson,1985:95)。育种、育苗、培育林下经济作物等林业生产活动需要一定的技术做支撑,但林业的生产周期与投资回收期均较长,许多林农无法成为专职的林业从事者,务农、务工的兼业化现象较为普遍。就当前林业的发展形势而言,林业人才总量不足,结构不优,高层次、复合型人才匮乏,林区人才流失严重,林业劳动力的专业化程度从总体上来看仍然较低。

林业专业合作社的弱人力资本专用性意味着人员结构的不稳定。由于合作社特殊的产权安排制度,合作社成员存在明显的异质性,再加上较低的人力资本专用性,合作社的稳定经营及盈利能力更受影响。而能否稳定、持续地获得盈利是银行考虑是否放贷的重要因素,林业专业合作社的弱人力资本专用性加剧了信贷约束。

## 2.2.5 信息不对称理论

林业专业合作社获取信贷的费用还需考虑信息成本。信息不对称是信贷市场最典型的特征之一,获取相关的高质量信息可能要花很高的代价。信息不对称与林业专业合作社正规信贷可得性之间的作用机制如图 2-4 所示。因信息不对称而引发的逆向选择与道德风险问题是影响林业专业合作社信贷可得性的重要原因,抵押品和第三方担保方式是用以解决信息不对称的两种主要方式。

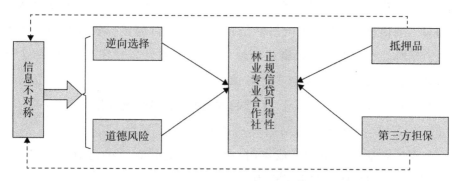

**图 2-4　信息不对称与林业专业合作社正规信贷可得性作用机制**

逆向选择指的是由于获得信息的高成本,低质量的商品往往会挤出高质量的商品(哈尔,2016:510)。体现在信贷市场上,表现为投资风险高的林业专业合作社相比于风险低的企业更能够获得贷款。道德风险指的是缺乏采取提防行为的激励情况(哈尔,2016:511),表现为获得贷款的林业专业合作社更有可能发生违约情况。林业专业合作社作为贷款方,与银行进行信贷交易时存在着信息不对称。

在贷款前,合作社对投资项目的风险程度、投资回报率、能否按期还款等方面的信息都较为了解,而银行只能通过林业专业合作社所提供的信息进行风险评估,由此产生了林业专业合作社与金融机构之间的信息不对称。

而这存在于银行和借款人之间违约风险的信息不对称将会使银行拒绝向无法观察区分的借款人提供贷款(Stiglitz and Weiss,1981)。这种信息不对称将会导致信贷市场的逆向选择,即项目风险较高的林业专业合作社更容易获得贷款,影响了金融资源的配置效率。

这一逆向选择可通过简单的数理分析进行说明。假设市场上存在两种投资项目:高风险高收益的 $H$ 项目和低风险低收益的 $L$ 项目,预计贷款的数额为 $M$。$H$ 项目的市场份额为 $\lambda$,$L$ 项目的市场份额为 $1-\lambda$。银行的无风险利率为 $r_0$,当林业专业合作社选择投资 $H$ 项目时,银行贷款利率为 $r_H$,项目成功收益为 $R_H$,项目成功的概率为 $P_H$,所耗费的成本为 $C_H$。当林业专业合作社选择投资 $L$ 项目时,银行贷款利率为 $r_L$,项目成功收益为 $R_L$,项目成功的概率为 $P_L$,所耗费的成本为 $C_L$。此时,$R_H > R_L$,$P_H < P_L$,$R_H P_H > R_L P_L$,$r_H > r_L$,即 $H$ 项目的成功概率低于 $L$ 项目,期望收益高于 $L$ 项目。当信息对称时,$H$ 项目的贷款者愿意支付的银行贷款利率高于 $L$ 项目。当林业专业合作社投资成功时,将会按贷款约定偿还本息,但林业专业合作社投资失败时,将会逃避还款或赖账。

当林业专业合作社投资于 $H$ 项目时,银行的期望收益为:

$$E(H) = max\{P_H M(1+r_H) - (1-P_H)M\} \tag{2-1}$$

只有当预期收益高于其成本时,林业专业合作社才会选择投资 $H$ 项目,则此时方程(2-1)的约束条件为:

$$P_H[R_H - M(1+r_H)] - (1-P_H)M(1+r_H) \geqslant C_H \tag{2-2}$$

即

$$P_H R_H - M(1+r_H) \geqslant C_H \tag{2-3}$$

当林业专业合作社投资于 $L$ 项目时,银行的期望收益为:

$$E(L) = max\{P_L M(1+r_L) - (1-P_L)M\} \tag{2-4}$$

只有当预期收益高于其成本时,林业专业合作社才会选择投资 $L$ 项目,则此时方程(4)的约束条件为:

$$P_L[R_L - M(1+r_{HL})] - (1-P_L)M(1+r_L) \geqslant C_L \tag{2-5}$$

即

$$P_L R_L - M(1+r_L) \geqslant C_L \tag{2-6}$$

在信息不对称的条件下,银行无法分辨林业专业合作社所投资项目的风险类型,也无法根据不同风险类型的投资项目推出不同利率的贷款产品,因此,银行向贷款市场提供一个利率统一为 $r$ 的贷款方案,并且按风险项目在市场上所占据的比例来估计预期收益。此时银行的期望收益为:

$$E(r) = \lambda[P_H M(1+r) - (1-P_H)M] + (1-\lambda)$$
$$[P_L M(1+r) - (1-P_L)M]$$
$$= P_L M(2+r) - M - \lambda M(2+r)(P_L - P_H) \qquad (2\text{-}7)$$

只有当银行的期望收益大于其无风险收益 $M(1+r_0)$ 时,银行才会实施贷款。此时方程(2-7)的约束条件为:

$$P_L M(2+r) - M - \lambda M(2+r)(P_L - P_H) > M(1+r_0) \qquad (2\text{-}8)$$

由方程(2-8)可得:

$$\lambda < \frac{P_L(2+r) - (2+r_0)}{(2+r)(P_L - P_H)} \qquad (2\text{-}9)$$

由方程(2-9)可知,当 $\lambda$ 小于某一值时,方程(2-8)才成立。即在信贷交易中,风险高的 $H$ 项目所占比例小到一定程度,风险低的 $L$ 项目所占比例较大时,银行的期望收益才大于其无风险收益,此时银行才会实施贷款。

当银行所制定的单一利率 $r < r_L$ 时,风险高的 $H$ 项目和风险低的 $L$ 项目均会申请贷款,$L$ 项目所占比例未能达到一定数值,银行无法获得其期望收益,将会提高利率以期增加收益。而当 $r_L < r < r_H$ 时,风险低的 $L$ 项目因无法接受过高的利率而退出信贷市场,但风险高的 $H$ 项目愿意支付较高的利率来获得贷款,高风险项目驱逐低风险项目,信贷市场的逆向选择由此出现。此外,当利率提高时,为了获取更大程度的收益,林业专业合作社倾向于投资高风险、高收益的项目,无形中降低了贷款的安全性,提高了不良贷款率。部分借贷者甚至在取得银行贷款后,随意改变贷款的用途,故意隐瞒投资收益,恶意拖欠偿还资金,逃避偿债义务(肖兰华、金雪军,2010),引发道德风险。

当逆向选择和道德风险发生时,尽管借贷者愿意接受较高的利率,银行为了规避风险也不愿意向借贷者放贷,资金需求和资金供给不对等,产生了信贷约束。信息不对称的情况越严重,信贷约束也越严重。

实践中,为了减少信息不对称带来的影响,金融机构会尽可能地多收集借款人的信息,并且会通过对借款人进行约束来限制他们的行为以减少道德风险,如要求借款人提供担保,在贷款合同中加入具有特殊要求的契约(如担保人为公务员等公职人员)或是维持一定数量的资产净值等。规避逆向选择的难度则更大,多数不良贷款是在情况好的时候产生的,金融机构在关注企业资金状况的同时,也要考虑经济周期的因素。

理论上,学者们对信息不对称这一难题进行过大量的研究,提出多种解决对策,总结来看可以归纳为两点:一是使用抵押品来申请贷款。肖兰华和金雪军(2010)认为,抵押品的缺失是引致我国农村中小企业信贷融资难的重要原因,抵押对于农村中小企业信贷市场上的逆向选择具有抑制作用。并且,抵押品是金融机构的权益保障,是对借款人违约行为的一种惩罚,银行对抵押品的收回权和清算权可以抑制借款人的机会主义行为。即便抵押品的最终清算价值低于预期,也可以在一定程度上减轻贷款人的损失(张德元、潘纬,2015)。但是,由于农村普遍缺乏有效的抵押品,难以通过提供抵押物来解决信贷融资中的逆向选择问题。如林业专业合作社的生产设备、林木半成品等,因农村的交易市场不发达,难以进行出售、转让,因而不被银行认定为有效、能够带来收益的可抵押资产。

因抵押贷款存在的现实缺陷,不少学者提出第二种方法:引入第三方担保机制。当财务健康的借款方由于信息不对称而被银行视为高风险时,担保贷款这类的信贷补贴政策能够改善金融资源的分配(Mankiw,1986)。俞兆云和陈飞翔(2010)认为,可以引入第三方担保机制来缓解银行与中小企业间的信息不对称。担保机构对中小企业的信息了解充分,能够促进借贷双方的信息透明,担保机构在银行与中小企业之间起到了信息桥梁的作用,有助于防范信贷市场逆向选择的发生。但是也有研究表明,不仅在信贷市场上存在逆向选择,担保市场上也有逆向选择。Saito 和 Tsuruta(2018)对日本中小企业的担保市场是否存在逆向选择和道德风险进行了检验,结果表明,由于担保公司无法将低风险与高风险的借款人区分开来,信用担保计划通常会吸引更大比例的风险借款人,出现了逆向选择,从而导致资源配置效率低下。并且,享受担保贷款的中小企业更有可能违约(道德风险)。要使担保贷款在信贷市场上起作用,就要保证提供担保的第三方对借贷人的信息有充分了解,但在实际情况中,提供担保的第三方与借贷人之间也存在一定程度的信息不对称。如林业贷款中,通常引入政府投资的林业收储担保公司来应对林权抵押的不良贷款。当林权抵押人无力偿还贷款时,可要求以其反担保的林权折价抵偿债务,由林业收储担保公司对所抵押的林木进行收购、流转或拍卖。要启动森林资源收储程序需要林权抵押人向收储机构申请实行收储协议,但事实上,林权抵押人出于机会主义心理或是逃避、博弈、侥幸等心态,不愿签署收储协议,也有部分林权抵押人得到借款后就外出从事其他行业,或投资其他商业活动,使得收储协议落地困难。与银行相似,林业收储担保公司也仅能依据林业合作社所提供的报表或日常联系中所了解到的信息来决定是否提供担保,若是发生坏账,林权抵押人是否愿意、是否能够履约则是林业收储担保公司无法预料的。因此,政策制定者在设计和实施林业专业合作社信贷担保计划时应考虑逆向选择和道德风险的威胁。

# 3 林业融资特性与林业专业合作社正规信贷方式

## 3.1 林业正规信贷融资特性

## 3.2 林业专业合作社正规信贷方式

本章节分为两个部分,一是探讨了林业融资特征,二是列出了林业专业合作社主要使用的正规信贷方式。首先,从产业特性和组织特性两个角度出发,探讨了林业专业合作社的正规信贷融资困境,一定程度上扩充了对林业专业合作社信贷配给的研究视角;其次,结合现实情况,讨论了林业专业合作社常见的正规信贷方式,包括抵押贷款、信用贷款、担保贷款及其他贷款方式,并画出相关贷款方式的运行机制图,以便更直观地展现其运行机制。

## 3.1 林业正规信贷融资特性

林业专业合作社能够降低小生产与大市场之间的交易费用,在促进林农增收、提高要素配置效率、推进适度规模经营等方面发挥着重要作用。随着集体林权制度改革和林业现代化建设的不断推进,林业专业合作社作为新型林业经营主体之一,得到了迅速扩张。2013 年,我国共建立林业专业合作组织 11.57 万个[①],截至 2016 年 5 月,我国林业合作组织已达 15 万个,涉及农户 1400 多万户[②]。2017 年《国家林业局关于加快培育新型林业经营主体的指导意见》(林改发〔2017〕77 号)明确指出,要"加快培育新型林业经营主体","鼓励和支持林业专业大户、家庭林场、职业林农、农村能人、涉林企业等牵头组建农民林业专业合作社"。

林业专业合作社的发展改变了家庭小规模、分散经营的格局,提高了林业的产出率,推动了林业产业化、标准化、生态化发展,在促农增收方面发挥了积极作用(朱莉华、马奔、温亚利,2017)。但是,林业生产周期长、资本回收慢等特性也对合作社的资金投入提出了更高的要求。自合作经济发展以来,资金短缺、融资困难一直是合作社面临的现实困境,有限的融资能力制

---

① 国家林业和草原局,国家公园管理局计财司.2014 年中国林业发展报告[EB/OL].(2014-11-26)[2023-02-07].http://www.forestry.gov.cn/main/62/content-750495.html.

② 国家林业和草原局.林业发展"十三五"规划[EB/OL].(2016-05-25)[2023-02-07].http://www.forestry.gov.cn/main/58/20160525/875013.html.

约了合作社经营规模的扩大及产业链的延伸(庞金波、邓凌霏、范琳琳,2016;张冀民,2016)。正规信贷因其借贷程序规范、借贷时间长、利率低的优势(江振娜、谢志忠,2016),成为合作社融资的重要途径之一。近年来,我国相继出台《国家林业局关于促进农民林业专业合作社发展的指导意见》、《关于进一步利用开发性和政策性金融推进林业生态建设的通知》(发改农经〔2017〕140号)等文件,强调要加大林业金融支持力度。尽管如此,对于林业专业合作社而言,获得正规信贷仍然面临现实困境。据《2016年中国林业发展报告》显示,2015年我国国内林业贷款同比减少6.52%,自筹资金同比减少2.82%。与农业合作社普遍面临的信贷约束问题相似,林业合作社也同样缺乏有效的信用机制,难以满足正规金融贷款所要求的抵押和担保条件。尽管林权抵押贷款在一定程度上能够提高林业专业合作社的信贷可得性,但由于金融机构无法全面掌握合作社经营的有效信息,为降低信息不对称导致的逆向选择和道德风险,仍会采取信贷配给措施,以保障信贷安全(金银亮,2017b)。

长期以来,林业被纳入农业范畴进行研究,严重忽略了以森林资源为基础的林业产业的本质特点(罗必良、高岚,2013:13),忽视了由产业特性决定的林业正规信贷的特殊要求,一定程度上导致了实践中的创新不足和发展滞后。本书认为,有必要回归到林业产业的资源特性和林业专业合作社的组织特性来对林业专业合作社的融资困境进行深入分析。

### 3.1.1 产业特性视角

林业与农业的产业特性具有相似性,但又有各自的特点。本书从生产特性、功能特性、风险特性与处置特性四个方面出发,对林业的产业特性进行分析,在此基础上对林业的信贷特征进行延伸讨论。

(1)生产特性。从林业生产特性来看,林业与农业具有高度相似性,二者均以土地为基本生产资料,是经济再生产与自然再生产的过程,同样面对较大的自然风险,且都是资源限制性与资源再生性共存的产业(罗必良、高岚,2013:15)。但是,林业和农业的生产特性具有显著区别,主要表现在以下几个方面。

首先,相较于农业,林业生产经营周期和资本回收期更长。如杉木、马尾松等用材林主要树种的主伐年龄在 6～121 年不等[1],投资回收期长。部分林下经济产业的生产周期与农业类似,在 1～3 年左右,但是这些林下经济产品的生产与发展是以森林生产的长周期为基础,没有森林就没有林下经济。在生产周期未完结之前,林业产业无法提供任何有效的产品,即无法创造收入,这一特点决定了林业的资金周转期限较农业而言更长,在进行借贷活动时,其所需要的还款时间要更长。其次,林业生产投入具有间歇性。林业生产的人、财、物投入主要集中在前期,一个完整的林木生产周期其资金运动形式为:初始投资多,中期、后期投资少或很少,在最终产品形成前,资金投入又开始增多,输出的产品则随着时间的推移,缓慢增加(邱俊齐、翟中齐,1987)。林业生产投入的间歇性使得林业资金需求也具有间歇性,具体表现为:前期贷款需求较大,随后减弱,在即将回收之时,又出现大笔的贷款需求。但在这一过程中,林业从事者的还款能力较弱,有形成长期坏账的风险,而这一点恰恰是正规金融机构所无法承受的。最后,林业劳动资源具有闲置期。由于投入资金、劳力的间歇性和在制品的长期性,在未取得最终产品前,林业劳动力、设备等资源处于较长时间的闲置状态(邱俊齐、翟中齐,1987)。为使利益最大化,农民往往会选择将林业作为副业,以见效更快的工商业、种植业、畜牧业等行业为主业,或是利用林区资源开展多种经营活动以弥补资源闲置的机会成本。前者直接影响到林业经营的积极性,进而影响到林业正规信贷的贷款量,后者则对林业信贷的类型提出了多样化的需求。

(2)功能特性。从林业功能特性来看,农业产业与林业产业都具有经济属性和社会属性,但林业产业在这两种属性之外还具备生态属性。随着当下社会对生态文明问题的日益关注,林业生态效益的重要性日渐凸显,在促进经济社会可持续发展上具有其他行业不可替代的重要作用。但是,林业

---

[1] 主伐年龄源于《用材林主要树种主伐年龄表》。依据我国《森林采伐更新管理办法》第二章第七条,"主要树种的主伐年龄,按《用材林主要树种主伐年龄表》的规定执行"。

生态功能的特征对于林业的发展产生了一定的限制。一是林业生态功能具有正外部性。森林资源所提供的生态服务是一种公共物品，在一定范围内，所有的成员均能享受到该服务，其所具有的正外部性使得服务外溢，被其他部门乃至全社会无偿享用。尽管全国碳交易市场已在2021年7月全面启动，但整体而言，我国碳交易市场仍不成熟。与林业相关的林业碳汇CCER项目只允许2017年之前已经备案的项目进行交易，2017年之后一直没有新的CCER项目备案成功，CCER项目备案和交易何时重启仍是未知数。二是林业生态功能具有非排他性。非排他性指的是在技术上无法将拒绝为之付款的人排除在受益范围之外。森林所具备的诸如涵养水源、防风固沙、调节气候、保护生物多样性等功能，在一定的时空范围内无论受益人愿不愿意、付不付费，均在提供服务，具有非排他性（罗必良、高岚，2013：18）。三是林业生态功能的价值难以确切计算。尽管众多研究采取了生态系统服务价值评估方法，但是由于生态系统服务功能的复杂性和时空动态变化性等特点，尚未形成一套科学、统一和完整的生态系统服务价值评估体系（潘鹤思、李英、陈振环，2018）。

林业生态效益的正外部性、非排他性及价值的难以评估使得市场在配置生态服务这一公共物品时产生了市场失灵，森林的生态效益缺乏市场价格，在林业经营主体进行正规信贷时，这一部分的效益不被纳入金融机构对于私人盈利的成本效益分析中，造成了林业生产经营的社会成本收益与私人成本收益的严重背离。

（3）风险特性。从风险特性来看，林业生产具有较大的风险性，在林业生产和管理过程中，自然环境、经营状况、市场政策、行业内部等众多不利因素都会对林业生产经营及林业可持续发展造成威胁和损害。诸如气候条件变化（冻害）、火灾、旱灾、风灾、雪灾、水灾、病虫害等自然风险经常给林业生产经营带来灾难性后果；经营管理不善易造成林木成活率低、质量差，难以获取预期利润；林业市场不稳定，林产品供求失衡会导致市场价格波动和价值实现困难（于学文 等，2006），此外，林业政策的变动也会对林业经营造成影响。造成林业风险的因素众多，相应地，林业资金投入的风险也更高，在申请林业信贷时所面临的信贷约束也会更强。

除了风险因素多以外,林业风险还具有以下几方面特征:一是持久性。无论是林业生长初期、中期还是后期均存在大量风险,且一旦造成损失难以挽回。二是群发性。由于林木都是连片种植,一旦风险产生,不只涉及个别林木,而是会形成区域连片。某一部分林木遇到某种风险,一定范围内的林木也会遇到同样的情形。如水灾、台风、病虫害等,均具有一定的区域性,部分传播力强的病虫害甚至会造成全县或是跨县的风险灾害。这一特点决定了一旦发生林业风险,其影响将是巨大的。三是难控性。对于林业而言,自然灾害无法进行风险控制,经营能力、市场价格、林业政策等方面的风险也难以进行管控,风险一旦发生,往往就意味着损失惨重。林业风险的这些特性无疑大大减少了林业经营主体获得林业信贷的可能。

(4)处置特性。从林业处置特性来看,林业处置难问题较为普遍,多体现在林权抵押不良贷款的事后处置。林权抵押贷款以林木所有权作为还款保证,当借款人违约时,银行通过变现抵押林权来弥补因借款人违约给林权抵押贷款造成的损失,保证了林权抵押贷款的安全和银行债权的实现(张兰花、许接眉,2016)。但在实际操作中,林权抵押贷款的处置存在重重困难,主要体现在以下几方面。

一是抵押物变现难。森林资源资产变现的速度与成本受到采伐管理政策、林地管理政策、生态公益林保护政策等诸多限制,使得银行变现抵押森林资源资产渠道变窄、手续烦琐及交易成本费用较高。此外,山林经营回报周期长、收益具有时间分散性,当需要对抵押物进行变现处置时,承包期内的山林难以接管,转包又非易事,同时还需要协调好发包方,林权抵押贷款变现处置较为棘手。二是处置手段有限。为降低林权抵押贷款的风险,常见的方法是进行林业收储。当信用风险发生时,由林业收储中心偿还贷款,并对所抵押的林权进行处置。但是,林业收储并非无条件提供免费资源,自身也承担一定的风险。并且,林业收储中心的资金基本是由政府出资,在资金量上仍有局限。从福建省的情况来看,林业收储基金的筹资渠道较少,基本依赖财政拨款,规模较小,由政府进行担保的基金也缺乏合理的保值增值机制(张兰花、许接眉,2016)。

林权抵押贷款处置难的问题会加深金融机构对于信贷风险的忧虑,进而加大林业经营主体的贷款难度,提高贷款成本。例如许多金融部门提出,在进行林权抵押贷款时,需由公务员、事业单位员工等公职人员来担任担保人,但是大部分林业经营主体难以做到。这一做法间接降低了林业信贷的可得性。

### 3.1.2 组织特性视角

除去产业资源特性之外,林业专业合作社的组织特性也影响了其信贷特征。为了更好地解析作为组织的林业专业合作社,本书尝试对林业专业合作社的组成结构要素做出分析。关于组织结构的理论有很多,例如Burke-Litwin(1992)的组织绩效和变革内容模型以及Vollman(1996)的强制变革模型,强调组织变革活动的进程,Tichy(1983)的技术、政治和文化(TPC)框架以及Sastry(1997)的间断组织变革模型则强调了影响组织变革的关键因素和过程(Armenakis and Bedeian,2010;Park and Kim,2015)。相对于其他组织结构理论模型而言,Leavitt的理论模型更关注组织要素之间的互相作用,该模型认为结构、参与者、目标和技术这四个方面需要相互协调一致才能获得组织成功(斯格特,2001:93)。这一看法更符合林业专业合作社的发展特性,本书将使用这一模型对林业专业合作社的组织特征进行分析。本章的组织结构理论分析框架如图3-1所示。

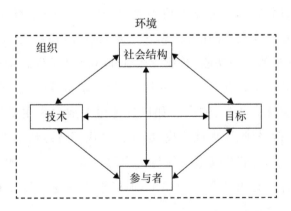

**图 3-1  林业专业合作社组织结构理论分析框架**

（1）社会结构。林业专业合作社的社会结构特殊性体现在其生态价值观上。社会结构是指组织参与者关系的模式化和规范化，斯格特（2001:16）认为社会结构可以分为"规范结构"和"行为结构"两部分。其中，"规范结构"包括了价值观、规章制度和角色期待。价值观在行为选择的标准中得到体现；规章制度是组织中普遍遵从的规则，用以规范成员的行为；角色期待是评价具体人员行为时所采用的期望或评判标准。这三者体现了组织规范"应该是什么"，能够帮助组织构建一系列相对持久的信条和规范，以指导参与者的行为。"行为结构"不仅仅指行为，也指有规律的活动、互动和感知，是组织中的实际行为，即所期待的社会结构"实际上是什么"。"规范结构"和"行为结构"并非相互割裂，而是在不同的程度上相互关联。斯格特（2001:17）认为，所有的社会群体既有制约参与者的"规范结构"，也有与共同活动、互动或感知模式相关联的"行动结构"，二者相互联系，共同构建起集体的社会结构。

在现实情况下，"规范结构"和"行为结构"会存在冲突与矛盾。与其他农业合作社类似，林业专业合作社应该存在的规范结构与实际存在的行为结构存在冲突。合作社中广泛存在章程虚置的现象（曹务坤、陈晓娟，2017；徐旭初、吴彬，2017），能够体现合作社本质的"惠顾者和所有者统一"的角色期待也未能得到实现（邓衡山、王文烂，2014），其所体现的价值观并未与国际合作联盟在《关于合作社界定的声明》文件中指出的"自助、自担责任、民主、平等、公平、团结"六个基本价值理念完全吻合。一方面，六大基本价值理念未能得到良好实践，存在价值理念式微的情况（徐旭初、吴彬，2017），另一方面，由于森林的生态功能，林业专业合作社还具备生态价值观。林业专业合作社的经营活动存在"不破坏森林"的隐形基本准则，在必要情况下，林地的生态功能要优先于经济功能，如以发挥生态效益为主要作用的生态公益林，除去抚育性采伐、清理性采伐、更新性采伐等特殊情况外，严禁乱砍滥伐。理想状态下的生态价值观往往与实际的经济行为存在矛盾。尽管我国政策一再强调绿水青山就是金山银山，但能够实现这一目标的经济模式目前为止仍在探索之中。

林业专业合作社的生态价值观加大了合作社的信贷约束。林业贷款中常见的抵押贷款方式是林权抵押贷款,林权证拥有者可以直接将森林资产作为抵押物向金融机构申请贷款,这一贷款方式要求林权产权明晰、价值较高且受市场认可(谢玉梅、周方召、胡基红,2015)。但是,由于林业的生态功能,林木采伐受到采伐指标的限制,影响了林木抵押资产的流动性,削弱了林权的抵押价值,增加了林业资产价值的不确定性,使得林权抵押贷款存在抵押物估价风险、管理风险及处置风险(刘圻 等,2013),降低了金融机构进行林权抵押贷款业务的积极性。并且,许多合作社的林地是通过流转或承包取得,合作社无权将林地进行抵押贷款,这进一步限制了合作社的资金流通性。

(2)参与者。林业专业合作社参与者在信贷行为上的特点是以间接贷款为主。斯格特认为组织的参与者是指那些出于各种原因而为该组织做出贡献的个体,正是参与者的行为构建和决定了组织的结构(斯格特,2001:18)。个体参与者的个性及私人特性与组织功能之间的关联程度存在差异。林业专业合作社的参与者分为核心社员和普通社员。核心社员是合作社核心要素的拥有者,与普通社员相比,他们在自然资源、资本资源、人力资源、社会资源等关键性资源方面拥有更多的优势(林坚、黄胜忠,2007),理所当然地成了合作社的实际管理者和控制者。普通社员由于缺少资源,大多数充当追随者或惠顾者的角色(林坚、黄胜忠,2007)。

成员之间的异质性导致社员的抗风险能力也存在差异(钟真、王舒婷、孔祥智,2017),逐渐形成了以个体为主、核心社员居多的合作社信贷特征。可能的原因有两个:一是普通社员对林业合作社事务的低参与度。林木的生产周期较长,完成初期的抚育工作之后,许多普通社员会选择本地务工或外出务工,难以参与到贷款决策中。同时,由于普通社员的抗风险能力较弱,对于金融贷款等具有风险的经济决策难以达成一致的看法,因此,以林业专业合作社名义进行贷款的情况在实践中并不多见。二是核心社员抗风险能力更高。用于林业生产经营的正规信贷,包括林权抵押贷款、个人信用贷款等,还款期限多在1~3年,但林业投资收益的回报期限较长,在未取得收益的情况下往往就会面临偿还借款的问题,对林业贷款人的抗风险能力有一定的要求。此外,核心社员拥有更多的社会资源,相对普通社员,其可投资的林业相关管理活动更多,资金需求更高,相应地,林业贷款行为也更活跃。

(3)组织目标。林业专业合作社的组织目标是兼顾公平、效率与生态。组织目标是指参与者力图通过其行为活动而达成的目的(斯格特,2001:19)。对参与者而言,组织目标是认同和义务的来源,同时又是吸引外部拥护者的象征性资产(Clark and Wilson,1961)。斯格特认为,"需要问的不是组织是否有目标,而是谁设定了组织的目标以及如何设定组织的目标"(斯格特,2001:274)。

早期林业的进入门槛较低,具有"亲穷"的特质,是选择有限的人的经济机会和生存手段,而合作社则是弱势群体用以自救的制度工具(黄凌云、戴永务,2018)。从西方经典合作社制度的角度来看,合作社的经营目标应该是满足成员的需求、服务成员,使成员受益(Kaminska,Ilchak,and Dvornik,2016;徐旭初、吴彬,2017;应瑞瑶、朱哲毅、徐志刚,2017),但是,作为市场经济环境下的经济组织,竞争优势是农业合作社具有生命力的必要条件,因此,对外追求经济效率是合作社的必然选择,"公平与效率兼顾"成为合作社的组织目标(王图展,2017)。但是,林业合作社的生态价值观使其在追求经济与公平的同时,也追求生态,即在不违背生态保护原则的前提下,追求最大程度的成员惠顾和合作社的利益最大化,"兼顾公平、效率与生态"。在现实中,存在为了保护山林而成立的林业专业合作社,其首要目标就是实现生态涵养,但是对于林业合作社而言,林业生态效益难以转化为经济价值(于同申、张建超,2015),也无法提高林业合作社的信贷可得性。

(4)技术。林业专业合作社的技术具有规模化倾向。组织的技术不仅包括用以完成工作的硬件,还包括工作人员的技能和知识,甚至包括工作对象的特征。技术是结构复杂性的来源,它连接了组织与环境——大多数组织并不是自行发明技术,而是以系列指导、熟练工人等形式从环境中引进技术(斯格特,2001:20)。对于林业专业合作社而言,"用以完成工作的硬件"指的是用于造林抚育、木材切削和运输等方面的机器设备,如植树机、木材切割机、木材装载机等。但这些设备对于山地的坡度有一定的要求,而且造价较高,若不能形成一定的规模效应,购买这些林业生产机械将不具备经济意义。工作人员的技能和知识也是组织技术的一种。在现实情况中,普遍存在普通社员使用简单技术向合作社提供劳动力以获取相应报酬的情形，其大多从事抚育开发、森林管护等工作。而核心社员则拥有更多的"软技术"，如拥有更高技术含量的种养殖技术或是与外部环境交流沟通的能力等，既能借助自身的管理才能、社会资本促进组织内部与环境的融合，又能及时从外部环境中发现新的知识技术引入合作社的生产运营中。

从长远来看，林业生产经营具有规模化倾向（刘轩羽、夏秀芳、周莉，2014），表现在贷款特征上，则呈现资金需求额度增大，信贷需求多元化的特点。规模化经营是合作社的发展趋势，就技术层面而言，规模化经营能够使林业机械设备得到最大化利用，降低成本的同时提高生产效率。同时，林业规模化经营能够实现林地的有序轮流砍伐，使得合作社每年都能够获得收入，面临林业灾害也具有较高的风险承担能力。随着现代林业建设步伐的加快，林下经济、森林康养、森林休闲养生、森林旅游等新业态快速发展，林业专业合作社的发展前景得到拓展，对于正规信贷的要求将更趋多元化。据《2017年中国林业年鉴》所述，2016年，我国已启动了森林体验基地、森林养生基地建设试点，各类森林旅游地接近9000处，2016年接待旅游人数12亿人次，同比增长15％。

（5）外部环境。专业合作社的信贷可得性以及经营管理等运营易受外部环境的影响。每个组织都存在于某一特定的并且必须适应的物质、科技、文化和社会环境中，没有一个组织是自给自足的，所有组织的存在都有赖于与其所处的更大体系的关系。组织不仅受环境影响，也影响环境，二者是相互依赖的（斯格特，2001:20）。林业专业合作社的组织环境主要包括政策环境和市场环境。就政策环境而言，林业政策的调整变动对林业合作社的预期收益存在较大影响，进而影响其贷款决策。如生态公益林保护政策的推行使得部分地区的生态公益林建设变成了一场"圈地运动"（王明天、张海鹏，2017），在林农不知情的情况下，其所拥有的林地已被划入生态林并被禁止砍伐。尽管中央财政有给予生态效益补偿金，但合作社无法从事木材经营活动的机会成本要高于生态效益补偿金。此外，为了保证森林覆盖率，一些地区对采伐指标做出严格限制，一定程度上损害了林木所有者的利益（王明天、张海鹏，2017）。除此之外，外部市场环境的变化也会影响林业投资的积极性(Zhang and Owiredu,2007;杨扬 等,2018)。市场的竞争激烈程度和产品的需求量影响合作社产品的市场前景(倪细云、王礼力,2012),当对林业市场的预期较低时,合作社会减少抚林、造林的投入,金融机构则会增加信贷约束,反之则相反。

# 3.2 林业专业合作社正规信贷方式

林业专业合作社常见的正规信贷方式包括抵押贷款、信用贷款以及担保贷款。以下内容将对各类贷款方式进行详细描述。

## 3.2.1 抵押贷款

抵押贷款是林业专业合作社最常见的正规信贷方式之一,大部分林业专业合作社采用林权抵押贷款,少部分采用土地、房屋等其他方式。当前,我国林权抵押贷款制度的发展逐渐得到完善,利用林权抵押向金融机构贷款的经济活动更加普遍(朱清伟,2022)。林权抵押贷款被认为是解决林农获得金融服务的有效手段,该方法既增强了土地和林木资源转变为资产的能力,又能够改善信息不对称带来的信用风险问题,理论上能够增加林业的金融供给量(金银亮,2017b)。并且,林权抵押贷款能够促进林地要素流动,在一定程度上改善了信息不对称带来的林业从事者的信用风险问题,有助于缓解农户的收支波动。林权抵押贷款的运行机制如图 3-2 所示。在这一贷款活动中,由拥有合法合规林权证的抵押人向金融机构申请抵押贷款,以林权作为抵押物,金融机构在审查合格后向抵押人发放贷款。

为了改善林业信贷融资,政府多次出台林权抵押贷款相关政策:2008 年《中共中央 国务院关于全面推进集体林权制度改革的意见》,明确提出要完善林业信贷担保方式,健全林权抵押贷款制度。2009 年,中国人民银行、财政部、中国银监会、中国保监会、国家林业局五部门联合出台了《关于做好集体林权制度改革与林业发展金融服务工作的指导意见》,从改进产品设计、

图 3-2 林权抵押贷款运行机制

增加财政扶持、鼓励反担保、优化抵押林权处置政策等方面促进林权抵押贷款业务的开展。2016 年,国务院下发《关于完善集体林权制度的意见》,提到要建立健全林权抵质押贷款制度,鼓励银行业金融机构积极推进林权抵押贷款业务。2017 年,中国银监会、国家林业局、国土资源部联合发布《关于推进林权抵押贷款有关工作的通知》,提出了到 2020 年,在适合开展林权抵押贷款工作的地区实现林权抵押贷款业务基本覆盖的目标,并明确了强化主体服务功能、创新金融服务方式等重点任务。2018 年,中国银监会、国家林业局、国土资源部发布了《关于推进林权抵押贷款有关工作的通知》,强调要大力推广良好做法、强化林权抵押贷款的主体服务功能、创新金融服务方式、建立评估机构名录库、提供一站式管理服务、完善担保和处置方式,提出了林权统计制度、产权保护工作、沟通协调机制等方面的保障措施。

但在实践中,林权抵押贷款仍存在较多限制。从供给方面来看,林权抵押贷款所抵押的林木资产存在评估风险、监管风险、处置风险,降低了金融机构开展该业务的积极性,进而做出了对林权抵押贷款业务的限制,如部分地方对林权抵押标的物多限制为近成熟的用材林,要求抵押林地的面积较大,需有公务员进行担保,或是提高贷款利息、降低可贷额度、缩短贷款周期等。从需求方面来看,存在林权资产抵押率与评估价值不匹配等现实问题,如湖南省的林权资产抵押率仅为评估价值的 30％～50％,加上贷款成本较高,未建立完善的风险防控机制等问题,阻碍了林权抵押贷款的顺利开展(杨子萱、罗攀柱、杨万里,2019)。由于林农的法律意识较为淡薄,以及部分省份林权流转监督机制存在漏洞等问题,在云南、四川等贫困林区甚至出现不法企业从林农手中低价收取林权证,再将这些林权证抵押至银行进行贷款,以套取巨额资金。这些企业到期时基本不还贷款,由林农来承担贷款义务,给林农造成损失(冷罗生、王朝夷,2019)。

### 3.2.2 信用贷款

常见的农户信用贷款是金融机构依据用户个人信用发放的无需抵押、担保的额度较小的持续性信贷服务,贷款数额多在 5 万元以内,还款周期为1~3年。农户信用贷款的对象主要为生活和生产经营中存在困难,无法通过传统商业贷款满足融资需求的低收入阶层,贷款主要为借款人的生产活动所用,贷款及还贷的方式较灵活,程序简便。如采取统购统销方式的林业专业合作社,当缺少生产资金时,其社员会选择信用贷款来缓解资金紧张,等到产品出售后再进行还款。学者们对小额信贷的商业化运作模式给予了充分的肯定,认为小额信贷是帮助农户脱离贫困及低收入行之有效的手段(盛光华、解芳,2017)。通过小额信贷,可以精准有效地解决农户融资难的问题,在实践中创造性地实现小农户和现代农业的衔接,深度参与农业全产业链服务(张倩、牛荣,2021),促进农户的收入增长(杨永伟、陆汉文,2020)。但是,小额信贷的实施也面临信用评级不完善的问题,甚至绝大多数银行均未建立信用评级体系(石宝峰、王静,2018)。

联保联贷的方式也被视为信用贷款的一种,这类小组贷款的模式被视为团体信用(周明栋、陈东平,2018)。联保联贷或团体贷款指的是提出贷款申请而又无法提供传统抵押物的借款人按照贷款机构的要求自由选择贷款同伴组成贷款小组,小组成员对彼此的还款责任进行相互担保,如果贷款小组内任何一个成员不能按期还款,则整个贷款小组被视为集体违约,承担连带责任,将会面临停贷威胁,除非小组内有成员为违约拖欠者偿还贷款。在正规金融机构向农村配置资金的策略中,团体贷款被认为是较为成功的(缪德刚,2016)。团体信用贷款的方式通过加强社会网络监督、缓解信息不对称的方式,既实现了服务贫困农户的放贷目的,又提高了贷款还款率,一定程度上实现了双赢。信用贷款的运行机制如图 3-3 所示。借款人(借款小组)通过信用担保(互相担保)的形式向金融机构提出贷款申请,金融机构在审核合格后向借款人(借款小组)发放贷款。

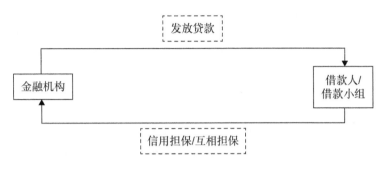

图 3-3 信用贷款运行机制

此外,还存在合作社内部开展信用合作的现象。林业专业合作社开展信用合作是专业合作的一种形式,是指经林业专业合作社成员(代表)大会决议通过,以产业为纽带,以成员信用为基础,由本社全部或部分农户成员自愿出资筹集互助资金,为本社成员发展专业化生产提供互助资金借款业务的资金互助性业务活动(薛桂霞、孙炜琳,2013)。信用合作业务依托合作社,参与成员限于社员,信用资金用途限于农业生产活动,成员间互相熟悉,接触密切,具备紧密的经济联系与社会联系,道德风险相对较小(杨皖宁,2018)。但是,合作社内部信用合作也面临着缺乏立法支撑、监管主体不明、缺少监管手段、资金管理不善等问题(杨皖宁,2018)。尽管如此,合作社内部信用合作方式具有较好的适用性和灵活性,在实践中取得了一定的成效。如山东省进行了专业合作社信用互助试点,通过成立信用互助业务部、资金使用评议小组等资金互助小组,调节社员的资金余缺,满足资金缺乏社员的生产资金需求(聂左玲、汪崇金,2017)。

### 3.2.3 担保贷款

林业担保贷款指的是在林业贷款业务中,由第三方承担担保责任,这个第三方既包括按照金融机构要求的个人担保方,如公务员、事业单位员工等,也包括林业收储机构、林业专业合作社等。本书着重对后者进行介绍。

林权收储担保是指林权收储担保机构为林权抵押借款人提供(连带)保证责任,并在借款人出现信用违约且为其代偿债务后,依据与借款人、金融机构三(四)方间的合同约定对借款人抵押林木资产进行依法收储的行为(董加云 等,2017)。林权收储担保的主要作用是保证担保,收储行为仅当借款人出现信用违约需代偿债务时才发生。林权收储担保运行机制如图 3-4 所示。借款人以林权向金融机构申请抵押担保贷款,林权收储担保机构为借款人向金融机构提供保证担保,承担连带保证责任;借款人以抵押林权向林权收储担保机构提供反担保,当借款人无力偿还贷款或逃避还贷责任时,林权收储担保机构通过处置反担保的林权来获得清偿(董加云 等,2017)。

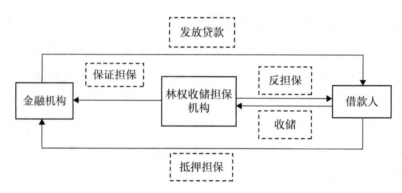

**图 3-4 林权收储担保运行机制**

从福建省的实践来看,林权收储担保机构按照其运营目标可以分为社会服务型(政策型)的林权收储担保机构和盈利型(商业型)林权收储担保机构。社会服务型(政策型)的林权收储担保机构又分为国有林业企业注资的企业型和地方政府出资的事业单位型。国有林业企业注资的企业型林权收储担保机构的兜底资产为国有林业企业所持有的庞大的国有林业资源,具有较强的反担保能力,且无论是在抵押资产价值评估、监管、处置环节都具有明显的优势,能够有效降低信贷风险。收储的林木资产不仅在采伐变现上具有政策优势,同时还可以直接划归国有林业企业经营,扩大了国有林业企业的经营范围;地方政府出资的事业单位型林权收储担保机构依靠政府的财政扶持获得了较强的反担保能力,通过整合林业部门(机构)资产评估职能从而能够有效防范抵押林木资产评估风险,但在防范抵押林木资产监管风险、处置风险方面并没有明显的优势,主要是将林权抵押贷款信贷风险从金融机构转嫁到自身,如果收储的林木没有达到采伐年限,则林权收储担保机构本身也会面临处置困难。

盈利型林权收储担保机构按注资来源又可分为混合所有制型和民营型两种。混合所有制型即由政府和企业共同出资成立的林权收储担保机构,民营型即完全由民间资本注资成立的林权收储担保机构。但是,由于抵押林权的地域性较强,盈利型林权收储担保机构很难跨县域开展业务,加上借款人对林权抵押贷款的长周期需求,纯粹只开展林权担保收储业务的机构很难实现盈利,经营可持续性较差,加上对抵押林地规模的要求,使其在扩展林权抵押贷款主体覆盖面的贡献上也不足,小规模农户仍难以获益。加上盈利型林权收储担保机构本身在收储林权的处置上也缺乏明显优势,一旦抵押林权没有达到采伐年限又难以流转,缺乏经营能力的林权收储担保机构将同样面临"处置难"。因此,盈利型林权收储担保机构整体上难以持续,依靠市场提供林权收储担保服务可行性低。

尽管林权收储担保能够将信贷风险转移到林权收储担保机构,提升了银行的放贷意愿,降低了借款人信用风险和林权收储担保机构担保风险,但是,林权收储担保机构过于依赖地方政府的推动扶持,并未能从根本上化解信贷风险,且林木的变现能力差,即便收储林木之后进行拍卖也难以找到最后的接盘者。

福建省三明市推出与林权收储担保方式类似的普惠金融业务,名为"福林贷"。该业务由村委牵头设立村级林业担保基金,当林权所有者向银行申请贷款时,依托林业合作社为林农提供贷款担保,同时林权所有者以其自留山、责任山、林权股权等林业资产作为反担保标的,银行收到林业合作社提供的同意担保意见书等有关资料之后,依照合同发放贷款。其运行机制如图 3-5 所示。福林贷普惠金融项目具有利率低、期限长、还款方式灵活等特点,但也面临散户、小户被排除在外,林权评估困难、处置难等困境。

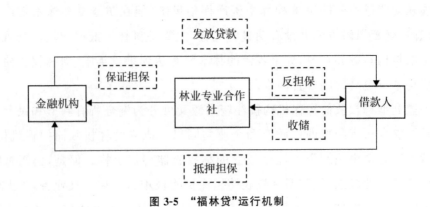

图 3-5 "福林贷"运行机制

## 3.2.4 其他贷款方式

除了上述三种贷款方式外,随着互联网的普及和普惠金融的发展,信贷市场上出现了多种多样的新兴金融产品。传统的金融机构与互联网企业利用互联网技术和信息通信技术实现资金融通、支付、投资和信息中介服务,使得更多的人,尤其是地处偏远农村、缺少抵押品的这部分人能够在有金融需求时,以合适的价格及时获得便捷高效的金融服务。相比于传统的金融业务,这些新兴的普惠金融业务提高了消费者获取金融服务的便捷程度,降低了获取金融服务的时间成本。互联网平台也在一定程度上降低了银行与借款者之间的信息不对称和交易成本,数字普惠金融借助互联网平台得以迅速发展。与传统的小额信贷相比,以网络平台小额信贷为代表的数字普惠金融具有分散风险、降低信息成本的功能,有助于缓解林农资金供给不足的困境(李绍平、秦明、董永庆,2021)。这类普惠金融产品的贷款方式也可视为信用贷款,因借款者一旦无法还款,将会在金融机构的互联网平台上留下信用污点,降低其融资可得性,严重的甚至面临停贷威胁。

在普惠林业金融的推广中,多地不断推陈出新,结合各地实际利用林业大数据等手段,建立符合林区农户特点的信用体系,推出各类新型林业金融产品。如福建三明搭建了区域性的林权流转平台,助力盘活农村和林业资产资源。福建还成立了全国首家省级林木收储中心,承担担保角色,以促进更多社会资金向林业产业聚集;浙江省丽水市启动了林权信息化建设,组建了包括林权管理中心、森林资源收储中心、林权交易中心和森林资产评估机构三方的"三中心一机构"林改服务平台,建立森林资产信息档案(林权 IC卡),免除林农的林权评估费,并对全市林地全面推行以林木火灾保险为主的林业政策性保险,在保障金融安全的前提下,进一步盘活了森林资源;江西省林业局联合蚂蚁金服开发"赣林贷"无抵押信用网贷产品,林农直接扫码即可快速申请、快速授信,最高额度 30 万元,实现"一次申请、循环使用、随借随还、余额控制"。

# 4　调查设计与描述性统计分析

4.1　调查设计

4.2　描述性统计分析

本章节介绍了全书的数据基础，先是对问卷调查设计及数据来源进行说明，随后对调研结果进行描述性统计分析。具体而言，该章节详细介绍了所分析数据的样本区域选择、问卷设计和数据收集情况，随后对样本林业专业合作社经营情况、正规信贷需求与满足情况以及正规信贷获得情况进行了简单的统计分析。

# 4.1 调查设计

## 4.1.1 样本区域选择

福建省是林业大省。2021年，其森林覆盖率达到66.80%，居全国首位，森林面积达1.21亿亩。福建省属于典型的南方重点集体林区，也是新一轮集体林权制度改革试点省份之一，龙岩市武平县更是全国林改策源地。早在2002年6月，习近平总书记在闽工作期间就推出了以"明晰所有权、放活经营权、落实处置权、确保收益权"为主要内容的集体林权制度改革，取得了丰硕成果，被誉为继家庭联产承包责任制之后我国农村的又一次伟大变革。2003年，福建省在全国率先出台《关于推进集体林权制度改革的意见》，在基本完成明晰产权主体改革任务后，又率先开展综合配套改革和深化改革，推出了重点生态区位商品林赎买改革、普惠林业金融、林票制、森林生态银行等9项国家生态文明试验区建设的经验成果，为全国林改探路做出示范和标杆。2021年，福建省全年林业产业总产值达7021亿元，同比增长5.4%，林业碳汇累计交易量和交易额均居全国首位[①]。多年以来，福建省在林业金融配套改革方面做出了多项创新，目前福建省的主要成果包括以下两个方面。

---

① 福建省林业局，2021年福建省林业工作情况［EB/OL］.（2022-06-10）［2023-02-07］. http://lyj.fujian.gov.cn/gkxx/gzbg/202206/t20220610_5928080.htm.

一是率先成立省级林权收储中心,助力林权抵押贷款全面开展。2016年,福建省政府办公厅出台了《关于持续深化集体林权制度改革六条措施的通知》,在全国率先成立了省级林权收储中心,带动成立林权收储机构37个,缓解林权抵押贷款出险后处置难问题,为林权抵押贷款提供收储担保服务,有效防控林业金融风险。当年全省累计发放林权抵押贷款165亿元,其中通过收储机构担保的有19.8亿元。截至2019年1月,福建林权收储机构达到47个,南平、三明、龙岩等主要林区实现全覆盖。在此基础上,福建省大力推广普惠制林业金融,先后搭建林业金融服务中心和林业收储担保平台,以引导更多的主体参与市场交易,进一步丰富了林权抵押贷款的借贷方式。截至2018年,全省林权抵押贷款余额达94.5亿元,同比增长30.7%[①]。

二是积极创新林业金融产品,探索林业生态产品价值转化模式。如三明地区作为福建省重点林区和全国集体林区改革实验区,积极探索林权按揭贷款、普惠制金融产品、林权支贷宝等林业金融产品并取得实效。2021年,三明市创新性地推出林业碳票,并出台了具体措施,推动金融机构积极开发碳资产抵质押融资、碳金融结构性存款、碳债券、碳基金等绿色金融产品。武平县在全国率先推出“惠林卡”金融新产品,并持续推动该产品的扩面增量。截至2022年10月末,武平县专项行动涉林贷款余额达33.43亿元。漳州市推出林业地票,村集体经济组织或村民委员会以提供林地的方式入股,来参与国有企事业单位从事合作造林或经营现有林,并由国有企事业单位按村集体所提供的林地折算投资份额,以获取林木的股权收益。南平市依托顺昌县国有林场,建立森林资源管理、开发、运营的“森林生态银行”,下设数据信息管理、资产评估收储等“两中心”和林木经营、托管、金融服务等“三个子公司”,采取入股、托管、租赁、赎买等方式,对林木资源进行整合开发和经营管理。

福建省林业专业合作社的发展起步较早,在农业生产合作化时期,就已经出现了林业生产互助组这类初级合作社形态,集体林权制度改革实施以

---

① 福建省林业局,2018年福建省林业工作情况[EB/OL].(2020-06-10)[2023-02-07].http://lyj.fujian.gov.cn/gkxx/gzbg/202006/t20200610_5300168.htm.

来，福建省推出多项政策，鼓励林业专业合作社的发展。2013 年，《福建省人民政府关于进一步深化集体林权制度改革的若干意见》指出，要落实"三免三补三优先"政策（即免收登记注册费、免收增值税、免收印花税，实行林木种苗补助、贷款贴息补助、森林保险补助，采伐指标优先安排、科技推广项目优先安排、国家各项扶持政策优先享受），加强对林业合作社的指导、培训和服务，促进林业合作社规范发展。2016 年，福建省人民政府发布《福建省人民政府办公厅关于持续深化集体林权制度改革六条措施的通知》，要求着力培育新型林业经营主体，加快林业专业合作社、家庭林场等新型林业经营主体建设，给予采伐指标优先安排，优先享受补贴政策等优惠，同时要求金融机构加大林业贷款投放，积极探索林业金融产品与服务创新，以破解林农贷款难题。截至 2018 年底，全省共有林业专业合作社 4255 家，经营面积 981 万亩，有力地促进了林业规模经营、集约经营，推动了林业增效、林农增收。2022 年 6 月，中共福建省委和福建省林业局联合发布了《关于持续推进林业改革发展的意见》，提出要加快培育家庭林场、合作社、股份林场等新型经营主体，实现适度规模经营。同年 8 月，福建省林业局发布《关于持续推进林业改革和产业发展的通知》，进一步落实深化集体林权制度改革的任务，提出在 2023—2025 年，每年培育新型林业经营主体 200 家，完成新型林业经营主体标准化建设 100 家。

作为集体林权制度改革的策源地，福建省林业专业合作社的发展数量初具规模，经营项目日益多样化，整体发展水平在不断提升，所配套的林业金融扶持政策和措施也在不断完善，对福建省林业专业合作社的信贷可得性进行实地考察能够有效地反映我国林业专业合作社的信贷融资情况，具有代表性，可以为全国其他省份的林业专业合作社正规金融贷款提供经验借鉴和决策参考。

### 4.1.2 问卷设计

通过对国内外的相关文献进行回顾，结合研究主题及福建省林业专业合作社的实际情况，本书制定了一份关于林业专业合作社正规信贷可得性的调查问卷。为保证问卷的可行性和有效性,在完成问卷的初步设计后,本书多次请教林业方面的专家,并在 2017 年 6 月 25 日至 2017 年 8 月 31 日对福建农林大学新型职业农民学历教育大专班的林业专业合作社理事长进行问卷预调研(预调研问卷数 9 份),在此基础上对问卷进行进一步的修改和完善,最终形成了《林业专业合作社正规信贷调研问卷》(见附录一)。

问卷的主要内容涉及七个方面,包括林业专业合作社的基本情况、资金需求及融资情况、产品及市场情况、信用情况、人员及家庭情况、银社关系以及被访谈对象对正规金融信贷的期望。

问卷的"二、融资需求情况"中,将林业专业合作社对正规金融机构的需求分为"有正规信贷需求,获得贷款""有正规信贷需求,未获得贷款""无正规信贷需求,获得贷款""无正规信贷需求,未获得贷款"四种情形,并对每一种情形的具体情况进行进一步提问了解。调查对象的家庭收入与合作社生产性支出的数据调查采用表格的形式进行细化,以保证数据的准确性。

### 4.1.3 数据收集

本书的调查对象为福建省内真实经营的、存在生产经营活动的林业专业合作社。在实际调研中,问卷的访谈对象为林业专业合作社的理事长或是实际管理林业专业合作社运营的理事会成员。问卷调研的时间为 2018 年 1 月 1 日至 2018 年 12 月 10 日,问卷中所提到的林业专业合作社的收入支出情况均为 2017 年的收入支出,融资需求情况指的是林业专业合作社 2017 年及 2017 年之前的信贷情况。本次调研涉及 43 个乡镇,调研时间耗时较长,前期判别和寻找真实经营的林业专业合作社所耗费的人力、物力、时间成本较大。此外,林业专业合作社地理位置分布较为分散,增加了调研难度,使得本书的问卷调研工作进展较为缓慢。

本书参考刘西川等人(2014)的做法,采用二次抽样法。第一次抽样使用非概率抽样,用以确定调查地点。从数据的可得性和代表性出发,本书选取福建省三明市和福建省南平市作为调研的两个重点地区。三明市和南平市都是福建省的主要林区。三明市全市林业用地面积 2854 万亩,占土地总面积的 82.50%,森林覆盖率为 76.80%,活立木蓄积量 1.65 亿立方米,森林资源总量约占全省的 1/3,南平市森林覆盖率达到 77.99%,居全省第二;森林蓄积量 16819 万立方米,居全省第一。如表 4-1 所示,2017 年,三明市和南平市的林业产值分别占全省的 18.35% 和 15.29%,位列第二和第三名。2018 年三明、南平林业总产值占全省的比重分别为 19.16% 和 15.07%,分别位居全省第一和第三。

表 4-1 福建省 2017—2018 年林业总产值

| 各地市 | 2017 年 | | 2018 年 | |
|---|---|---|---|---|
| | 合计/亿元 | 占比/% | 合计/亿元 | 占比/% |
| 南平市 | 765 | 15.29 | 893 | 15.08 |
| 三明市 | 918 | 18.35 | 1135 | 19.16 |
| 龙岩市 | 352 | 7.04 | 435 | 7.34 |
| 宁德市 | 368 | 7.36 | 394 | 6.65 |
| 福州市 | 301 | 6.02 | 410 | 6.92 |
| 莆田市 | 424 | 8.48 | 478 | 8.07 |
| 泉州市 | 931 | 18.61 | 1060 | 17.90 |
| 漳州市 | 723 | 14.45 | 754 | 12.73 |
| 厦门市 | 220 | 4.40 | 364 | 6.15 |
| 全省 | 5002 | 100.00 | 5923 | 100.00 |

数据来源:福建省林业局 2017 年、2018 年林业产业总产值完成情况表。

就全省而言,三明市和南平市的林业产业规模化程度较高,新型林业经营主体的发展情况较好,选取三明市和南平市作为重点调研区,能够很好地代表福建省目前的林业专业合作社发展水平。本书从三明市和南平市各选取三个县进行调研,同时还调研了福州市永泰县以及龙岩市武平县两个地区。武平县是集体林权制度改革的策源地,考察武平县林业专业合作社的融资情况,有助于把握研究对象的历史脉络。永泰县是福建省的林业重点县,2017 年被列为国家重点生态功能区,对该县的调查将有助于我们了解林业专业合作社的最新发展情况。在以上每个县抽取 3～8 个乡镇进行问卷调研,通过点面结合抽样的方式获得的样本数据对了解福建省林业专业合作社信贷获得情况具有普遍的代表性(刘西川、陈立辉、杨奇明,2014)。

由于随机抽样难以保证样本中获得正规信贷的林业专业合作社的数目,因此,本书第二次抽样采用随机抽样,以确定各个调查点的具体调查对象。本书通过与各乡镇林业站的交流,获取各个地区有实际经营业务的林业专业合作社名单,按照获得信贷与未获得信贷1∶1左右的比例来择优选取访谈对象,力图从最大程度上确保林业专业合作社的数据可靠性。

本次调研分两种方式进行:一是由本人带队组成调查组,实地走访调研地点,通过当地林业站将林业专业合作社的理事长聚集在一起,进行一对一的集中调研。调查组的调研员均为研究生,且在调研前经过统一的集中培训;二是通过当地林业站站长直接对林业专业合作社理事长进行一对一的走访调研,在问卷收回后,再由调研员进行电话回访,以保证问卷的真实性。其中,仅三明市永安市和龙岩市武平县的调研问卷是通过第二种做法获取数据,其余地区的问卷均为实地一对一调研访谈获得。

本次调研共收回调查问卷174份,剔除奇异值、信息缺漏、信息失真等情况,最终获得有效的样本合作社数据160份,回收率达91.85%。具体而言,删除的数据包括但不限于以下情况:一是异常值。林业专业合作社的盈利能力或产品销量远高于同品类和地区其他产品,存在严重夸大的嫌疑;二是收访者出于隐私考虑,不愿意回答与合作社相关的盈利能力或个人信息,导致问卷数据缺失。总体而言,此次调查共涉及4个地市,8个县(市、区),43个乡镇。样本数据来源及构成如表4-2所示。

**表4-2　样本数据来源及构成**

| 地市 | 县(市、区) | 乡镇 | 合作社数/个 | 数量占比/% |
|------|------------|------|-------------|------------|
| 三明市 | 尤溪县 | 八字桥乡、台溪镇、西城镇、溪尾镇、洋中镇 | 38 | 23.750 |
| | 沙县 | 南阳乡、高桥镇、夏茂镇、富口镇 | 34 | 21.250 |
| | 永安市 | 大湖镇、曹远镇、洪田镇、上坪乡、贡川镇 | 22 | 13.750 |

续表

| 地市 | 县(市、区) | 乡镇 | 合作社数/个 | 数量占比/% |
|------|-----------|------|:---------:|:---------:|
| 南平市 | 建瓯市 | 龙村乡、小桥镇、房道镇、迪口镇、吉阳镇 | 11 | 6.875 |
| | 政和县 | 外屯乡、熊山镇、铁山镇、星溪乡、东平镇、石屯镇、杨源乡 | 20 | 12.500 |
| | 松溪县 | 渭田镇、松溪街道、茶平乡、郑墩镇、祖墩乡、花桥乡、旧县乡、溪东乡 | 16 | 10.000 |
| 龙岩市 | 武平县 | 东留乡、民主乡、万安乡、中赤镇、城厢镇、岩前镇 | 14 | 8.750 |
| 福州市 | 永泰县 | 富泉乡、同安镇、赤锡乡 | 5 | 3.125 |
| 总计 | | | 160 | 100 |

# 4.2　描述性统计分析

## 4.2.1 林业专业合作社经营情况

此次调研的 160 个林业专业合作社主要从事业务(见表 4-3)排名前五的依次为林下种养殖、植树造林、经济林产品、林木种苗/花卉生产和森林采伐,其中,从事林下种养殖业务的林业专业合作社共有 72 家,占比达 45%,以植树造林为主要业务的林业专业合作社共有 62 家,占比达 38.75%,以生产经济林产品为主的林业专业合作社共有 52 家,占比 32.50%。其余业务类型的林业专业合作社所占比例均未超过 30%。

(1)生产经营方式多样化。值得注意的是,以森林采伐这一传统林木生产方式为主要业务的林业专业合作社比例仅有 18.13%,以生态旅游、林产品加工为主要营业方式的林业专业合作社数量也不多,分别仅有 10 家,占比 6.25%,这说明林木采伐已非林业专业合作社生产经营的重点。但与此同时,林业专业合作社在新兴业态及林业产品深加工方面的发展程度仍然较落后,具备生态旅游、林产品加工职能的林业专业合作社数量不多。

表 4-3　林业专业合作社主要从事业务

| 从事业务 | 数量/个 | 占比/% |
|---|---|---|
| 林下种养殖 | 72 | 45.00 |
| 植树造林 | 62 | 38.75 |
| 经济林产品 | 52 | 32.50 |
| 林木种苗/花卉生产 | 33 | 20.63 |
| 森林采伐 | 29 | 18.13 |
| 森林管护 | 26 | 16.25 |
| 销售、贮藏、运输等经营业务 | 26 | 16.25 |
| 生态旅游 | 10 | 6.25 |
| 林产品加工 | 10 | 6.25 |
| 生产资料采购 | 6 | 3.75 |
| 其他 | 6 | 3.75 |

　　(2)投资回收期较短的林业专业合作社占多数。从林业专业合作社的投资回收期来看(见表4-4和图4-1),有56.25%的林业专业合作社表示投资回收期在1～3年,排名并列第二的投资回收期是3～5年和5～10年,占比均为15.63%,排名第四的是10～20年的投资回收期,占比7.5%,需要20年以上的投资回收期的林业专业合作社数量最少,仅有8家,占比5%。进一步分析发现,投资回收期仅需1～3年的林业专业合作社多以林下种养殖、经济林产品以及销售、贮藏、运输等经营业务为主,投资回收期需要10～20年及20年以上的林业专业合作社多从事植树造林、森林管护等经营业务,且大多是依托村集体而成立。这说明,大部分林业专业合作社偏向于从事1～3年内能够获得收益的林业生产经营活动,多由集体经济来经营投资回收期较长的林业生产活动。

表 4-4　林业专业合作社投资回收期

| 投资回收期 | 数量/个 |
| --- | --- |
| 1～3 年 | 90 |
| 3～5 年 | 25 |
| 5～10 年 | 25 |
| 10～20 年 | 12 |
| 20 年以上 | 8 |
| 合计 | 160 |

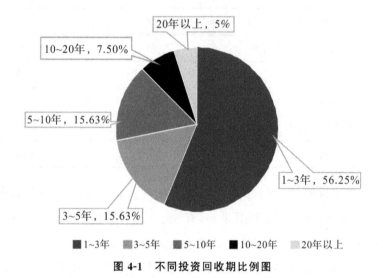

图 4-1　不同投资回收期比例图

（3）成立时间长的合作社数量较少。样本合作社成立年限最长为 12 年，最短为 1 年，平均经营年限为 4.24 年，经营年限的中位数为 4 年。详细的经营年限分布情况见表 4-5 和图 4-2。样本合作社的成立年限集中在 1～3 年，共有 78 家，占比达 48.75％，将近一半，随后是 5～10 年、3～5 年及 10 年以上，占比分别为 24.38％、23.75％和 3.12％。合作社的成立年限呈现"递减"的现象，即随着成立年限延长，合作社数量逐级减少。其中，新近成立与成立时间较长的林业专业合作社从事业务多为经济林产品、林下种养殖、林木种苗生产、植树造林、森林采伐等，与表 4-3 所示合作社主要从事业务排名前五的种类相符合。

表 4-5 林业专业合作社成立年限

| 经营年限 | 数量/个 |
| --- | --- |
| 1～3 年 | 78 |
| 5～10 年 | 39 |
| 3～5 年 | 38 |
| 10 年以上 | 5 |
| 合 计 | 160 |

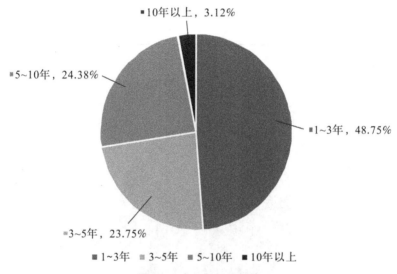

图 4-2 成立年限比例图

（4）多数合作社采用传统的产业经营模式。从样本合作社的经营模式来看（见表 4-6 和图 4-3），多数林业专业合作社仍然采取"合作社＋农户"的初级经营模式，占比达到一半；其次是"合作社＋基地＋农户"的经营模式，共有 46 个，占比达 28.75％；企业有参与的林业专业合作社共有 27 家，占比为 16.88％；有 5 个林业专业合作社表示采取了其他形式的经营模式，如"合作社＋党建＋电商""合作社＋农家乐"等，另有 2 个林业专业合作社采取了"合作社＋基地＋协会＋农户"的经营模式。就经营模式而言，样本合作社的经营形式仍处于初级阶段，有待丰富。

表 4-6  林业专业合作社经营模式

| 经营模式 | 数量/个 | 占比/％ |
|---|---|---|
| 合作社＋农户 | 80 | 50.00 |
| 合作社＋基地＋农户 | 46 | 28.75 |
| 合作社＋企业＋基地＋农户 | 14 | 8.75 |
| 合作社＋企业＋农户 | 13 | 8.13 |
| 其他 | 5 | 3.13 |
| 合作社＋基地＋协会＋农户 | 2 | 1.25 |
| 合计 | 160 | 100 |

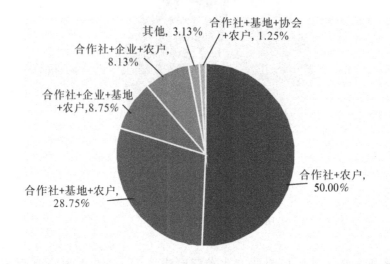

图 4-3  经营模式比例图

（5）人工费用是最大的生产性支出。表 4-7 列出了样本合作社 2017 年生产性支出的得分情况及平均花费。受访合作社按照支出多少对各项生产性支出进行排序，共包括购买种苗、购买饲料化肥、购买机具、人工费用、基础建设费用以及其他 6 个选项，在数据录入时，按照 6 分至 1 分的降序分数进行填写,得到最终分数。可以看到,林业专业合作社最大的生产性支出在于人工费用,平均花费 23.06 万元,接下来是购买种苗和饲料化肥的花费,年平均花费分别为 14.64 万元及 15.58 万元,其他生产性支出以及基础建设费用的年平均花费在 10 万元以下。

表 4-7　林业专业合作社生产性支出

| 生产性支出 | 得分/分 | 平均花费/万元 |
|---|---|---|
| 人工费用 | 758 | 23.06 |
| 购买种苗 | 409 | 14.64 |
| 饲料化肥 | 373 | 15.58 |
| 机具 | 175 | 3.99 |
| 其他 | 172 | 9.28 |
| 基础建设费用 | 142 | 3.65 |

(6)拥有示范社称号的合作社占比四成。就林业专业合作社的示范等级而言,如表 4-8 和图 4-4 所示,有评级的样本合作社共 65 个,占比40.62%,其中,国家级示范社 6 个,省级示范社 16 个,市级示范社 16 个,县级示范社 30 个,95 个林业专业合作社未进行评级,占比 59.38%。

表 4-8　林业专业合作社示范等级

| 示范等级 | 个数(个) |
|---|---|
| 未评级 | 95 |
| 县级示范社 | 30 |
| 市级示范社 | 16 |
| 省级示范社 | 13 |
| 国家级示范社 | 6 |
| 总计 | 160 |

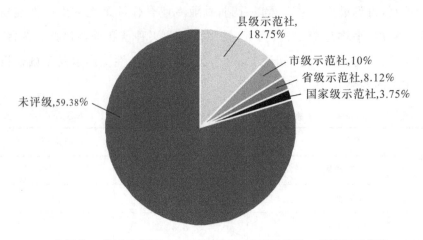

图 4-4　示范等级比例图

　　(7)未盈利的合作社占比近 25％。进一步询问样本合作社的盈利情况。考虑到受访人员对收入等隐私性问题的保守态度,此处未采用合作社收入进行分析,而是分析问题"合作社盈利能力和前两年相比如何,和业务相近的同行相比如何"的情况。根据问卷,整理出答案,如表 4-9、表 4-10 和图 4-5所示。在被问及当年合作社盈利情况与往年相比时(见表 4-9),表示未盈利的合作社共 39 个,占比最高,达到 24.38％。这之中多为 1～3 年内成立的合作社。其次是表示合作社盈利情况较前两年好一些的合作社,达到 37 个,占比为 23.13％。随后按次序则是认为盈利能力"不变"、"差一些"、"差很多"和"好很多"的选项。值得注意的是,认为所在合作社的盈利情况比前两年"好很多"的合作社仅有 10 个,排名最后。在与同行的对比中(见表 4-10),较为乐观的合作社数量最多,共有 40 个合作社认为自身的盈利能力比同行好一些,占比 25％,选择"差很多"的合作社不多,仅有 8 个,占比最低。

表 4-9　合作社盈利能力往年对比

| 选项 | 个数/个 |
| --- | --- |
| 未盈利 | 39 |
| 好一些 | 37 |
| 不变 | 36 |
| 差一些 | 24 |
| 差很多 | 14 |
| 好很多 | 10 |

表 4-10　合作社盈利能力同行对比

| 选项 | 个数/个 |
| --- | --- |
| 好一些 | 40 |
| 未盈利 | 39 |
| 差不多 | 37 |
| 差一些 | 20 |
| 好很多 | 16 |
| 差很多 | 8 |

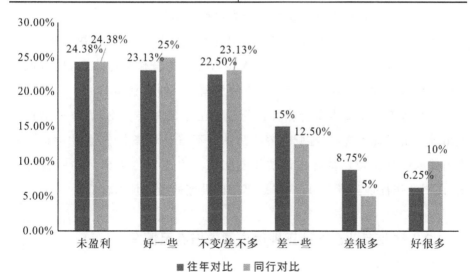

图 4-5　合作社盈利能力判断

基于以上分析,可做出如下总结:

一是林业专业合作社的经营业务以林下种养殖为主,无论是森林采伐这一传统林木生产方式还是林产品加工等产业链深化业务均占比不高。样本合作社中,认为自身盈利能力强于前两年的合作社数量占比最多。在同行对比中,大部分合作社认为自身盈利能力比同行好一些。

二是大多数合作社的投资回收期集中于 1～3 年内。这与第一点得到的结论,即林业专业合作社主营业务以林下种养殖为主相呼应。大部分的林下种养殖项目能够在 1～3 年内产生收益,合作社更偏向于此类生产活动,投资回收期达 10～20 年或 20 年以上的植树造林、森林管护等生产活动多依托村集体进行。可能的原因是,由于资金投入、成本回收等问题,对于资金需求规模较大的新兴产业,诸如生态旅游、林产品加工等业务所占比例最低,而投资回收期较短的林下种养殖、经济林产品等业务是林业专业合作社进行生产经营活动的首选。

三是样本合作社的成立年限集中在 1～3 年,新近成立的林业专业合作社较多,说明作为新兴林业经营主体之一的林业专业合作社仍是林业生产经营的重要载体,但是经营年限在 3 年以上的林业专业合作社数量不多又说明了林业专业合作社的持续经营能力仍存在不足。

四是大部分合作社的经营模式仍处于"合作社＋农户"的初级阶段,企业、协会、基地等第三方参与较少。未参与评级的合作社占多数,拥有评级的样本合作社数量按照县级、市级、省级和国家级的级别递减。

五是人工费用支出是合作社进行生产活动的首要支出,而非林木种苗支出等。由于林木抚养、施肥等养护活动并不需要频繁实施,因此饲料化肥支出并未占据高位。基础建设费用支出在所有生产性支出活动中占比最低,说明合作社加工设备、厂房建设等基础设施的投入预算较低。

## 4.2.2 林业专业合作社正规信贷需求与满足情况

（1）合作社普遍拥有贷款计划。从林业专业合作社的需求情况来看,近七成林业专业合作社未来有贷款计划。在样本合作社中,有 111 个林业专业合作社表示未来 3 年有申请林业正规信贷的计划,占比达 69.38%,说明大多数林业专业合作社的发展需要资金投入,且正规信贷是其主要的融资渠道(见表 4-11)。

表 4-11 未来有无贷款计划

| 贷款计划 | 个数/个 | 占比/% |
|---|---|---|
| 有 | 111 | 69.375 |
| 无 | 49 | 30.625 |
| 总计 | 160 | 100.00 |

(2)合作社的期望贷款数额差异较大。表 4-12 列出了有贷款计划的受访合作社的贷款期望。林业专业合作社的期望贷款数额具有大额倾向,平均期望的贷款数额达到 82.31 万元,但其标准差达到 94.20,个体间的差异较大,不同合作社预计需要的贷款数额从 3 万~500 万元不等。期望的贷款年限也存在类似的情况。林业专业合作社期望的贷款年限平均为 4.10 年,在 1~10 年间波动,但标准差较低,说明大多数合作社的期望贷款年限都集中于中段。样本合作社可接受的最高月利率平均值为 5.70‰,范围从 3‰~10‰不等。

表 4-12 未来贷款期望

| 贷款期望 | 最小值 | 最大值 | 平均值 | 标准差 |
|---|---|---|---|---|
| 预计需要的贷款数额/万元 | 3 | 500 | 82.31 | 94.20 |
| 期望的贷款期限/年 | 1 | 10 | 4.10 | 1.67 |
| 可接受的最高月利率/‰ | 3 | 10 | 5.70 | 1.86 |

(3)近六成有发生借款行为的合作社是向正规金融机构贷款。就林业专业合作社的借贷情况而言,本次调查的结果显示,正规信贷是林业专业合作社借款的主要方式。此次问卷调查中,共有 96 家林业专业合作社表示在生产经营的过程中有过借贷记录(见表 4-13 和图 4-6),其中,57 家林业专业合作社表示向金融机构贷款,13 家林业专业合作社向亲友进行借贷,25 家林业专业合作社表示同时向金融机构和亲友借款,另有 1 家林业专业合作社表示通过民间标会的形式获得资金。在有借贷史的样本合作社中,最终获得正规信贷的林业专业合作社共 82 家,占比 85.42%,这说明正规信贷是

林业专业合作社获得资金的主要渠道。

表 4-13  林业专业合作社借贷情况

| 借贷方式 | 个数/个 |
| --- | --- |
| 金融机构 | 57 |
| 亲友借贷 | 13 |
| 民间标会 | 1 |
| 混合贷款 | 25 |
| 总计 | 96 |

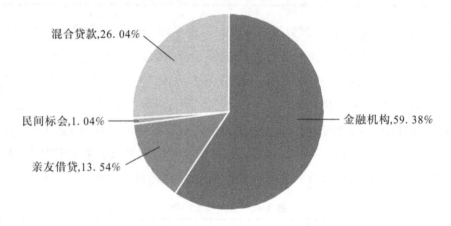

混合贷款,26.04%
民间标会,1.04%
亲友借贷,13.54%
金融机构,59.38%

■ 金融机构 ■ 亲友借贷 ■ 民间标会 ■ 混合贷款

图 4-6  融资渠道比例图

(4)贷款方式以个人信用贷款为主。获得正规信贷的 82 个样本合作社,其贷款方式以担保贷款、信用贷款和抵押贷款为主。林业专业合作社最常采用的信贷方式是个人信用贷款,占比为 37.81%。其次是其他保证贷款,多为三明"福林贷"林业金融产品[①]。随后是联保贷款与林权抵押贷款,各占 13.42%,其他抵押贷款占比 12.20%,仅有 1 个林业专业合作社表示是

---

① "福林贷"普惠金融产品是由村委牵头设立村级林业担保基金,贷款林农按一定比例交缴保证金,由林业合作社为林农提供贷款担保,林农以其同等价值的林业资产作为反担保申请贷款。贷款额度按林农出资担保基金最高 10 倍放大,最高可获得 20 万元贷款,一次授信、年限 3 年。贷款月利率由之前的 8‰以上降至 5.9‰,符合林业贴息政策的,实际月利率只有约 4‰。

通过担保公司进行贷款（见表4-14和图4-7）。总体而言，使用包括联保贷款、担保公司贷款以及其他形式保证贷款方式的林业专业合作社共37家，使用信用贷款方式的林业专业合作社31家，使用抵押贷款方式的林业专业合作社12家（有合作社同时采用两种及以上的贷款方式），未见质押贷款等其他贷款方式。

表4-14　林业专业合作社正规信贷方式[①]

| 正规信贷方式 | 个数/个 |
| --- | --- |
| 个人信用贷款 | 31 |
| 其他保证贷款 | 25 |
| 保证贷款—联保贷款 | 11 |
| 抵押贷款—林权抵押贷款 | 12 |
| 其他抵押贷款 | 10 |
| 保证贷款—担保公司贷款 | 1 |

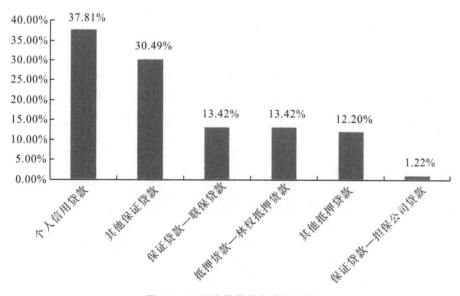

图4-7　正规信贷贷款方式比例图

① 由于有合作社同时采用两种及以上的贷款方式，因此本表的林业专业合作社总数与获得正规信贷的82个样本合作社数目不一致。

（5）合作社的实际贷款情况差异较大。不同合作社之间贷款金额、贷款利率、贷款期限、获贷天数相差较大。在获得正规信贷的林业专业合作社中（见表 4-15），其平均实际获得的贷款金额为 91.40 万元，平均贷款年限为 2.62 年，平均贷款月利率为 7.43‰，从申请贷款到获得贷款平均需要 16.21 天。各林业专业合作社之间的贷款金额、贷款利率、贷款期限、获贷天数存在较大差别，尤其是贷款金额，标准差达 201.95，样本合作社获得的金额在 10～1200 万元之间波动，样本之间的离散程度很大，林业专业合作社能够获得的贷款金额存在很大的个体差异。

表 4-15　林业专业合作社贷款情况

| 贷款情况 | 最小值 | 最大值 | 平均值 | 标准差 |
|---|---|---|---|---|
| 贷款金额/万元 | 10 | 1200 | 91.40 | 201.95 |
| 贷款期限/年 | 1 | 10 | 2.62 | 1.36 |
| 贷款月利率/‰ | 3.6 | 12 | 7.43 | 2.10 |
| 获贷天数/天 | 1 | 90 | 16.21 | 3.10 |

（6）将近一半的林业专业合作社信贷需求未满足。从表 4-16 和图 4-8 可知，在获得正规信贷的 82 家林业专业合作社中，有 39 个样本合作社表示其信贷需求并未得到满足，占比近一半，表示完全满足的林业专业合作社仅 12 个，占比为 14.63%。处于中位的是认为正规信贷基本满足资金需求的合作社，共有 31 个，占比 37.81%。

表 4-16　林业专业合作社正规信贷满足情况

| 满足情况 | 个数/个 |
|---|---|
| 没有满足 | 39 |
| 基本满足 | 31 |
| 完全满足 | 12 |
| 总计 | 82 |

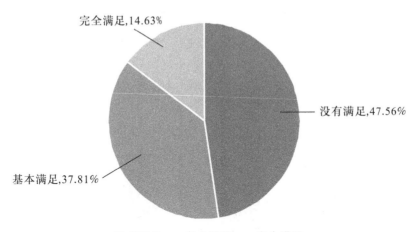

完全满足,14.63%

没有满足,47.56%

基本满足,37.81%

■ 没有满足　■ 基本满足　░ 完全满足

**图 4-8　满足情况比例图**

(7)信贷需求未满足的主要原因是可贷资金数额过低。进一步探究林业专业合作社正规信贷需求未能得到满足的主要原因。结果如表 4-17 和图 4-9 所示,此题为多选题。受访合作社按照重要性顺序选择信贷需求未满足原因,在数据录入时,按照 10 分至 1 分的降序分数进行填写,得到最终分数。可以看到,在 39 个信贷需求不满足的合作社中,共有 33 个样本合作社认为银行所提供的贷款资金过少,占比 84.62%,有 24 个林业专业合作社认为银行贷款的利率过高,占比 61.54%,有 15 个林业专业合作社认为银行贷款的期限太短,占比 38.46%,1 个林业专业合作社认为贷款期限为 1 年的正规信贷要求每年结转之后才能续贷,手续麻烦,无法满足其需求。就重要性排序而言,贷款资金过少排名首位,随后是利率太高和期限太短。

**表 4-17　正规信贷需求未满足原因**

| 原因 | 个数/个 | 占比/% | 分数/分 |
| --- | --- | --- | --- |
| 贷款资金过少 | 33 | 84.62% | 321 |
| 贷款利率太高 | 24 | 61.54% | 221 |
| 贷款期限太短 | 15 | 38.46% | 139 |
| 其他 | 1 | 2.56% | 8 |

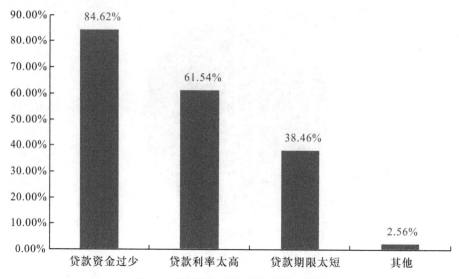

图 4-9 信贷需求未满足的原因比例图

（8）近三成林业专业合作社认为向金融机构贷款难。本次问卷也询问了受访者对于金融机构和政府部门的看法。询问受访者"向正规金融机构贷款难吗"，得到的答案统计如表 4-18 和图 4-10 所示。认为获得正规信贷"难"的样本合作社最多，共有 47 个，占比 29.38%。认为向金融机构贷款"很难"或"难"的样本合作社共 76 个，占比 47.5%；认为"一般"或"容易"的合作社共有 74 个，占比近一半；认为获得正规信贷"很容易的"样本合作社最少，仅 10 个，占比 6.25%。

表 4-18 合作社对金融机构贷款难易程度的看法

| 选项 | 个数/个 |
| --- | --- |
| 难 | 47 |
| 一般 | 43 |
| 容易 | 31 |
| 很难 | 29 |
| 很容易 | 10 |
| 总计 | 160 |

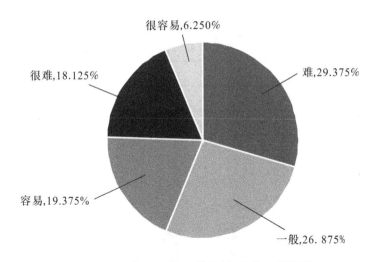

图 4-10 合作社对金融贷款难易程度判断比例图

(9)合作社最期望改变的贷款条件是金融机构降低贷款利率。进一步询问 160 个样本合作社在正规信贷方面对金融机构的期望。向受访者提供提高贷款额度、延长贷款年限、降低贷款利率、简化流程手续、推出更多的金融产品类型、提高服务态度及其他 7 个选项,让调研对象按照重要性顺序进行选择,并按 1～7 分由低至高赋分,得到结果如表 4-19 和图 4-11 所示。有 133 家林业专业合作社选择了希望金融机构能够降低贷款利率,占比达 83.13%;其次是期望能够提高贷款额度,107 个合作社选择此项,占比 66.88%;随后依次是延长贷款年限、简化流程手续、提高服务态度、推出更多的金融产品类型、其他。就重要性排序而言,降低贷款利率是林业专业合作社的首要期望。

表 4-19 林业专业合作社对金融机构的期望

| 对金融机构的期望 | 个数/个 | 得分/分 |
| --- | --- | --- |
| 降低贷款利率 | 133 | 1196 |
| 提高贷款额度 | 107 | 989 |
| 延长贷款年限 | 97 | 861 |
| 简化流程手续 | 91 | 742 |

续表

| 对金融机构的期望 | 个数/个 | 得分/分 |
| --- | --- | --- |
| 提高服务态度 | 16 | 135 |
| 推出更多的金融产品类型 | 13 | 106 |
| 其他 | 7 | 69 |

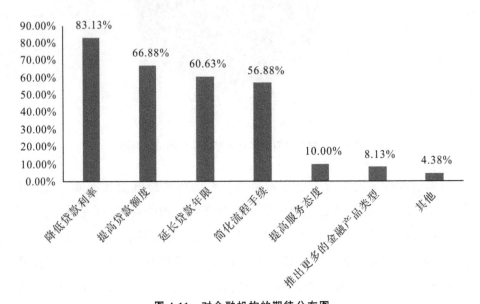

图 4-11　对金融机构的期待分布图

　　(10)合作社期望政府能够提供更多贷款优惠政策,并且提高资金方面的支持。本次调研还询问了 160 个样本合作社在正规信贷方面对政府的期望,并按照重要性顺序进行选择与赋分,得到结果如表 4-20 和图 4-12 所示。可以看到,希望政府能够提供更多优惠政策的林业专业合作社均接近八成,占比达到 79.38%;排名第二的是"提高资金方面的支持",占比为 78.13%;随后是希望政府能够帮助产品销售、及时通知优惠政策或项目等信息,做好沟通工作、做好人员培训、加强合作组织管理制度、其他。

表 4-20　林业专业合作社对政府的期望

| 对政府的期望 | 得分/分 | 个数/个 |
|---|---|---|
| 提供更多优惠政策 | 1157 | 127 |
| 提高资金方面的支持 | 1176 | 125 |
| 帮助产品销售 | 643 | 78 |
| 及时通知优惠政策或项目等信息,做好沟通工作 | 578 | 68 |
| 做好人员培训 | 484 | 61 |
| 加强合作组织管理制度 | 163 | 20 |
| 其他 | 76 | 8 |

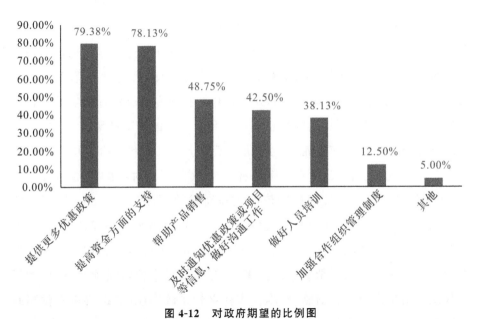

图 4-12　对政府期望的比例图

基于以上分析,可总结以下几点:

一是拥有正规信贷需求的样本合作社较多,占比近七成。有过借贷行为的林业专业合作社中,85.42％的林业专业合作社的借款来源为正规金融机构,说明正规信贷是林业专业合作社外源融资的主要方式。但是,林业专业合作社的正规信贷需求满足程度较低。在获得正规信贷的 82 家林业专业合作社中,认为自身信贷需求未得到满足的样本合作社共 39 个,占比将近一半。贷款资金过少是林业专业合作社正规信贷需求未能得到满足的主要原因,占比达 84.62％。排名第二和第三的原因是贷款利率太高和期限太短,分别占比 61.54％和 38.46％。

二是从借款方式来看,林业专业合作社最常采用的信贷方式排序依次为个人信用贷款、担保贷款和抵押贷款,未见质押贷款等其他贷款方式;从获贷情况来看,样本合作社的贷款金额离散程度较高,存在较大的个体差异,且是唯一一个实际情况优于期望情况的选项。林业专业合作社预计需要的贷款数额平均值是 82.31 万元,但实际的贷款平均金额为 91.40 万元。

三是林业专业合作社对于贷款期限和贷款利率的期望与实际贷款情况不匹配。从贷款年限来看,林业专业合作社期望中的贷款期限长于实际贷款期限。林业专业合作社对贷款年限的平均期望是 4.10 年,但实际获得贷款的平均贷款年限为 2.62 年;从贷款利率来看,林业专业合作社期望的最高利率低于实际贷款利率。林业专业合作社可接受的最高月利率平均值为 5.70‰,但实际贷款的平均月利率为 7.43‰。林业专业合作社的实际贷款期限短于期望的贷款期限,实际贷款利率也高于期望的贷款利率。

四是林业专业合作社希望能够获得正规金融机构和政府机构两方在资金获取上的支持。降低贷款利率是林业专业合作社对金融机构的首要期望,占比达 83.13％,排位随后的依次是提高贷款额度(占 66.88％)、延长贷款年限(占 60.63)和简化流程手续(占 56.88％),提高服务态度、推出更多的金融产品类型等选项的占比未达 50％。与此相对的是样本合作社对政府机构的期望。相比让政府帮助产品销售、及时通知优惠政策或项目、做好沟通工作或人员培训等帮扶措施,样本合作社更希望政府能够"提供更多优惠政策"和"提高资金方面的支持"。将近八成的样本合作社选择以上两个选项,占比分别为 79.38％和 78.13％,分列第一和第二。

### 4.2.3 林业专业合作社正规信贷获得情况

(1)承贷银行以小规模银行为主。对林业专业合作社整个信贷的获取现状进行分析。就承贷银行来看,在 82 个获得林业贷款的受访合作社中,有 65 个林业专业合作社获得贷款的金融机构为农村信用社,占比近八成;

排名第二位的是国有商业银行,以中国农业银行居多,共有 13 个林业专业合作社获得其发放的贷款资金,占比 15.85%;其他股份制商业银行排名第三,农村商业银行与村镇银行并列第四。从表 4-21 和图 4-13 可以看出,在农村区域分布更广的农村信用社这类小银行是林业专业合作社正规信贷的主要获取来源。

表 4-21　林业专业合作社申请贷款银行

| 贷款银行 | 个数/个 |
| --- | --- |
| 农村信用社 | 65 |
| 国有商业银行 | 13 |
| 其他股份制商业银行 | 2 |
| 农村商业银行 | 1 |
| 村镇银行 | 1 |
| 总计 | 82 |

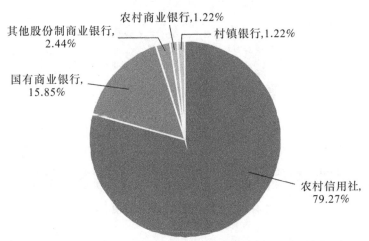

图 4-13　承贷银行比例

(2)近四分之一的林业专业合作社无法获得贷款。对样本合作社的调研情况显示,有正规信贷需求,并且最终获得贷款的合作社数量占比最多,共 78 个,占比 48.75%(见表 4-22 和图 4-14);表示有信贷需求但并未获得贷款的合作社与无信贷需求也未申请贷款的合作社数量相同,均为 39 个,占比 24.38%。值得注意的是,有 4 个合作社表示,合作社本身并无贷款需求,却向银行发起了贷款手续,并最终获得了资金。

表 4-22　样本合作社供给需求情况

| 供给需求情况 | 个数/个 |
| --- | --- |
| 有正规信贷需求,获得贷款 | 78 |
| 有正规信贷需求,未获得贷款 | 39 |
| 无正规信贷需求,未获得贷款 | 39 |
| 无正规信贷需求,获得贷款 | 4 |
| 总计 | 160 |

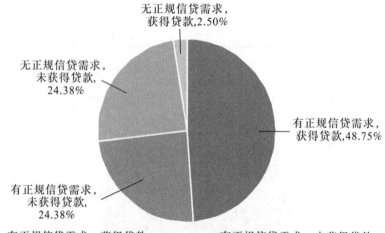

图 4-14　需求与获取情况比例图

(3)存在无信贷需求,但最终申请并获得贷款的林业专业合作社。进一步探究这 4 个样本合作社的行为动机。如表 4-23 所示,"无正规信贷需求,获得贷款"的林业专业合作社不需要信贷资金的理由包括资金充足,无需贷款、合作社经营阶段无需资金投入以及经营重点转移。进一步询问其不需要信贷资金却向银行申请正规信贷的理由,有 3 个林业专业合作社表示原因为"当地政府鼓励",尤其是当政府推出了新的金融优惠政策时,无论是政府的宣传力度还是合作社的接受度都会更高。1个林业专业合作社表示是由于"亲朋好友劝说"。说明林业专业合作社的信贷情况在一定程度上会受到政社关系、社会关系、金融优惠政策的影响。

表 4-23　无信贷需求获得贷款的原因

| 无需求申请贷款原因 | | 个数/个 | 占比/% |
|---|---|---|---|
| 无需求原因[①] | 资金充足,无需贷款 | 2 | 50.00 |
| | 合作社经营阶段无需资金投入 | 2 | 50.00 |
| | 已从其他渠道获得贷款 | 2 | 50.00 |
| | 其他 | 0 | 0.00 |
| 申贷原因 | 金融机构主动联系提供优惠 | 0 | 0.00 |
| | 当地政府鼓励 | 3 | 75.00 |
| | 亲朋好友劝说 | 1 | 25.00 |
| | 其他 | 0 | 0.00 |

(4)有贷款需求,却未向银行申请贷款的林业专业合作社占比八成。在39个"有正规信贷需求,未获得贷款"群体中,仅有6个林业专业合作社有向银行提出贷款申请(见表 4-24),未获得贷款的主要原因为抵押物品不符合申请条件,占比66.67%,另有2个林业专业合作社表示原因为其他(正在审核以及条件不符)。剩余的33个合作社均未向金融机构申请贷款,占比达到84.62%。

表 4-24　有需求未获得贷款群体的申请情况

| 项目 | | 个数/个 | 占比/% |
|---|---|---|---|
| 申请情况 | 申请个数 | 6 | 15.38 |
| | 未申请个数 | 33 | 84.62 |
| 原因 | 抵押物品不符合申请条件 | 4 | 66.67 |
| | 其他 | 2 | 33.33 |
| | 财务报表有问题 | 0 | 0 |
| | 无还贷能力 | 0 | 0 |
| | 资信不良或有债务记录 | 0 | 0 |

---

① 该题对应的问卷题目(B19)为多选题。

(5)贷款额度太小是合作社放弃申请贷款的主要原因。针对 33 个未向银行提出贷款申请的林业专业合作社，进一步询问原因。此题为多选题，要求受访者按重要性顺序进行排序，各选项赋值顺序为 10～1 依次递减。表 4-25 列出了林业专业合作社未申请正规信贷原因的统计结果，图 4-15 为对应的比例图。可以看到，贷款额度太小是阻碍样本合作社申请正规信贷的主要因素，共有 19 个林业专业合作社选择此项，占比 57.58％，得分为 183 分，排名第一；排名第二位和第三位的原因分别是"即使申请了也得不到"和"不了解贷款的条件和程序"，说明有不少合作社对获得林业正规信贷的信心不足，对银行的林业金融信息了解不多；紧随其后排名第四位、第五位的原因为"贷款的手续麻烦，耗费时间长"和"贷款利率太高"，说明银行应简化流程手续，适当降低贷款利率；其余影响林业专业合作社贷款申请的因素排序依次为：贷款年限太短、合作社申请条件受限、担心还不起、通过其他渠道获得资金、贷款未还清或有不良记录。

表 4-25　林业专业合作社未申请正规信贷的原因

| 未申请正规信贷的原因 | 分数/分 | 个数/个 |
| --- | --- | --- |
| 贷款额度太小 | 183 | 19 |
| 即使申请了也得不到 | 126 | 13 |
| 不了解贷款的条件和程序 | 102 | 10 |
| 贷款的手续麻烦，耗费时间长 | 95 | 11 |
| 贷款利率太高 | 93 | 11 |
| 贷款年限太短 | 79 | 9 |
| 合作社申请条件受限 | 78 | 8 |
| 担心还不起 | 34 | 4 |
| 通过其他渠道获得资金 | 9 | 1 |
| 贷款未还清或有不良记录 | 8 | 1 |

基于以上分析，可以看到林业专业合作社的正规信贷获得情况具有以下特征。

一是农村信用社是林业专业合作社获得林业贷款的主要金融机构。在获得林业贷款的受访合作社中，80.49％的林业专业合作社的贷款方为农村

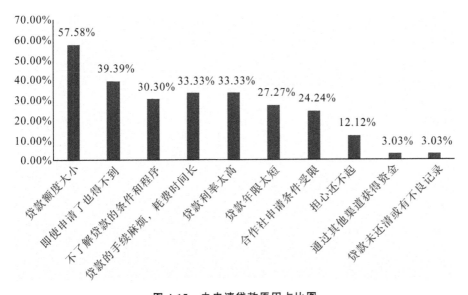

**图 4-15  未申请贷款原因占比图**

信用社和农村商业银行,国有商业银行占比 15.85％,村镇银行和其他股份制商业银行占比仅为 3.66％。说明更贴近农民、在农村区域分布更多的农村合作金融机构是林业专业合作社正规信贷的主要获取来源。

二是贷款资金达到供需平衡的林业专业合作社将近一半,无信贷需求与有信贷需求无信贷供给的样本合作社数量都接近四分之一。样本中,共有 48.75％的合作社拥有信贷需求并最终获得贷款,24.38％的合作社有贷款需求,最终却未获得贷款。在这部分合作社中,仅有 15.38％的群体是申请贷款而被拒,其余均未申请贷款。此外,存在无贷款需求却办理了贷款手续并且最终获得贷款的合作社,但数量较少,仅占比 2.5％。出现此现象的原因包括合作社受到当地政府鼓励贷款、亲朋好友劝说贷款等。

三是可贷资金太少是林业专业合作社正规信贷市场参与度低的主要原因。在供需不平衡的合作社中,未向金融机构申请贷款的数量占比为 84.62％,主要原因是认为金融机构所提供的贷款额度太小,占比超过一半的样本合作社选择了此项。也有不少合作社因认为"即使申请了也得不到""不了解贷款的条件和程序""贷款的手续麻烦,耗费时间长""贷款利率太高"等原因放弃申请贷款。

# 5 林业专业合作社正规信贷的 参与:融资渠道选择

5.1 理论假设

5.2 计量模型与变量说明

5.3 实证结果

5.4 进一步探讨

　　正规信贷与非正规信贷是农户获取信贷的两种渠道,而且这两种信贷渠道之间存在"二八定律",即20％的农户从正规信贷渠道获得80％的贷款总额(沈红丽,2021)。正规信贷作为现代经济的血脉,发挥着为乡村振兴供血输氧的作用,是中国大多数农村地区最重要的金融服务方式和广大农民及返乡创业者融资的主渠道(彭克强、刘锡良,2016)。相比非正规信贷,正规信贷对农户家庭的整体福利效应明显更高,尤其在家庭总收支及农户创业上。秦海林和刘岩(2022)基于2019年的中国家庭金融调查数据进行分析,发现在拥有创业经历的样本中,正规信贷对农户创业的促进效果大于非正规信贷对农户创业的促进效果,且正规信贷对家庭创业的支持更具有可持续性。沈红丽(2021)使用2016年的中国家庭追踪调查数据进行分析,发现正规信贷的家庭福利效应比较显著,而非正规信贷更倾向于支持发生重大事件的家庭或者农业生产家庭,福利效应较弱。

　　但是,农业领域的借款人往往容易因缺乏有效抵押物而面临正规信贷约束,此时,借款人往往会转而进行非正规信贷融资以满足资金需求。一直以来,非正规金融借款对正规信贷具有较强的替代性,经济相对发达的东部和中部地区互助性借贷的现象更普遍(陈鹏、刘锡良,2011)。已有研究认为正规金融的借贷成本高于非正规金融,使得借款人在信贷市场上更偏好非正规信贷融资(张冀民、高新才,2016;殷浩栋、汪三贵、王彩玲,2017;刘雨松、钱文荣,2018)。

　　在第四章林业专业合作社正规信贷需求与满足情况的描述性统计分析中,尽管样本合作社的主要借款来源是正规信贷,但是通过亲友借贷、民间标会以及混合借贷方式获得资金的合作社占比也达到了40.62％。林业专业合作社的融资渠道选择代表了其参与正规信贷市场的程度,若林业专业合作社偏好从非正规渠道进行融资,那么其对于正规金融的需求程度和参与情况会随之降低。基于这一考虑,本章将对林业专业合作社融资渠道选择的影响因素进行实证研究,分析影响林业专业合作社融资渠道选择的原因。

# 5.1  理论假设

本书认为，影响林业专业合作社融资渠道选择的因素可以分为禀赋特征、理事长特质、社会资本以及银社关系四个方面，以此为基础构造了林业专业合作社正规信贷融资渠道影响因素分析框架（见图5-1）。

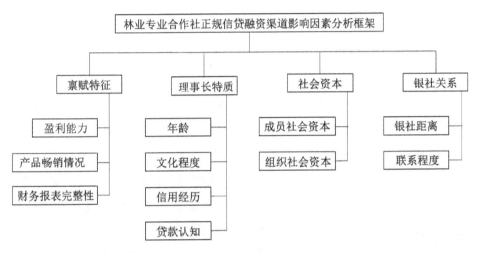

**图 5-1  林业专业合作社正规信贷融资渠道影响因素分析框架**

## 5.1.1 禀赋特征

在借贷市场上，林业专业合作社往往会从自身的特征禀赋出发，有选择性地进行借款渠道决定（Conning and Udry，2007：2857-2908；殷浩栋、汪三贵、王彩玲，2017）。本书选择盈利能力、产品畅销情况和财务报表完整性来描述林业专业合作社的禀赋特征。盈利能力和产品畅销情况会影响林业专业合作社对于未来还款的信心，拥有良好的盈利能力的林业专业合作社选择正规信贷的可能性更大。其中，盈利能力使用合作社的年盈余收入的自然对数来衡量，产品畅销情况数据则来源于问题"合作社产品的畅销情况"，共有"未有产品""非常不畅销""比较不畅销""一般畅销""比较畅销""非常畅销"6个选项。按照1~6从低到高进行赋分。

本书还用财务报表完整性来衡量合作社的自身禀赋。相比于其他融资渠道,正规金融机构更重视财务报表,而财务报表的制作需要投入一定的成本,在财务管理上具有更好的规范性,降低合作社与金融机构之间的信息沟通成本。因此,本书认为能够出示完整财务报表的林业专业合作社将会更有信心申请正规信贷以扩大自身福利效应。令1表示林业专业合作社能够编制完整的财务报表,0则表示无法编制。

### 5.1.2 理事长特质

林业专业合作社的人员结构存在异质性,成员包括数量众多的小规模林农与少数的能人大户,合作社理事长多为后者。合作社具有合作制公司的特征,理事长在某种程度上相当于公司总经理。由于缺乏管理能力,在合作社的财务决策上,一般的林农只能被动跟随理事长的决定(许驰、张春霞,2014)。在实践中,林业专业合作社的融资决策多由理事长以及核心成员决定,因此,理事长的特质会影响融资渠道的最终选择。

本书选择年龄、文化程度、信用经历和贷款认知来体现理事长特质。预期寿命的延长强化了人们的退休储蓄动机,迫使在职者和退休者减少消费(张卫峰、方显仓、刘峻峰,2020)。因此通常年龄较大的人更偏向于储蓄,而非贷款。并且,年龄增大意味着未来创收能力的下降,可能会使林业专业合作社理事长降低对有明确还款期限要求的金融机构的贷款需求,相比之下,非正规融资渠道具有更大的还款弹性;理事长的文化程度越高,越有可能主动了解正规信贷的各项政策以及申请流程,拥有更客观的看法,具备更良好的金融素养,因此选择规范的正规融资渠道的可能性越高;理事长若有良好的信用经历会增大再次申请正规贷款的可能性;理事长对于正规金融市场贷款难易程度的认知会直接影响其融资选择。

基于以上分析,本书通过问卷询问理事长的年龄,以受教育年限衡量理事长的文化程度。如果理事长有过正规信贷借贷经历,且截至问卷访谈时已还清,则理事长的信用经历为 1,否则为 0。询问理事长对于正规信贷的贷款难易程度认知,设置"很难""难""一般""容易""很容易"共 5 个选项,并按照 1～5 分由低到高赋分。

### 5.1.3　社会资本

合作社作为一个经济组织,本身就内嵌于特殊的社会关系中,依赖交易者特殊的社会规范和共同信念来维持组织的正常进行。社会资本是实现合作社与利益相关者之间信息交换、资源共享的重要基础,有助于合作社的长远发展(李旭、李雪,2019)。已有研究表明,合作社的社会资本是帮助其调配资金的一种较为有效的媒介资源,能促进金融资源的有效配置,尤其在金融资源有限且金融扶持不够精准的情况下,可以充分地发挥弥补作用(高远东、李卉、宫梦瑶,2021)。具备高社会资本存量的合作社在社会资本转化为财务资本上具备优势,也就是说,这类合作社将拥有更多的潜在财务资本(余丽燕、Nilsson,2017)。

本书将林业专业合作社的社会资本分为成员层面和组织层面。从成员层面来看,合作社具备较为丰富的社会资本潜能。尽管大部分林业专业合作社的规模不大,具有明显的封闭性,合作社成员多来自同一个村镇。但互相之间的熟识以及较为一致的文化与价值观念能够减少成员间交流与合作的成本,为培育和利用合作社社会资本提供了较好的客观环境(余丽燕、Nilsson,2017)。本书使用合作社成员是否有或曾经是公职人员来衡量成员社会资本,这里的公职人员包括村主任、公务员,银行、国企及事业单位人员等。

从组织层面来看,合作社依存于农村场域与社会情境,必然要与市场、政府进行信息、产品与资源交换,这恰恰能够缓解合作社与其他利益相关者之间的信息不对称问题,尤其是与金融机构的交流,能够降低融资交易成本,为实现社会资本到财务资本的转化提供了可能性(余丽燕、Nilsson,2017)。合作社所拥有的组织资源与理事长的社会资源往往难以区分,因此,组织层面的社会资本在某种程度上等同于理事长等核心社员的社会资本,表现为理事长通过其自身的社会网络去获得外部资源。本书以理事长关系紧密的亲朋好友数量、这些亲朋好友是否有银行或国企等其他公职部门工作经历、是否获得过优秀党员等荣誉称号来衡量理事长的社会资本。本书认为,当林业专业合作社的社会资本越强时,其越可能选择正规融资。

### 5.1.4 银社关系

经过 40 多年的改革与发展,中国银行业实现了从低效率的一元银行体制到现代银行体系基本建立的转变,国内资金对实体经济的供应能力获得大幅度提升,其中一个直观的表现是银行网点数量增加所带来的银企距离(即银行机构与企业之间的地理距离)的大幅缩短(许和连、金友森、王海成,2020)。不少学者认为,银行的信贷决策存在"本地偏好"(Deyoung,Glennon,and Nigro,2008;Presbitero and Rabellotti,2014)。一方面,越近的距离越有利于银行掌握企业及企业所在地的各方面情况,如行业发展前景、当地平均收入、商业文化等无法在报表上直接显示的软信息,降低银企双方的信息不对称,从而降低企业融资成本。另一方面,银行分支机构的地理布局与地区信贷资金的相对供给规模直接相关,银企距离的缩短在一定程度上提高了企业的金融资源可达性(许和连、金友森、王海成,2020)。

此外,林业专业合作社与银行的互动越多,关系越密切,越有可能选择从正规渠道进行融资。

本书使用银社距离和联系程度来衡量银社关系。从交易成本理论和社会资本理论来看,银社之间的距离越短,则申请贷款所需耗费的时间成本、交通成本等就越低,银社之间的联系越密切,越能缓解双方之间的信息不对称。

综合以上,本书提出研究假说如下:

**假设 5-1:林业专业合作社的禀赋特征正向影响其正规融资渠道的选择。**

**假设 5-2:林业专业合作社的理事长特质正向影响其正规融资渠道的选择。**

假设 5-3：林业专业合作社的社会资本负向影响其正规融资渠道的选择。

假设 5-4：林业专业合作社的银社关系正向影响其正规融资渠道的选择。

# 5.2 计量模型与变量说明

## 5.2.1 多项 Logit 模型

根据样本合作社的实际情况，如果将其融资渠道作为因变量，那么就存在正规信贷融资、混合融资、非正规信贷融资以及未发生借贷四种类型，适宜采用多项 Logit 模型进行研究。使用该模型的目的是研究同样的自变量对林业专业合作社选择不同融资渠道的影响，以及相对于未发生借贷行为的林业专业合作社，其他林业专业合作社进行融资选择时的主要考虑因素。建立模型如下：

$$U_{ij} = x_i + \beta_j + \varepsilon_{ij} \qquad (i = 1, \cdots, n; j = 1, \cdots, J) \qquad (5\text{-}1)$$

其中，$x_i$ 为解释变量，代表相关影响因素，$J$ 为可供个体选择的方案，即共有 $J$ 种互相排斥的选择方案。在本章中 $J = 4$。当且仅当方案 $j$ 所带来的效用高于其他所有方案时，个体 $i$ 选择方案 $j$。假设 $\{\varepsilon_{ij}\}$ 为独立同分布，则此时个体 $i$ 选择方案 $j$ 的概率可写为：

$$P(y_i = j \mid x_i) = \exp(x_i\beta_j) / \sum_{k=1}^{4} \exp(x_i\beta_k) \qquad (5\text{-}2)$$

$Y_j$ 取值为 1～4，分别代表正规信贷、混合贷款、非正规信贷及未发生借贷。选择其中未发生借贷作为参照方案，令其对应系数 $\beta_4 = 0$，此时模型为：

$$P(y_i = j \mid x_i) = \begin{cases} 1/1 + \sum_{k=1}^{3} \exp(x_i\beta_k) & (j = 4) \\ exp(x_i\beta_j)/1 + \sum_{k=1}^{3} \exp(x_i\beta_k) & (j = 1, 2, 3) \end{cases}$$

$$(5\text{-}3)$$

方程(5-3)的上一式所对应的方案为参照方案,对该模型进行最大似然估计,得到回归结果。

### 5.2.2 变量说明

为了了解受访林业专业合作社的融资渠道选择情况,本研究在问卷调查中设置了以下递进式问题:

(1)合作社的经营过程中是否发生过借贷行为_____(A.是 B.否);

(2)合作社获得借款的来源包括_____。(A.信用社或其他银行 B.亲友借贷 C.民间标会等形式 D.网贷 E.混合贷款)。

第(1)个问题用于区分有发生过借贷和未发生过借贷的样本合作社,在第(2)个问题中,选择 A 的林业专业合作社融资渠道为正规信贷融资,选择 B～D 的林业专业合作社融资渠道为非正规信贷融资,选择 E 的林业专业合作社则为混合融资。具体数据情况如表 5-1 所示。由表可知,共有 60% 的林业专业合作社在经营过程中发生过借贷行为,其中,有 59.38% 的林业专业合作社通过正规渠道进行融资,26.04% 的林业专业合作社选择混合融资,14.58% 的样本合作社采用非正规渠道的融资方式。就样本而言,绝大多数林业专业合作社的首选仍是正规信贷融资。

表 5-1 林业专业合作社融资渠道识别

| 问题 | | 数量/个 | 占比/% |
|---|---|---|---|
| 在经营过程中是否发生过借贷行为 | A.是 | 96 | 60.00 |
| | B.否 | 64 | 40.00 |
| 若有发生借贷,则获得借款的来源 | A.信用社或其他银行 | 57 | 59.38 |
| | B.亲友借贷 | 13 | 13.54 |
| | C.民间标会等形式 | 1 | 1.04 |
| | D.网贷 | 0 | 0.00 |
| | E.混合贷款 | 25 | 26.04 |

本章以林业专业合作社融资渠道选择影响因素分析框架为理论基础进行变量选择。本章回归模型的因变量为正规信贷融资、混合融资、非正规信

贷融资以及未发生借贷四种融资渠道，自变量包括合作社基本情况、理事长情况、银社关系以及外部环境四个方面，具体的变量说明见表5-2。

表5-2　模型变量及说明

| 类型 | 变量 | 变量说明 |
|---|---|---|
| 因变量 | 融资渠道 | 正规信贷融资＝1，混合融资＝2，非正规信贷融资＝3，未发生借贷＝4 |
| 禀赋特征<br>（H5-1） | 盈利能力 | 年盈余收入的自然对数 |
| | 产品畅销情况 | 未有产品＝1；非常不畅销＝2；比较不畅销＝3；一般畅销＝4；比较畅销＝5；非常畅销6 |
| | 财务报表完整性 | 可以编制完整财务报表＝1；其他＝0 |
| 理事长特质<br>（H5-2） | 年龄 | 理事长年龄（岁） |
| | 文化程度 | 受教育年限（年） |
| | 信用经历 | 有过正规信贷，且已还清＝1；其他＝0 |
| | 贷款认知 | 很难＝1；难＝2；一般＝3；容易＝4；很容易＝5 |
| 社会资本<br>（H5-3） | 成员社会资本 | 合作社成员有或曾经是国企、银行、事业单位等公职人员＝1，否＝0 |
| | 组织社会资本 | 关系紧密的亲朋好友数量（人） |
| | | 亲朋好友中有银行、国企、公职部门工作人员或工作经历＝1，否＝0 |
| | | 亲朋好友中获得政治荣誉称号＝1，否＝0 |
| | | 亲朋好友中有党员＝1，否＝0 |
| 银社关系<br>（H5-4） | 银社距离 | 林业专业合作社与最近的银行距离（公里） |
| | 联系程度 | 不联系＝1；偶尔有些联系＝2；联系较多＝3；很频繁＝4 |

本书使用SPSS 19对组织社会资本变量进行因子分析（米运生、石晓敏、廖祥乐，2018），所得到的结果显示，KMO值为0.643，卡方值为91.795，$p$值近似于0，说明变量的独立性假设不成立，采用因子分析是恰当的。使用主成分分析法进行提取，根据相关系数矩阵，计算得到特征值和方差贡献率，如表5-3所示。由表可知，所提取的公因子共有1个，方差贡献率为58.334％，该因子所代表的信息量能较好地解释原变量所表达的信息。因此，本书使用该因子数值作为组织社会资本变量。

**表 5-3　因子分析解释的总方差**

| 成分 | 初始特征值 | | | 提取平方和载入 | | |
|---|---|---|---|---|---|---|
| | 合计 | 方差的 % | 累计的 % | 合计 | 方差的 % | 累计的 % |
| 1 | 1.933 | 58.334 | 58.334 | | | |
| 2 | 0.846 | 16.155 | 74.489 | 1.933 | 58.334 | 58.334 |
| 3 | 0.789 | 13.723 | 88.213 | | | |
| 4 | 0.431 | 11.787 | 100.000 | | | |

### 5.2.3 样本描述性统计分析

表 5-4 列出了所有样本变量的描述性统计分析结果。可以看到,财务报表完整性、信用经历、组织社会资本和成员社会资本的平均值较小,表明样本合作社在以上几方面的平均水准较为一般。理事长的年龄和银社距离这两个变量的标准差较大,说明样本合作社在这两方面具有较大的差异性。

**表 5-4　样本变量描述性统计**

| 变量 | 平均值 | 标准差 | 最小值 | 最大值 |
|---|---|---|---|---|
| 融资渠道 | 2.356 | 1.295 | 1 | 4 |
| 盈利能力 | 1.878 | 1.969 | −1.609 | 5.886 |
| 产品畅销情况 | 3.031 | 1.366 | 1 | 5 |
| 财务报表完整性 | 0.369 | 0.484 | 0 | 1 |
| 年龄 | 46.900 | 7.009 | 22 | 68 |
| 文化程度 | 10.278 | 2.790 | 3 | 16 |
| 信用经历 | 0.319 | 0.467 | 0 | 1 |
| 贷款认知 | 2.663 | 1.165 | 1 | 5 |
| 成员社会资本 | 0.388 | 0.489 | 0 | 1 |
| 组织社会资本 | 0.000 | 1.000 | −1.491 | 2.987 |
| 银社距离 | 8.603 | 9.319 | 0.01 | 50 |
| 联系程度 | 2.138 | 0.813 | 1 | 4 |

# 5.3 实证结果

## 5.3.1 模型检验

在进行多项 Logit 回归前,本书先检验各变量间是否存在多重共线性以及模型是否存在异方差。使用方差膨胀因子检验,结果显示 VIF 值为 1.25,在 1～10 之间,说明各变量之间不存在多重共线性。随后使用 White 检验,$p$ 值为 0.728,无法拒绝原假设,即不存在异方差。使用 BP 检验,得到 $p$ 值 0.661,同样拒绝原假设,说明模型不存在异方差。

随后,本书又进行了 Haousman 检验。多项 Logit 模型的使用前提是需要满足"无关方案独立性"假定(IIA 假定),即各方案的条件概率估计不依赖于任何其他方案。IIA 假定的检验方法为 Haousman 检验,其基本思路为:如若 IIA 假定成立,则去掉其中某个方案不会影响其他方案参数的一致估计,仅是降低了估计(陈强,2014:194-195);或是卡方检验统计量小于零,即模型无法满足检验的渐进性假定,同样没有违背 IIA 假定(Hausman and Mcfadden,1981)。表 5-5 为 IIA 假设的 Haousman 检验结果,模型结果显示,去掉三个非参照方案中的任何一个,都不会拒绝 IIA 的原假设。本次变量数据通过检验。

表 5-5  IIA 假设的 Haousman 检验

| 消除方案 | 卡方检验统计量 | 自由度 | $P$ 值 | 结果 |
|---|---|---|---|---|
| 正规信贷 | −0.847 | 11 | 1.000 | 不能拒绝原假设 |
| 混合贷款 | −7.378 | 12 | 1.000 | 不能拒绝原假设 |
| 非正规信贷 | 0.934 | 11 | 1.000 | 不能拒绝原假设 |
| 未发生借贷 | 0.360 | 10 | 1.000 | 不能拒绝原假设 |

### 5.3.2 模型回归结果

使用 Stata14 对林业专业合作社融资渠道选择进行多项 Logit 估计,选择"未发生借贷"为参照方案。多项 Logit 模型的自变量估计系数的经济意义难以解释,因此,本章在估计系数后的括号中,同时汇报了"相对风险比"(RRR),即汇报自然对数的系数估计值的幂次方。其含义为,自变量每变化 1 个单位时,相对于参照组选择项所发生的概率(米运生、曾泽莹、高亚佳,2017)。表 5-6 为林业专业合作社融资渠道选择影响因素的回归结果,由表可知,林业专业合作社对于三个融资渠道的选择均在 1% 的统计水平上显著。

表 5-6　多项 Logit 模型回归结果

| 融资渠道 | | 正规信贷融资 | 混合融资 | 非正规信贷融资 |
|---|---|---|---|---|
| 禀赋特征<br>(H5-1) | 盈利能力 | 0.307**(0.735) | −0.194(0.824) | −0.201(0.818) |
| | 财务报表完整性 | 0.546(1.727) | −0.320(0.726) | 0.315(1.370) |
| | 产品畅销情况 | 0.368*(1.444) | 0.192(1.212) | 0.446*(1.562) |
| 理事长特质<br>(H5-2) | 年龄 | 0.015(1.015) | 0.111**(1.118) | 0.0219(1.022) |
| | 文化程度 | 0.263***(1.301) | 0.160(1.174) | 0.138(1.147) |
| | 信用经历 | 2.909***(18.343) | −14.35(0.000) | 1.951***(7.033) |
| | 贷款认知 | 0.148(1.160) | −0.426(0.653) | −0.080(0.923) |
| 社会资本<br>(H5-3) | 组织社会资本 | −0.131*(0.877) | −0.018(0.982) | 0.092*(1.097) |
| | 成员社会资本 | 0.235(1.265) | −1.331(0.264) | −0.399(0.670) |
| 银社关系<br>(H5-4) | 联系程度 | 0.701**(2.016) | 0.466(1.594) | 0.449(1.566) |
| | 银社距离 | 0.017(1.017) | 0.048(1.049) | 0.044(1.045) |
| 常数项 | | −6.626**(0.001) | −8.182**(0.000) | −5.232*(0.005) |
| 似然比检验 | | 80.94 | | |
| $P$ 值 | | 0.000 | | |
| Pseudo R$^2$ | | 0.202 | | |
| 样本数量 | | 160 | | |

注:括号中数值为相对风险比;*、**、*** 分别表示在 10%、5%、1% 的水平上显著。

相对于没有发生借贷行为的林业专业合作社而言:其一,从禀赋特征来看,盈利能力和产品畅销情况对样本合作社的融资渠道选择具有正向影响,假设 5-1 得到了验证。林业专业合作社的盈利能力越强,其选择正规信贷融资的概率要高出 0.735 倍;林业专业合作社的产品越是畅销,其选择正规信贷融资的概率会高出 1.444 倍,而选择非正规融资的概率会高出 1.562 倍。此外,财务报表完整性不影响样本合作社融资渠道的选择。

其二,从理事长特质来看,理事长的年龄、文化程度及信用经历对于样本合作社的融资渠道选择具有显著影响,假设 5-2 得到了验证。具体而言,林业专业合作社理事长的年龄仅对混合融资方式造成影响;理事长的文化程度正向影响林业专业合作社的正规信贷融资选择,理事长的受教育年限每增加一年,合作社选择正规信贷的可能性高出 1.301 倍;理事长拥有良好的信用经历,则合作社进行正规信贷融资的概率会高出 18.343 倍,而选择非正规信贷融资的概率会高出 7.033 倍;理事长的贷款认知不影响合作社的融资渠道选择。

其三,从社会资本来看,组织社会资本对合作社的融资渠道选择具有显著影响,假设 5-3 得到了验证。当组织社会资本每增强一个单位,林业专业合作社选择正规信贷融资的概率会下降 0.877 倍,选择非正规信贷融资的概率会高出 1.097 倍;成员的社会资本则不对合作社的融资渠道选择造成影响。

其四,从银社关系来看,银社联系程度与林业专业合作社正规信贷融资的选择显著正相关,假设 5-4 得到了验证。银社联系程度每增强一个程度,合作社选择正规信贷的概率会高出 2.016 倍;但是,银社距离并不影响合作社的融资渠道选择。

# 5.4 进一步探讨

本章节通过使用多项 Logit 模型对林业专业合作社的融资渠道选择影响因素进行分析。就数据描述性分析而言,绝大多数林业专业合作社在生产经营过程中发生过借贷行为,选择的融资渠道更倾向于正规金融机构,融资行为趋于正规化。这一结果与农户的融资渠道选择结果存在差异,何光辉和杨咸月（2014）、张晓琳等人（2018）的研究结论皆是农户的融资渠道首选是非正规金融机构。除此之外，样本合作社的财务报表完整性、信用经历、组织社会资本和成员社会资本的平均水平较低，不同合作社之间的理事长年龄和银社距离具有较大差异。

从实证分析结果来看，虽然假设 5-1 至 5-4 都得到了验证，但部分变量的回归结果与预期相反。就合作社的禀赋特征而言，盈利能力的提高能够促使合作社更多地选择正规信贷；产品的畅销程度会同时加大合作社选择正规信贷和非正规信贷融资的可能性，且对后者的促进概率要高于前者。与预期不同的是，财务报表的完整性并不对合作社的融资渠道产生影响，可能的原因是信贷的供给方更看重财务报表，而非作为信贷需求方的合作社。

就理事长特质而言，正规信贷融资会受到理事长文化程度和信贷经历的正向影响，表明理事长的文化程度越高对各类金融政策的认知程度更高，能够更好地抓住有利时机进行借贷活动；理事长具有正规渠道融资经历，则合作社更可能选择正规信贷，且这一比例高达 18 倍。同时，正规渠道融资经历也会促进合作社非正规渠道的融资，倍数为 7 倍。这一结果与马晓青等人（2012）的研究结论有相似之处，后者的研究表明具有正规渠道融资经历的农户反而更偏好非正规融资渠道。本书与他们的研究结论不同之处在于，理事长的正规渠道融资经历对于其继续通过正规渠道进行信贷融资的促进作用要大于非正式融资渠道；合作社理事长的年龄越大，越有可能选择混合融资渠道。这与马晓青等人（2012）的研究结论有相似之处，他们的研究表明，农户的年龄越大越偏好非正规融资渠道。本书认为，正规信贷的供给随着借款人年龄的增大而降低，此时借款人从正规融资渠道所获得的资金无法满足其需要，将会促使其转向非正规渠道进行融资。

就社会资本来说，组织社会资本对合作社融资渠道的选择强过成员社会资本，后者不对融资渠道选择产生影响。组织社会资本越强，合作社选择正规信贷融资的概率会下降近 1 倍，与此同时，选择非正规信贷融资的概率将会上升 1 倍。本书研究结果表明，合作社在进行融资时，将会更多地调动理事长等核心社员的社会资本，而不是成员社会资本。

就银社关系而言，银社联系程度越密切，合作社选择正规信贷融资的概率将会增加 2 倍,这与原先的假设相符合。银社之间的沟通有助于林业专业合作社更好地了解相关的金融产品,刺激正规信贷需求。出乎意料的是,银社距离并不会影响合作社的融资渠道选择。可能的原因是,融资渠道选择更多的是信贷需求方的决策,而对信贷需求方而言,银社距离并非重要因素。供给方在进行贷款审核时更容易受到物理距离的影响。

# 6 林业专业合作社正规信贷的 参与:贷款技术选择

6.1 理论假设与研究方法

6.2 经验性结果分析与检验

6.3 进一步探讨

在第五章中,本书讨论了影响需求方参与林业专业合作社正规信贷的因素,本章将从信贷供给方,即银行的角度考虑贷款供给的影响因素。目前,农村信贷市场上普遍存在着信息不对称和交易成本问题(周鸿卫、田璐,2019),使得银行难以对林业专业合作社做出准确可靠的风险判断,从而产生了融资难问题。2019 年,由人民银行、银保监会、证监会、财政部、农业农村部联合发布的《关于金融服务乡村振兴的指导意见》中指出,要切实加大金融资源向乡村振兴重点领域和薄弱环节的倾斜力度,增加农村金融供给。2022 年 3 月,人民银行继续印发了《关于做好 2022 年金融支持全面推进乡村振兴重点工作的意见》,提出要深入推进农村信用体系建设,继续推进储蓄国债下乡,持续提升农村支付服务水平,加强农村金融知识宣传教育和金融消费权益保护,改善农村基础金融服务。那么,银行作为我国金融市场的主体,要如何调整或设置,才能够更好地服务于农村金融?又会对林业专业合作社的信贷可得性产生什么影响?

在过去的实践中,我国通过增设小型、微型金融机构,并在全国范围内试点村镇银行以及贷款公司等地方性小型金融机构,以降低农村银行业准入门槛。银保监会发布的《银行业金融机构法人名单》显示,截至 2021 年 12 月底,全国共有 4602 家银行业金融机构。其中,开发性金融机构 1 家,政策性银行 2 家,国有大型商业银行 5 家,股份制商业银行 12 家,农村信用社 577 家。农村商业银行由 2016 年底的 1114 家增至 1596 家,村镇银行则从 2016 年的 1443 家增至 1651 家。国有商业银行和其他股份制商业银行此类大银行数量较为恒定,而农村商业银行、农村信用社和村镇银行等小规模银行增长较快。上述政策制定的主要依据为"小银行优势"理论,该理论认为,银行规模的大小会影响其对借贷申请者的信息处理,进而影响银行贷款技术的应用(Berger and Udell,2002;Berger et al.,2005)。与大银行相比,小银行由于组织结构扁平化,对于缺乏抵押担保品和财务信息的小微企业而言,在收集和处理"软"信息方面更具优势(Brickley,Linck,and Smith,2003;张一林、林毅夫、龚强,2019),即小银行很可能更善于处理关系型贷款。

目前学术界关于关系型贷款的验证分析多针对小微企业,对合作社这一兼具社会属性和经济属性的研究对象的探讨较为鲜见,多为定性分析。

如赵明元(2015)认为,关系型贷款更适用于信息不透明、财务制度不健全和缺乏足够抵押物的新型农业经营主体。正如 Bergera 等人(2005)所说,小企业贷款并非唯一依赖软信息的贷款,其他基于关系的活动也大量使用软信息。在以林业专业合作社为主体的信贷市场上也存在着信息不对称,关系型贷款技术的应用有利于促进借贷双方的信息透明,但目前缺少与此相关的研究。

此外,已有研究多是对小微企业进行"小银行优势"理论的验证,对于林业专业合作社的探究较为鲜见。事实上,林业专业合作社与小微企业有许多相似之处,同样面临硬信息匮乏、不具备可抵押物品等困境,因此,与银行之间的长期良好互动所产生并积淀下来的软信息将会成为审贷审核与合约设计的重要参考。如若"小银行优势"理论在林业专业合作社信贷行为中得到正向验证,将为林业专业合作社融资政策的提升与推进提供重要的决策支持。本章基于福建省林业专业合作社的问卷调研,在了解林业专业合作社贷款情况的基础上,对银行规模与其贷款技术选择进行检验。

# 6.1　理论假设与研究方法

本部分将提出两个理论假设以验证"小银行优势"理论在林业专业合作社的贷款技术选择中是否成立。随后,提出计量模型以验证两个假设,并对被解释变量、核心解释变量及控制变量进行详细介绍。

## 6.1.1　理论假设

在第二章理论基础中,本书讨论了贷款技术的类型和"小银行优势"理论的相关研究,具体的贷款技术分类及定义可参考表 2-2。

就林业专业合作社的现实境况而言,尽管财务报表型贷款、抵押型贷款、担保型贷款和信用评级型贷款都得到了不同程度的应用,但是其应用均受到一些客观条件的约束,如能够提供完整财务报表的林业专业合作社较少，林权抵押贷款由于评估难、处置难、变现难等问题，无法成为高质量的抵押品，林权收储担保所开展的业务量有限，主要依赖于当地政府的推动扶持才得以产生和维持，个人信用贷款能够获得的贷款额度普遍偏低等。而通过使用关系型贷款技术，当银企关系发展到一定阶段时，借贷双方的信息不对称情况得到大幅度缓解，银行能够充分识别和控制借款企业的风险（董晓林、程超、石晓磊，2017），最终起到降低抵押品要求（Behr，Entzian，and GÜttler，2011）、增加信贷可得性的作用（Ferria and Messori，2000）。同时，林业专业合作社存在"近林"的特质，他们的所在地大多远离城市，与小银行存在天然的地理亲近。因此，在林业专业合作社关系型贷款技术的应用上，小银行的运用程度会胜过大银行。

综上所述，本书提出如下假设。

**假设 6-1：对于林业专业合作社的贷款而言，银行规模会影响其对贷款技术的选择。**

在贷款技术的现实应用中，银行往往同时运用多种贷款技术，而非单一使用某一种，即银行在信贷决策过程中，一种贷款技术需与另一种贷款技术共同使用，才能甄别出借款人的信贷风险（Murro，2010）。除此之外，贷款技术之间也存在替代性。若银行使用某种贷款技术会降低另一种贷款技术的应用程度，则它们之间被认为存在替代性（Murro，2010）。不同规模银行对于贷款技术的替代和互补的应用程度不同。Bartoli 等人（2013）使用 2007年第 10 轮意大利制造业企业调查数据对中小企业借贷技术之间的互补性和替代性进行验证，发现交易型贷款技术和关系型贷款技术之间的互补性是普遍存在的现象，而与小型本地银行相比，大型银行的互补性更高。与此类似，金融机构在对林业专业合作社进行贷款技术决策时，往往会将交易型贷款技术和关系型贷款技术结合使用，若不同规模银行对两种贷款技术的结合使用存在差异，则"小银行优势"理论在林业专业合作社的正规信贷问题上也成立（董晓林、程超、吕沙，2015）。因此，本书提出如下假设。

**假设 6-2：对于林业专业合作社的贷款而言，关系型贷款技术与各类交易型贷款技术之间存在互补或替代关系，且二者的结合程度在不同规模银行之间存在差异。**

## 6.1.2 研究方法

本书除了检验不同银行规模对贷款技术的应用程度是否存在影响（假设6-1），还需要检验关系型贷款技术与各类交易型贷款技术之间的结合程度在不同规模银行之间是否存在差异（假设6-2），这两个检验有一方成立或均成立，则"小银行优势"理论得到验证。基于这些考虑，本书构造回归模型如式(6-1)所示。

$$T_i = \beta_0 + \beta_1 Y + \beta_2 T_5 + \beta_3 Y \times T_5 + \beta_4 X + \varepsilon \qquad (6\text{-}1)$$

式(6-1)中，被解释变量 $T_i(i=1,2,3,4)$ 分别表示财务报表型贷款技术指数、抵押型贷款技术指数、担保型贷款技术指数、信用评级型贷款技术指数。解释变量中，$Y$ 代表银行规模，用以检验不同规模银行对各交易型贷款技术的应用程度是否存在不同，即检验假设6-1；$T_5$ 为关系型贷款技术指数，用于检验银行是否将关系型贷款技术与交易型贷款技术结合使用；$Y \times T_5$ 为银行规模与关系型贷款技术指数的交互项，用于检验关系型与交易型贷款技术之间的互补或替代程度在不同规模银行间是否存在差异，即检验假设6-2。若 $Y$ 或 $Y \times T_5$ 的结果显著，则"小银行优势"理论得到验证。$X$ 为控制变量。

## 6.1.3 变量说明

本章节的样本数据来源已在第4章进行介绍。样本数据中，主动提出贷款申请的林业专业合作社共计88个，包括有正规信贷需求，并获得贷款的82个合作社，以及"有正规信贷需求，未获得贷款"群体中，有向银行提出贷款申请的6个。以下将对被解释变量、核心解释变量及控制变量进行介绍。

（1）被解释变量。本书借鉴前期研究文献张蕴晖等人（2018）以及董晓林等人（2015）的做法来计算交易型贷款技术指数，并以其为被解释变量。贷款技术指数能够反映银行在信贷配给的过程中对某种贷款技术的应用程度,该指数越大,则说明银行对该贷款技术的应用程度越高。

张蕴晖等人(2018)、程超等人(2015)、董晓林等人(2015)对于贷款技术指数的量化方法为:首先,通过问卷调查法直接询问受访林业专业合作社,其认为金融机构在放贷的过程中,主要看重哪些因素并按重要性程度进行排序,选项包括财务报表所反映的信息、是否有抵押资产、是否有担保、个人或合作社信用评级结果、信贷员与合作理事长期接触所搜集的软信息5个方面。以上5个选项分别对应财务报表型、抵押型、担保型、信用评级型和关系型贷款技术,前四种贷款技术为交易型贷款技术。该题为多选项,若林业专业合作社认为银行在信贷配给的过程中不看重某一选项,则该选项所对应的贷款技术即为0。

其次,对所选贷款技术进行赋值。在对各选项进行排序的过程中,不同贷款技术之间无优劣之分,因此,对贷款技术赋同等权重1,仅对受访者所排顺序赋予不同权重。即在对5个选项重要程度排序的过程中,第1位至第5位的位次赋值依次递减为:5、4、3、2、1,将其得分除以总分的比重作为每种技术的贷款技术指数。如当金融机构在对某一林业专业合作社放款时,对以上选项的得分排序为3、2、5、4、1,则财务报表型、抵押型、担保型、信用评级型和关系型贷款技术的得分分别为 $3/(3+2+5+4+1)=0.200$、$2/(3+2+5+4+1)=0.133$、$5/(3+2+5+4+1)=0.333$、$4/(3+2+5+4+1)=0.267$、$1/(3+2+5+4+1)=0.067$。

(2)核心解释变量。本书的核心解释变量为关系型贷款技术指数、银行规模以及二者的交叉项。关于银行规模的划分,本书参考已有研究的做法(董晓林、程超、吕沙,2015),根据中国县域金融市场结构的现状,将国有商业银行和其他股份制商业银行作为大银行,将农村商业银行、农村信用社和村镇银行作为小银行。

(3)控制变量。在控制变量方面,金融机构对贷款技术的选择可能与林业专业合作社的自身特征、理事长特征及外部环境有关(郭红东、陈敏、韩树春,2011;黄凌云、戴永务,2019)。基于此,本书借鉴已有文献,选择资金需求规模(McCarthy,Oliver,and Verreynne,2017)、合作社经营年限(宰晓娜、吴东立、刘钟钦,2013)、固定资产(陈炎伟、黄和亮,2018)、报表完整性(Fang et al.，2016；De Meyere，Bauwhede，and Van Cauwenberge，2018）、银社联系程度（Ferria and Messori，2000；Behr，Entzian，and GÜttler，2011）来衡量林业专业合作社自身特征，选择理事长年龄（陈炎伟、黄和亮，2018）、风险偏好（黄凌云、戴永务，2019）来衡量理事长特征，选择是否有林权收储担保机构来衡量外部环境（黄凌云、戴永务，2019）。各变量具体定义如表6-1所示。

表6-1　模型变量及说明

| 变量类型 | 变量 | 变量说明 |
|---|---|---|
| 被解释变量 | 财务报表型贷款技术指数 | 金融机构对财务报表型贷款技术的应用程度 |
| | 抵押型贷款技术指数 | 金融机构对抵押型贷款技术的应用程度 |
| | 担保型贷款技术指数 | 金融机构对担保型贷款技术的应用程度 |
| | 信用评级型贷款技术指数 | 金融机构对信用评级型贷款技术的应用程度 |
| 核心解释变量 | 关系型贷款技术指数 | 金融机构对关系型贷款技术的应用程度 |
| | 银行规模 | 若贷款银行为小银行，则取1；否则取0 |
| | 关系型贷款技术指数与银行规模的交叉项 | —— |
| 自身特征 | 资金需求规模 | 信贷资金需求规模（万元） |
| | 合作社经营年限 | 经营时长（年） |
| | 固定资产 | 固定资产（万元） |
| | 报表完整性 | 是否能够提供完整的财务报表，是＝1，否＝0 |
| | 银社联系程度 | 很频繁＝4；联系较多＝3；偶尔有些联系＝2；不联系＝1 |
| 理事长特征 | 理事长年龄 | 年龄（周岁） |
| | 风险偏好 | 高风险、高回报项目＝6；略高风险、略高回报项目＝5；平均风险、平均回报项目＝4；略低风险、略低回报项目＝3；低风险、低回报项目＝2；不愿意承担任何风险＝1 |
| 外部环境 | 是否有林权收储担保机构 | 所在当地有林权收储担保机构，是＝1；否＝0 |

# 6.2　经验性结果分析与检验

本部分将对模型回归结果进行说明与分析。在稳健性检验中,使用加权最小二乘法(WLS)对变换变量取值形式后的模型进行回归,以检验模型的稳定性。

## 6.2.1 描述性统计分析

对变量进行描述性统计,结果如表 6-2 所示。根据表 6-2 可以看出,抵押型贷款技术指数的均值最高,说明银行在审核林业专业合作社的贷款申请时,平均最常用到的贷款技术是抵押型贷款技术。排在第二位、第三位、第四位的分别是信用评级型贷款技术指数、担保型贷款技术指数和关系型贷款技术指数,而财务报表型贷款技术指数是金融机构在进行信贷决策时使用最少的贷款技术,可能的原因是能够提供完整、有效的财务报表的合作社数量较少。88 个合作社的理事长年龄在 29～59 岁之间波动,标准差较大。

表 6-2　模型变量描述性统计

| 变量 | 平均值 | 标准差 | 最小值 | 最大值 |
|---|---|---|---|---|
| 财务报表型贷款技术指数 | 0.038 | 0.123 | 0 | 0.556 |
| 抵押型贷款技术指数 | 0.359 | 0.319 | 0 | 1 |
| 担保型贷款技术指数 | 0.210 | 0.277 | 0 | 1 |
| 信用评级型贷款技术指数 | 0.290 | 0.325 | 0 | 1 |
| 关系型贷款技术指数 | 0.103 | 0.209 | 0 | 1 |
| 银行规模 | 0.830 | 0.378 | 0 | 1 |
| 资金需求规模 | 3.095 | 1.780 | 0 | 6.215 |
| 经营年限 | 4.284 | 2.873 | 1 | 12 |

续表

| 变量 | 平均值 | 标准差 | 最小值 | 最大值 |
|---|---|---|---|---|
| 固定资产 | 3.178 | 2.450 | −1.609 | 7.313 |
| 报表完整性 | 0.409 | 0.494 | 0 | 1 |
| 银社联系程度 | 2.33 | 0.867 | 1 | 4 |
| 理事长年龄 | 47 | 6.070 | 29 | 59 |
| 风险偏好 | 3.341 | 1.453 | 1 | 6 |
| 林权收储担保机构 | 0.818 | 0.388 | 0 | 1 |

## 6.2.2 加权最小二乘法回归结果

使用 Stata14.0 软件进行方差膨胀因子检验，VIF＝2.70，介于 1～5 之间，说明模型解释变量不存在多重共线性；对模型进行 White 检验，存在异方差，参考董晓林等人（2015）的做法，使用扰动项方差的倒数为权重进行加权最小二乘法（WLS）回归。参考王钊等（2015）、盛娅农（2017）的做法，对数据进行标准化处理，以避免由于原始数据的量纲差异而导致的估计偏误。标准化处理公式如式（6-2）所示。

$$x' = \frac{x - x_{\min}}{x_{\max} - x_{\min}} \tag{6-2}$$

其中，$x'$ 为标准化后的数据，$x$ 为原始数据，$x_{\max}$ 是数据系列的最大值，$x_{\min}$ 是数据系列的最小值。标准化后的数据在量纲上保持一致，介于 0～1 之间，可以用于多元回归估计。

被解释变量分别为财务报表型、抵押型、担保型、信用评级型贷款技术指数，共 4 个模型，核心解释变量为关系型贷款技术指数、银行规模以及二者的交互项。最终回归结果如表 6-3 所示。

从核心解释变量来看，关系型贷款技术指数对财务报表型贷款技术存在显著负向影响，说明二者之间存在替代关系。关系型贷款技术对抵押型贷款技术存在显著的正向影响，说明交易型贷款技术与抵押型贷款技术存在互补关系；关系型贷款技术与担保型、信用评级型贷款技术之间未发现显著关系。

银行规模变量对财务报表型贷款技术指数、担保型贷款技术指数有显著的负向影响,对信用评级型贷款技术指数有显著正向影响,对抵押型贷款技术指数则不存在显著影响。假设 6-1 得到验证。

银行规模与关系型贷款技术指数交叉项对财务报表型贷款技术呈正向影响,对抵押型贷款技术存在负向影响,对担保型和信用评级型贷款技术无显著影响。假设 6-2 得到验证。

从控制变量来看,财务报表型贷款技术的实施受到报表完整性、理事长风险偏好的正向影响,受到资金需求规模的负向影响;抵押型贷款技术受到资金需求规模和理事长风险偏好的正向影响,与合作社的经营年限为反比关系;担保型贷款技术受到理事长风险偏好的负向影响;信用评级型贷款技术与合作社经营年限之间存在正向的显著关系,与理事长年龄存在负向的显著关系。

表 6-3　模型回归结果

| 变量/被解释变量 | 财务报表型 | 抵押型 | 担保型 | 信用评级型 |
| --- | --- | --- | --- | --- |
| 关系型贷款技术指数 | −1.891*** <br>(0.678) | 0.615* <br>(0.342) | −0.890 <br>(0.590) | 0.368 <br>(0.608) |
| 银行规模 | −0.413*** <br>(0.100) | 0.140 <br>(0.092) | −0.193* <br>(0.107) | 0.281** <br>(0.129) |
| 银行规模与关系型贷款技术指数交叉项 | 1.812** <br>(0.692) | −1.113** <br>(0.476) | 0.393 <br>(0.667) | −0.622 <br>(0.656) |
| 资金需求规模 | −0.309** <br>(0.132) | 0.301** <br>(0.127) | −0.150 <br>(0.122) | 0.081 <br>(0.132) |
| 经营年限 | −0.173 <br>(0.137) | −0.318*** <br>(0.109) | −0.088 <br>(0.129) | 0.462*** <br>(0.132) |
| 固定资产 | 0.106 <br>(0.102) | 0.083 <br>(0.120) | −0.052 <br>(0.113) | 0.153 <br>(0.141) |
| 报表完整性 | 0.342*** <br>(0.098) | 0.048 <br>(0.071) | 0.113 <br>(0.070) | 0.024 <br>(0.086) |

续表

| 变量/被解释变量 | 财务报表型 | 抵押型 | 担保型 | 信用评级型 |
|---|---|---|---|---|
| 银社联系程度 | −0.147<br>(0.101) | −0.132<br>(0.125) | 0.017<br>(0.117) | −0.042<br>(0.148) |
| 理事长年龄 | 0.089<br>(0.164) | 0.215<br>(0.150) | 0.091<br>(0.163) | −0.665***<br>(0.213) |
| 风险偏好 | 0.581***<br>(0.117) | 0.292**<br>(0.111) | −0.263**<br>(0.115) | −0.112<br>(0.142) |
| 林权收储担保机构 | 0.018<br>(0.092) | 0.243**<br>(0.111) | 0.048<br>(0.091) | −0.058<br>(0.121) |
| 常数项 | 0.305*<br>(0.163) | 0.143<br>(0.189) | 0.526<br>(0.185) | 0.329<br>(0.223) |
| $p$ 值 | 0.000 | 0.000 | 0.032 | 0.011 |
| $R^2$ | 0.711 | 0.417 | 0.231 | 0.263 |
| 样本数量 | 88 | 88 | 88 | 88 |

注：括号中数值为标准差；*、**、***分别表示在10%、5%、1%的水平上显著，下同。

### 6.2.3 稳健性检验

式（6-1）所使用的变量数据中，有学者将固定资产、资金需求规模此类相差较大的指标数据进行等级划分，而非取自然对数（郭红东、陈敏、韩树春，2011）。为验证模型的稳定性，转换变量的取值形式，再采用加权最小二乘法以消除异方差，回归结果如表6-4所示。

表4的回归结果显示，银行规模会影响林业专业合作社财务报表型、担保型与信用评级型贷款技术的选择，且各类交易型贷款技术之间的结合程度受到银行规模的影响。将稳健指标回归的结果与原方程回归结果进行对比，可以看到，尽管指标取值变化前后的控制变量显著性结果存在若干项不同，但是关系型贷款技术、银行规模以及二者交叉项这三个核心解释变量的显著情况及影响方向均相同，"小银行优势"理论仍然得到了验证。

表 6-4 稳健模型回归结果

| 变量 | 财务报表型 | 抵押型 | 担保型 | 信用评级型 |
|---|---|---|---|---|
| 关系型贷款技术指数 | −1.690 *** (0.616) | 0.428 * (0.415) | −0.715 (0.635) | 0.194 (0.642) |
| 银行规模 | −0.395 *** (0.100) | 0.077 (0.103) | −0.180 * (0.105) | 0.264 * (0.134) |
| 银行规模与关系型贷款技术指数交叉项 | 1.709 *** (0.632) | −1.155 ** (0.530) | 0.226 (0.696) | −0.550 (0.700) |
| 资金需求规模 | −0.324 ** (0.146) | 0.354 *** (0.128) | −0.164 (0.141) | 0.062 (0.156) |
| 经营年限 | −0.161 (0.143) | −0.454 *** (0.116) | −0.076 (0.127) | 0.548 *** (0.132) |
| 固定资产 | 0.014 (0.094) | 0.050 (0.116) | −0.028 (0.087) | −0.043 (0.121) |
| 报表完整性 | 0.324 *** (0.097) | 0.141 * (0.072) | 0.124 * (0.070) | 0.047 (0.086) |
| 银社联系程度 | −0.097 (0.107) | −0.106 (0.133) | 0.037 (0.123) | 0.109 (0.160) |
| 理事长年龄 | 0.045 (0.168) | 0.154 (0.151) | 0.104 (0.171) | −0.752 *** (0.213) |
| 风险偏好 | 0.569 *** (0.121) | 0.352 *** (0.116) | −0.228 * (0.119) | −0.071 (0.153) |
| 林权收储担保机构 | −0.051 (0.094) | −0.157 (0.112) | 0.095 (0.095) | −0.121 (0.130) |
| 常数项 | 0.361 ** (0.155) | −0.134 (0.184) | 0.403 ** (0.178) | 0.423 * (0.220) |
| $p$ 值 | 0.000 | 0.000 | 0.043 | 0.001 |
| $R^2$ | 0.659 | 0.675 | 0.222 | 0.318 |
| 样本数量 | 88 | 88 | 88 | 88 |

# 6.3 进一步探讨

发展中小金融机构是解决林业专业合作社融资难问题的一种政策选择。本章通过量化贷款技术的应用程度,分析了不同规模银行对林业专业合作社贷款技术的选择及其差异,研究结果表明,"小银行优势"理论在林业专业合作社的正规信贷配给实践中得到了验证。

依据实证结果可知:

(1)银行规模会影响金融机构对林业专业合作社贷款技术的应用。相比大银行,小银行对林业专业合作社的信贷发放更多地使用了信用评级型贷款技术,而非财务报表型或担保型贷款技术。小银行机构能够同时运用硬信息、软信息两类贷款技术,可以有效提高林业专业合作社的信贷可获得性,缓解其融资约束。小银行对于缓解林业专业合作社的融资困境具有积极意义,因此,应从量和质上优化小银行贷款技术的应用。在构建多层次资本市场体系、发展中小银行数量以实现增量优化的同时,注重质的发展,引导银行通过改善贷款技术组合,提高贷款技术甄别效率,降低交易费用,支持实体经济发展,以纾解林业专业合作社的融资难题。

(2)关系型贷款技术指数与财务报表型贷款技术之间存在替代关系,与抵押型贷款技术之间存在互补关系。在现实层面,关系型贷款技术能够弥补林业专业合作社无法提供完整财务报表的不足,缓解其面临的信贷约束。银行抵押型贷款技术的应用也会受到银社关系的正向影响。软信息能够在林业专业合作社的贷款申请中充当授信依托。关系型贷款技术是银社关系建构的重要因素。在现阶段,大多数林业专业合作社远未达到财务报表完善、抵押品充足有效、信用评级良好的状态,其所拥有的硬性条件还不足以支撑银行机构的授信审核,因此有融资需求的合作社在完善自身硬信息的同时,应当注重软信息的积淀,搭建能够与银行产生金融连接的桥梁。

(3)银行规模会影响关系型贷款技术对其他贷款技术的替代或互补作用。相比大银行,小银行更易发挥关系型贷款技术对财务报表型贷款技术的替代作用，并且降低了抵押型贷款技术的应用程度。随着银社双方的了解程度加深，银行充分了解合作社是否拥有符合标准的抵押品，鉴于实际情况中，拥有合格抵押品的林业专业合作社不多，此时银行抵押型贷款技术的应用随之降低。同样的，拥有高质量担保人或担保物品的合作社数量也不多，银社之间的关系越好，越有可能放松对担保条件的要求。在描述性统计分析中可以看到，抵押型贷款技术是样本合作社应用程度最广的贷款技术，是无合格抵押品的林业专业合作社"融资难"的重要约束条件之一。无论银行规模的大小，有效抵押品仍然是获得正规信贷的首选。而小银行受到银社关系的影响，会降低抵押型贷款技术的应用程度，也降低了林业专业合作社的融资难度，进一步验证了"小银行理论"优势。相关部门应进一步健全完善相关法律法规，注重并夯实"小银行—软信息贷款技术—林业专业合作社融资"的范式，为贷款技术的应用和创新提供良好的市场环境和制度保障。

从控制变量来看，就林业专业合作社自身特质而言，其资金需求规模越大，小银行越重视抵押物的质量，此时抵押型贷款技术的应用程度越高。抵押品是金融机构化解林业专业合作社信贷风险的重要手段，当银行的信贷风险由于资金需求规模的上升而增大时，抵押品的质量越高，林业专业合作社越有可能获得贷款。尽管财务报表能够反映林业专业合作社的现金流情况，但由于农林类项目的市场风险较大，林业收入不稳定，当贷款金额较大时，财务报表所反映的信息不能作为未来林业收入的有力参考，因而财务报表型贷款技术的应用程度降低。林业专业合作社的经营年限越久，银行采用信用评级型贷款技术的可能性越高，采用抵押型贷款技术的可能性越低。经营年限越久，说明所经营林木项目越具稳定性，林业专业合作社的信用程度也较高，此时银行对于抵押物的要求会相对降低；能够提供完整财务报表的林业专业合作社，银行越容易应用财务报表型贷款技术。

从理事长特征来看，理事长年龄越大，越不容易获得信用评级型贷款技术。本书调查样本理事长的平均年龄在47岁，此时个人还款能力随着年龄的增长而降低，银行对该理事长的信用评级也会随之降低；若理事长的风险偏好越高，银行越可能应用财务报表型贷款技术、抵押型贷款技术，越不会采用担保型贷款技术。可能的原因是,理事长的高风险偏好会影响银行对第三方担保人的可靠性判断。当所在县市有林权收储机构时,银行越容易采用抵押型贷款技术。对于存在林权收储担保机构的地区,金融机构更容易对林权抵押担保业务放贷。

本章可能的贡献包括:一是丰富了林业专业合作社融资约束的研究视角。从"小银行优势"理论的视角,拓展了林业专业合作社信贷约束领域的实证文献。二是拓展了"小银行优势"理论的研究领域。已有的关于"小银行优势"理论与贷款技术选择的研究多针对中小企业,本章以林业专业合作社为研究对象,丰富了"小银行优势"理论的适用对象。三是本章的研究结论在一定程度上论证了农村商业银行等小规模银行在林业信贷融资领域的重要性,对完善林业专业合作社规范信贷体系提供了经验证据。

# 7    林业专业合作社正规信贷的获取

7.1    理论假设

7.2    林业专业合作社正规信贷获取情况识别

7.3    模型设定和变量说明

7.4    实证结果

7.5    进一步探讨

这一章将对林业专业合作社参与正规信贷市场后所面临的获取结果进行进一步的研究分析。农民专业合作社的建设是促进乡村振兴的关键环节之一,如何解决其所面临的信贷约束问题是促进农民专业合作社发展壮大的重要课题。农民专业合作社作为最重要的新型农业经营主体之一,在助力脱贫攻坚、提高农业经营效率、发展现代农业、促进乡村振兴等方面发挥着至关重要的作用。据农业农村部的数据显示,截至 2019 年 4 月底,我国依法登记注册的农民专业合作社达 220.7 万家,辐射带动全国近一半的农户[①]。尽管农业专业合作社发展数量已具规模,其发展前景却并不尽如人意,存在质量不高、规模不大等现实困境。资本约束是限制农民专业合作社发展的主要原因,资金短缺、融资困难等现状制约了其经营规模的扩大和全产业链延伸(张冀民、高新才,2016;刘冬文,2018)。

已有的关于正规信贷可得性的研究多将可得性等同于是否获得贷款,即从供给的角度对借款人的信贷获取情况进行探讨(张彩江、周宇亮,2017;张晓琳、高山、董继刚,2018)。采用这一做法将会产生两种情况:一是将有需求但没有申请贷款的合作社简单归类为没有获得贷款,二是仅针对获得贷款的农民专业合作社进行分析。前人的研究从多个方面对影响农民专业合作社信贷可得性的原因进行了探讨,为探究农民专业合作社的信贷可得性提供了深刻的见解。但是,上述两种做法只考虑了供给结果,而未考虑借贷方的需求情况,将会导致样本选择性偏差。

此外,在实际情况中,部分合作社由于资金充足、借款偏好等原因,对正规信贷没有需求,也有合作社虽然有正规信贷需求,但是由于对银行的刻板印象、对贷款程序或金融产品不了解等原因,觉得自己申请了也拿不到,从而没有发生正规信贷行为。这两种情况在已有的关于合作社正规信贷可得性的研究中均被简单归类为未获得贷款,这便产生了一个问题:若考虑合作社的信贷需求,已有的仅限于信贷供给方面的研究结论是否仍能成立?基

---

① 中华人民共和国农业农村部.农业农村部办公厅关于推介全国农民合作社典型案例的通知[EB/OL].(2019-06-27)[2023-02-07].http://www.moa.gov.cn/govpublic/NCJJTZ/201906/t20190627_6319625.htm? keywords＝＋％E5％90％88％E4％BD％9C％E7％A4％BE.

于以上考虑,本章将在对福建省林业专业合作社进行问卷调查的基础上,采用双变量 Probit 模型将林业专业合作社的正规信贷需求与信贷的获取情况视为双变量同时纳入实证分析框架中,避免了割裂二者的关系而可能导致的结论偏差。

# 7.1　理论假设

基于交易费用理论、农村金融理论和社会资本理论,通过对国内外学者关于企业融资问题及正规信贷可得性相关研究的梳理和回顾,影响借款企业信贷可得性的主要因素可归纳为以下几个方面:一是组织特质。组织禀赋特征是金融机构进行贷款决策的基础判断条件,常见的指标包括借款企业的经营年限、经营规模、商业计划、绩效和盈利状况、财务管理情况等(郭红东、陈敏、韩树春,2011;McCarthy,Oliver,and Verreynne,2017;陈炎伟、黄和亮,2018;Mateos-Ronco and Guzman-Asuncion,2018)。二是领导者特质。银行往往也会对组织的领导者进行贷款审查,包括领导者的性别、受教育程度、信用情况、风险偏好等方面(Feldman,1997;Mijid,2015;McCarthy,Oliver,and Verreynne,2017)。三是外部环境。政策环境、经济市场等外部环境的作用也会影响金融机构的贷款判断,常见的考虑因素包括银社之间的关系、当地是否存在担保机构等(Ferria and Messori,2000;Behr,Entzian,and GÜttler,2011;戎承法、胡乃武、楼栋,2011)。在实践中,银行对于合作社或是家庭农场的贷款评级标准包括借款人资质、经营情况、财务情况、政策环境等指标。本书参考已有的文献及金融机构的实际评级指标,结合林业专业合作社的实际情况和发展特点,选择合作社的基本情况、经营能力、银社关系、理事长特质以及外部环境五个因素作为影响林业专业合作社正规信贷可得性的待验证因素(见图 7-1)。

(1)基本情况

贷款机构首先会对提出贷款申请的林业专业合作社进行资格审核,了解其基本情况。本书选取林业专业合作社的示范等级、林地面积、发展规划

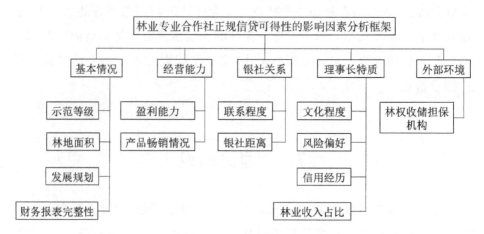

图 7-1　林业专业合作社正规信贷可得性影响因素分析框架

和财务报表完整性四个方面来说明合作社的基本情况。

一是合作社的示范等级。示范等级在一定程度上体现了合作社的发展水平，示范等级较高的合作社普遍实力比较强，管理比较规范，某种程度上代表了相关部门对合作社经营发展状况的认可（郭红东、陈敏、韩树春，2011），其获得正规信贷的可能性也相对更大。

二是林地面积。林地是林业专业合作社最常见的可抵押资产，具有较高的抵押价值，而抵押品能够在一定程度上减少借款人的道德风险，起到替代金融机构进行监控的作用（Rajan and Winton，1995）。当企业中有形资产的比例很高时，信息不对称的问题往往会减少，使其更容易从银行获得借款（Mateos-Ronco and Guzman-Asuncion，2018）。因此，本书认为，合作社所拥有的林地面积大小对于其能否获得正规信贷融资具有较大的正面影响。

三是合作社的发展规划。商业发展计划被认为是中小企业在寻求融资时所需要准备的最重要的文件之一，具有降低信息不对称的作用（Pretorius and Shaw，2004；McCarthy，Oliver，and Verreynne，2017）。合作社未来若有扩张规模等计划，对于贷款的需求会更高，更有可能去申请贷款，而是否申请贷款的行为会影响其所属的信贷配给类型。此外，金融机构在进行贷款发放前会了解合作社的情况，本书认为，拥有明确发展规划的借款人更有可能获得贷款。

四是合作社的财务报表完整性。财务报表是常见的贷款衡量指标,通过反映合作社的现金流,财务报表能够缓解借贷双方之间的信息不对称,从而改善借款人获得债务的机会(De Meyere,Bauwhede,and Van Cauwenberge,2018)。合作社若能提供完整的财务报表,有利于其贷款的审核通过。通过反映合作社的现金流,财务报表能够缓解借贷双方之间的信息不对称。已有研究表明,财务报表的质量、可比性等情况与借款人获得债务的机会存在正向相关(Fang et al.,2016)。

(2)经营能力

农业企业的盈利状况代表了其信用能力和投资潜力(Petruk and Hryhoruk,2014)。良好的盈利收入意味着稳定的还贷来源,是衡量合作社偿债能力的重要指标。本书选取盈利能力和产品畅销情况来代表林业专业合作社的经营能力。

一是盈利能力。盈利收入是借款人偿债能力的直接体现,对于正规金融机构而言,盈利收入高的借款方形成坏账的风险较低,则其获取正规信贷的可能性也就越高。本书认为,盈利水平越高的林业专业合作社越容易获得正规信贷。二是产品畅销情况。合作社主要经营的产品越畅销,意味着其未来的收入越稳定,市场潜力越大,合作社的发展前景则越好(郭红东、陈敏、韩树春,2011;陈炎伟、黄和亮,2018)。此时,对于正规金融机构而言坏账的风险较低,林业专业合作社获取正规信贷的可能性也就越高。

(3)银社关系

一般而言,银企关系的持续时间越长,借贷双方联系越紧密,银行会越了解借款者的质量,企业便越容易获得贷款(Kysucky and Norden,2016)。本书选取合作社与银行的联系程度以及银社距离作为衡量银社关系的变量。

一是银社联系程度。银行通过与企业长期频繁的接触所收集的信息具有超出公司财务报表、抵押品和信用评分的重要价值,如企业的真实生产信息、企业主的各方面能力及品行等,更有助于金融机构处理信息不透明的问题。合作社与银行进行频繁联系有助于银行及时了解合作社的经营状况和财务信息,发展关系型贷款(Ferria and Messori,2000;Berger and Udell,

2002；Behr，Entzian，and GÜttler，2011）。此外，合作社与银行进行频繁联系有助于银行及时了解合作社的经营状况和财务信息，二者之间联系越紧密，银行会越了解借款者的质量，企业便越容易获得贷款（Kysucky and Norden，2016）。二是银社距离。借款人与最近的银行间的距离也会影响贷款结果（Asante-Addo et al.，2017）。买者和卖者相互靠近，是一种最小化存货和交通费用的交易前决定（Joskow，1985）。当借款人与银行之间距离越远，合作社申请贷款所要耗费的时间成本和交通成本越高，银行监控资金用途和追还贷款等行为的成本也会随之增高，此时借款人受到信贷配给的可能性就越大（Asante-Addo et al.，2017）。

（4）理事长特质

考虑到企业所有者的信誉与大多数小企业密切相关，银行还需了解主要所有者的财务状况、信用历史等个体特征（Feldman，1997）。作为合作社的实际运营者，通常会以借款人的身份进行林业专业合作社信贷融资，则理事长本人的个体特征会对银行是否通过贷款申请产生影响。本书选择理事长文化程度、风险偏好、信用经历及林业收入占比来衡量理事长特质。

一是理事长文化程度。理事长受教育水平的高低会影响其对正规信贷的了解程度，进而影响合作社的贷款决定。二是理事长的风险偏好。个人风险偏好将会直接影响理事长申请正规信贷的意愿，风险偏好越高的社长越有可能申请正规信贷。三是理事长的信用经历。理事长有过正规信贷并具有良好的信用履行记录会使借贷双方都对正规信贷活动更有信心。四是理事长的林业收入占比。林业收入占家庭收入比越高的理事长将会越重视林业生产，越有可能申请正规信贷以进行林业管理经营等活动。

（5）外部环境

对于农村地区的林业专业合作社而言，国家及地方政府的支持力度是不容忽视的。根据《2017年全国林业发展统计公报》，2017年的林业投资当中，国有投资将近一半。政府的金融政策、信贷政策等外部环境的支持会对合作社的融资产生较大影响（郭红东、陈敏、韩树春，2011；戎承法、胡乃武、楼栋，2011），若地方政府能够提供稳定的资金为借款人提供担保，则金融机构发放贷款的可能性将进一步提高。基于此，本书选取林业专业合作社所在县市是否有林权收储担保机构作为衡量外部环境的因素。

林权收储担保机构能够为林权抵押贷款人提供担保,若是贷款人无法归还贷款,则由林权收储担保机构进行替代偿还,从而降低了银行林权抵押贷款的坏账风险,促进了林权抵押贷款人的信贷可得性。样本合作社所在县市若有官方林权收储担保机构,则其外部环境越好,越有可能获得正规信贷。

综上所述,本书提出研究假说如下:

**假说7-1:**林业专业合作社的基本情况正向影响其正规信贷的获取和配给情况。

**假说7-2:**林业专业合作社的经营能力正向影响其正规信贷的获取和配给情况。

**假说7-3:**林业专业合作社的银社关系正向影响其正规信贷的获取和配给情况。

**假说7-4:**林业专业合作社的理事长特质正向影响其正规信贷的获取和配给情况。

**假说7-5:**林业专业合作社的外部环境正向影响其正规信贷的获取和配给情况。

# 7.2　林业专业合作社正规信贷获取情况识别

## 7.2.1 获取情况识别流程

本书借鉴刘西川等人(2009)和黄祖辉等人(2009)对于正规信贷需求的识别方法,构造了林业专业合作社正规信贷需求与供给的识别流程(见图7-2)。在以往的信贷需求识别流程中,通常使用问题"是否申请贷款"来判断借款方是否具备信贷需求。但是,在本次问卷调研中,存在没有正规信贷需求,却因当地政府鼓励或是亲朋劝说等原因而申请了贷款并最终获得贷款的合作社,仅以"是否申请贷款"为信贷需求的判断依据将会使"无信贷需求,获得贷款"的借款方被错误归入具有信贷需求的群体中。

基于这一考虑,本书从询问"是否想要申请正规信贷"这一问题出发,初步判断林业专业合作社的正规信贷需求;进而询问是否获得贷款,区分出"无正规信贷需求,未获得贷款""无正规信贷需求,有获得贷款""有正规信贷需求,获得贷款""有正规信贷需求,未获得贷款"的群体。随后,询问想要申请贷款却未获得贷款的林业专业合作社是否有向正规金融机构申请贷款,以便进一步区分其潜在贷款需求和隐蔽贷款需求,并做出林业专业合作社正规信贷需求与获取情况的最终判断。

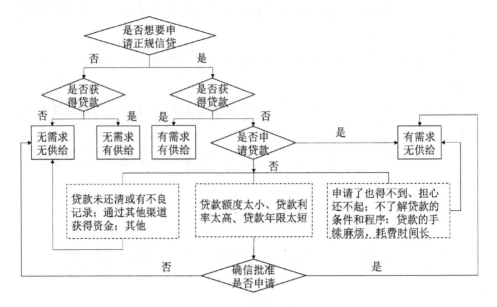

图 7-2  林业专业合作社正规信贷需求与获取的识别

### 7.2.2 信贷获取情况问卷设置

本章使用直接诱导式询问方法(DEM),通过问卷问题的逐步询问,将林业专业合作社贷款情形分为"有正规信贷需求,获得贷款""有正规信贷需求,未获得贷款""无正规信贷需求,获得贷款""无正规信贷需求,未获得贷款"四类。相关的识别流程见"图7-2 林业专业合作社正规信贷需求与供给的识别",下面将对问卷问题及流程进行具体描述。

为识别林业专业合作社的信贷需求和获取结果,本研究在问卷中设置问题如下:

(1)合作社是否想要申请正规信贷_____(A.是 B.否);

(2)合作社是否获得了正规信贷_____(A.是 B.否)

合作社对正规金融机构的正规信贷需求及贷款获取情况是_____(A.有正规信贷需求,获得贷款 B.有正规信贷需求,未获得贷款 C.无正规信贷需求,获得贷款 D.无正规信贷需求,未获得贷款);

(3)合作社对正规金融机构的贷款需求及贷款获取情况是_____(A.有正规信贷需求,获得贷款 B.有正规信贷需求,未获得贷款 C.无正规信贷需求,获得贷款 D.无正规信贷需求,未获得贷款)。

问题(1)和(2)能够初步识别样本合作社的信贷需求和获得情况,问题(3)用于加强判断需求与供给的分类。在这一问中选择A、C、D选项的林业专业合作社即为所选择选项的归类群体。此时的识别难点在于如何区分潜在的信贷需求者。

为进一步确认林业专业合作社的潜在信贷需求,在受访合作社选择"B.有正规信贷需求,未获得贷款"选项之后,问卷先是询问受访者是否有向银行申请贷款,若受访者回答"是",则该合作社为正规信贷的潜在需求者,若受访者回答"否",问卷设计了如下问题进行进一步识别(见表7-1)。

此问题有多选项,本书将选择①~④的受访合作社视为没有申请贷款但有潜在或隐蔽贷款需求,划分至"有正规信贷需求,未获得贷款"这一类;将选择⑤~⑦的受访合作社视为受到金融机构产品设计等原因,而受到间接信贷约束的潜在信贷需求群体。黄祖辉等人(2009)将选择"利息太高"而不申请贷款的群体视为不存在正规信贷需求,但本书在对林业专业合作社进行预调研时发现,部分受访合作社尽管认为林业金融产品存在缺陷,但是仍对林业正规信贷抱有希望,并非持完全否定的态度。因此,在受访合作社选择⑤~⑦选项后,本书进一步询问"若您确信银行将会批准您的贷款,您会申请吗",若受访者回答"是",则视为"有正规信贷需求,未获得贷款";选择⑧~⑩选项的样本合作社被视为无效需求,归类到"无正规信贷需求,未获得贷款"群体中。

**表 7-1　样本林业专业合作社未申请正规信贷的原因**

| 未申请正规信贷的原因 | 考察重点 | 群体分类 |
|---|---|---|
| ①即使申请了也得不到 | 没有申请贷款但有潜在或隐蔽贷款需求 | 有正规信贷需求,未获得贷款 |
| ②担心还不起 | | |
| ③不了解贷款的条件和程序 | | |
| ④贷款的手续麻烦,耗费时间长 | | |
| ⑤贷款额度太小 | 受到间接信贷约束的潜在信贷需求群体 | 识别是否为"有正规信贷需求,未获得贷款" |
| ⑥贷款利率太高 | | |
| ⑦贷款年限太短 | | |
| ⑧合作社申请条件受限 | 排除无效需求的未申请者 | 无正规信贷需求,未获得贷款 |
| ⑨贷款未还清或有不良记录 | | |
| ⑩通过其他渠道获得资金 | | |

样本合作社最终的群体分类情况如表 7-2 所示。其中,有贷款需求且获得贷款的合作社数量最多,"有正规信贷需求,未获得贷款"与"无正规信贷需求,未获得贷款"的群体数量相同,"无正规信贷需求,获得贷款"的样本合作社数量最少。总体而言,具有正规信贷需求的林业专业合作社共 117 个,占比 73.125%,获得正规信贷的林业专业合作社 82 个,占比 51.25%。

**表 7-2　样本合作社供给需求情况**

| 供给需求情况 | 个数/个 | 占比/% |
|---|---|---|
| 有正规信贷需求,获得贷款 | 78 | 48.750 |
| 有正规信贷需求,未获得贷款 | 39 | 24.375 |
| 无正规信贷需求,获得贷款 | 4 | 2.500 |
| 无正规信贷需求,未获得贷款 | 39 | 24.375 |
| 总计 | 160 | 100 |

# 7.3　模型设定和变量说明

## 7.3.1 模型设定

本章使用双变量 Probit（Bivariate Probit）模型来解决需求和供给的分离问题。双变量 Probit 模型适用于需要同时考虑两个虚拟变量的发生概率且这两个变量之间的扰动项相互关联的情况。目前这一方法被广泛应用于解决二元变量选择问题，如梁海兵和张华（2022）从村庄内部收入差距视角探讨农村人情信任动态变迁的内在机理，其因变量农村人情信任的两个代理指标受信者和施信者都是二值变量，若使用两个 Probit 模型其扰动项之间可能存在相关性，因此该文采用双变量 Probit 模型来进行估计。郑文风等人（2018）将老年人的主观幸福感分为 2 个自评指标：生活满意度和抑郁指数，两者之间并非相互独立而是相互影响。因此，该文选用双变量 Probit 模型来研究对成年子女的逆向代际支持对老年人主观幸福感的影响。张晋华等（2017）、祝仲坤和冷晨昕（2018）等文献也根据其研究变量的特殊性而选择了双变量 Probit 模型估计方法。

于林业专业合作社而言，其正规信贷活动包括需求和供给两方，二者之间具有关联性，如果分别对需求和供给情况进行建模，其扰动项之间可能存在相关性，进而导致估计效率的损失。在正规信贷市场上，林业专业合作社与金融机构在二元决策上产生的结果存在四种可能："有正规信贷需求，获得贷款"、"有正规信贷需求，未获得贷款"、"无正规信贷需求，获得贷款"以及"无正规信贷需求，未获得贷款"。以往的研究中，通常只考虑是否获得贷款，忽视了其他可能的情况。本书采用双变量 Probit 模型进行计量实证，可以估计包括四种可能结果的所有样本信息，从而避免有偏估计。其模型表述如下：

$$
\begin{cases}
y_1^* = x'_1\beta_1 + \varepsilon_1 \\
y_2^* = x'_2\beta_2 + \varepsilon_2
\end{cases}
\tag{7-1}
$$

其中，$y_1$ 为林业专业合作社的正规信贷需求，$y_2$ 为金融机构的正规信贷供给，$y_1^*$、$y_2^*$ 分别为信贷需求和信贷供给不可观测的潜变量，扰动项 $\varepsilon_1$ 和 $\varepsilon_2$ 服从联合正态分布。可观测变量 $y_1$、$y_2$ 与 $y_1^*$、$y_2^*$ 的关系如下：

$$
y_1 = \begin{cases} 1 & 若\ y_1^* > 0 \\ 0 & 若\ y_1^* \leqslant 0 \end{cases}
\qquad
y_2 = \begin{cases} 1 & 若\ y_2^* > 0 \\ 0 & 若\ y_2^* \leqslant 0 \end{cases}
\tag{7-2}
$$

本章的被解释变量分别为林业专业合作社正规信贷需求和正规信贷供给，随后在这两个 Probit 方程扰动项相关的基础上，对二者进行最大似然估计。

## 7.3.2 变量说明

本章的因变量为林业专业合作社的信贷需求和信贷获取情况；自变量基于图 7-1，选取合作社的基本情况、经营能力、银社关系、理事长特质以及外部环境五个方面来对林业专业合作社的正规信贷获取进行影响因素研究。模型所使用的变量定义及赋值如表 7-3 所示。

表 7-3　变量定义及赋值

| 变量类型 | 变量 | 变量说明 |
| --- | --- | --- |
| 被解释变量 | 正规信贷需求情况 | 林业专业合作社具有信贷需求＝1，否＝0 |
| | 正规信贷获得情况 | 林业专业合作社获得正规信贷＝1，否＝0 |
| 基本情况 | 示范等级 | 获得过省级及以上示范合作社称号＝1；其他＝0 |
| | 林地面积 | 合作社林地面积（亩）的自然对数 |
| | 发展规划 | 未来具有扩张规模等发展规划＝1；其他＝0 |
| | 财务报表完整性 | 可以编制完整财务报表＝1；其他＝0 |
| 经营能力 | 盈利水平 | 合作社盈利收入（万元）的自然对数 |
| | 产品畅销情况 | 非常畅销＝6；比较畅销＝5；一般畅销＝4；比较不畅销＝3；非常不畅销＝2；未有产品＝1 |

续表

| 变量类型 | 变量 | 变量说明 |
|---|---|---|
| 银社关系 | 联系程度 | 很频繁=4;联系较多=3;偶尔有些联系=2;不联系=1 |
| | 银社距离 | 合作社离最近的金融机构距离(公里) |
| 理事长特质 | 文化程度 | 受教育年限(年) |
| | 风险偏好 | 高风险、高回报项目=6;略高风险、略高回报项目=5;平均风险、平均回报项目=4;略低风险、略低回报项目=3;低风险、低回报项目=2;不愿意承担任何风险=1 |
| | 信用经历 | 曾经有过正规信贷且已还清=1;否=0 |
| | 林业收入占比 | 林业收入在家庭总收入中所占的比重(%) |
| 外部环境 | 林权收储担保机构 | 所在当地有经营一年以上的林权收储担保公司=1;无=0 |

## 7.3.3 样本描述性统计分析

表 7-4 为样本的描述性统计结果。由表可知,样本林业专业合作社的供给情况平均值低于需求情况平均值,说明林业专业合作社信贷市场总体上处于供不应求的状态。各样本合作社之间,理事长林业收入占家庭收入比的差异较大,标准差达到 40.565。此外,相比其他影响因素,银社距离和理事长文化程度的离散程度也较高。

表 7-4 变量描述性统计

| 变量 | 平均值 | 标准差 | 最小值 | 最大值 |
|---|---|---|---|---|
| 正规信贷需求情况 | 0.744 | 0.438 | 0 | 1 |
| 正规信贷获得情况 | 0.512 | 0.501 | 0 | 1 |
| 示范等级 | 0.406 | 0.493 | 0 | 1 |
| 财务报表完整性 | 0.369 | 0.484 | 0 | 1 |
| 林地面积 | 6.248 | 2.056 | 0 | 10.240 |
| 发展规划 | 0.694 | 0.462 | 0 | 1 |

续表

| 变量 | 平均值 | 标准差 | 最小值 | 最大值 |
|------|--------|--------|--------|--------|
| 盈利水平 | 1.878 | 1.969 | −1.609 | 5.886 |
| 产品畅销情况 | 3.031 | 1.366 | 1 | 5 |
| 联系程度 | 2.138 | 0.813 | 1 | 4 |
| 银社距离 | 8.603 | 9.319 | 0.01 | 50 |
| 文化程度 | 10.278 | 2.790 | 3 | 16 |
| 风险偏好 | 3.344 | 1.467 | 1 | 16 |
| 林业收入占比 | 44.340 | 40.565 | 0 | 100 |
| 过往信用情况 | 0.319 | 0.467 | 0 | 1 |
| 担保机构 | 0.743 | 0.438 | 0 | 1 |

# 7.4 实证结果

本部分采用双变量 Probit 模型来研究影响林业专业合作社正规信贷的因素,并进行了稳健性检验。

## 7.4.1 模型回归结果

回归结果见表 7-5。参考郭红东等人(2011)和李文(2018)的做法,在表 7-5 中分别列示了包括所有变量的估计结果和根据信息准则标准删减相关变量后,对显著变量进行估计的结果。可以看到:首先,无论是需求方程还是供给方程,其变量删减前后的似然比检验 $p$ 值、Wald 检验 $p$ 值均在 1% 水平上拒绝了两个 Probit 方程扰动项相关系数 $\rho=0$ 的原假设,这表明两个方程的扰动项之间存在相关关系,双变量 Probit 模型的使用是恰当的;其次,由于所包含的冗余变量较多,两个方程在变量删减前后的显著变量都有所变化,本书参考郭红东等人(2011)和李文(2018)的文章,认为在按照信息准则标准对变量进行相应删减后的回归结果较准确。以下根据表 7-5 对实证结果进行阐述：

（1）林业专业合作社的基本情况在需求和供给两个方面对其正规信贷可得性具有正向影响。从需求方面来看，拥有发展规划的林业专业合作社更易具有正规信贷需求，示范等级、财务报表完整性以及林地面积不影响样本合作社的信贷需求；从供给方面来看，合作社的财务报表完整性、林地面积及发展规划都有助于其获得正规信贷，示范等级则无影响。总体而言，假说 7-1 得到了验证。

（2）林业专业合作社的经营能力与其正规信贷可得性之间存在显著正相关关系。从需求方面来看，盈利水平越高的林业专业合作社，其正规信贷的需求越高。产品畅销情况对合作社的信贷需求无显著影响；从供给方面来看，盈利水平与产品畅销情况均对信贷供给产生了正向的显著影响。即，当合作社盈利水平越高，产品畅销情况越好时，林业专业合作社越容易获得正规信贷。假说 7-2 得到了验证。

（3）银社关系正向影响林业专业合作社的正规信贷可得性。银社联系程度与林业专业合作社的正规信贷供给之间存在显著正相关，说明关系型贷款有助于缓解林业专业合作社的信贷配给；银社距离越远，林业专业合作社对于正规信贷的需求越低，而对信贷供给并无显著的影响。说明相对于银行，林业专业合作社更在意申请正规信贷可能带来的机会成本。假说 7-3 得到了验证。

（4）林业专业合作社的社长特质正向影响其正规信贷可得性。林业专业合作社社长的文化程度、林业收入占比以及过往信用情况同时正向作用于其正规信贷需求与供给，社长的风险偏好则对其信贷可得性无显著影响。假说 7-4 得到了验证。

（5）林业专业合作社所在县市是否有林权收储担保机构与其正规信贷可得性之间无显著的影响关系，假说 7-5 未得到验证。

表 7-5　双变量 Probit 模型回归结果

| 变量 | | 需求方程 | | 供给方程 | |
|---|---|---|---|---|---|
| | | 全部变量 | 删减变量 | 全部变量 | 删减变量 |
| 基本情况 (H7-1) | 示范等级 | −0.115 (0.361) | | 0.080 (0.310) | |
| | 林地面积 | 0.023 (0.069) | 0.036 (0.067) | 0.126* (0.070) | 0.128* (0.067) |
| | 发展规划 | 1.562*** (0.280) | 1.561*** (0.277) | 0.719*** (0.267) | 0.668** (0.263) |
| | 财务报表完整性 | −0.001 (0.310) | 0.0596 (0.303) | 0.721** (0.281) | 0.690** (0.270) |
| 经营能力 (H7-2) | 盈利水平 | 0.158* (0.093) | 0.184** (0.088) | 0.282*** (0.090) | 0.270*** (0.085) |
| | 产品畅销情况 | 0.037 (0.122) | 0.051 (0.117) | 0.340*** (0.110) | 0.309*** (0.106) |
| 银社关系 (H7-3) | 联系程度 | −0.112 (0.181) | −0.096 (0.172) | 0.485*** (0.170) | 0.441*** (0.164) |
| | 银社距离 | −0.034** (0.016) | −0.035** (0.016) | 0.015 (0.014) | 0.014 (0.014) |
| 理事长特质 (H7-4) | 文化程度 | 0.137** (0.055) | 0.147** (0.054) | 0.093* (0.049) | 0.094** (0.048) |
| | 风险偏好 | 0.112 (0.100) | | −0.090 (0.087) | |
| | 信用经历 | 1.241*** (0.406) | 1.288*** (0.396) | 1.688*** (0.350) | 1.665*** (0.332) |
| | 林业收入占比 | 0.007* (0.004) | 0.007** (0.004) | 0.008** (0.003) | 0.008** (0.003) |
| 外部环境 (H7-5) | 林权收储担保机构 | 0.292 (0.331) | | −0.005 (0.303) | |
| 常数项 | | −2.802*** (0.918) | −2.509*** (0.874) | −4.648*** (0.912) | −4.734*** (0.895) |
| 似然比检验 p 值 | | 0.000 | 0.000 | 0.000 | 0.000 |
| Wald 检验 p 值 | | 0.000 | 0.000 | 0.000 | 0.000 |
| 样本数量 | | 160 | 160 | 160 | 160 |

注：括号中数值为标准差；*、**、***分别表示在 10%、5%、1%的水平上显著。

## 7.4.2 平均边际效应

由于 Probit 模型的系数并非边际效应,因此,进一步求取模型的平均边际效应。表 7-6 为删减变量后的平均边际效应估计结果。"$y_1=0, y_2=0$"表示"无正规信贷需求,未获得贷款","$y_1=0, y_2=1$"表示"无正规信贷,获得贷款","$y_1=1, y_2=0$"表示"有正规信贷需求,未获得贷款","$y_1=1, y_2=1$"表示"有正规信贷需求,获得贷款"。

从财务报表完整性指标来看,拥有完整财务报表的合作社选择"无正规信贷需求,未获得贷款"的概率会增加 3.1%。若是合作社具有正规信贷需求,则其获得正规信贷的概率会上升 15.5%,无法获得正规信贷的概率将会下降 13.9%。

从林地面积指标来看,该指标仅影响同时具备正规信贷需求和供给的合作社,对其他三类供给需求情况不产生显著影响。当合作社拥有的林地面积越大,其向银行提出贷款申请时,获得正规信贷的概率将增加 2.9%。

从发展规划指标来看,有发展规划的林业专业合作社选择"无正规信贷需求,未获得贷款"的概率会降低 28%,选择"无正规信贷需求,获得贷款"的概率会降低 5%,选择"有正规信贷需求,未获得贷款"的概率会提高 10.3%,选择"有正规信贷需求,获得贷款"的概率会提高 22.7%,说明拥有发展规划的林业专业合作社具有更强烈的正规信贷需求,即使其贷款申请存在被拒绝的可能,但获得贷款的概率更大。

从盈利水平指标来看,盈利水平越高的林业专业合作社选择"无正规信贷需求,未获得贷款"的概率会降低 4.2%,而成为"有正规信贷需求,获得贷款"群体的概率会提高 6.8%。

从产品畅销情况指标来看,产品越畅销的合作社成为"无正规信贷需求,获得贷款"和"有正规信贷需求,获得贷款"群体的概率会分别提高 2.3%和 6.9%,成为"有正规信贷需求,未获得贷款"群体的概率会下降 5.9%。产品畅销情况对信贷供给的作用要强于信贷需求。联系程度指标与其影响方向类似,仅存在程度的差异。联系程度指标的正负向作用均强于产品畅销情况指标。

从银社距离指标来看,该指标仅对"无正规信贷需求,未获得贷款"的群体产生影响,对其他三类群体无显著影响。银社距离越远,合作社成为"无正规信贷需求,未获得贷款"群体的概率将下降0.6%。

文化程度指标和林业收入占比指标的影响方向相同。合作社理事长的文化程度和林业收入占比越高,选择"无正规信贷需求,未获得贷款"的概率分别下降2.8%和0.2%,成为"有正规信贷需求,获得贷款"群体的概率将会分别对应上升2.8%和0.2%。

从信用经历指标来看,拥有良好信用经历的理事长,其所在合作社选择"无正规信贷需求,未获得贷款"和"有正规信贷需求,未获得贷款"的概率会分别下降28.7%和15.5%,成为"有正规信贷需求,获得贷款"群体的概率会大幅上升,增幅达到42.7%。

综上所述,所有显著变量均与"无正规信贷需求,未获得贷款"存在负相关关系,而与"有正规信贷需求,获得贷款"呈正相关关系,对于另两个选择的影响则各有正负。财务报表完整性、产品畅销情况、银社联系程度与"无正规信贷需求,获得贷款"的选择显著正相关,发展规划则与其显著负相关;财务报表完整性、产品畅销情况、银社联系程度、理事长信用经历与"有正规信贷需求,未获得贷款"选择显著负相关,发展规划与"有正规信贷需求,未获得贷款"选择显著正相关。

表7-6 删减变量平均边际效应估计结果

| 变量 | $y_1=0, y_2=0$ | $y_1=0, y_2=1$ | $y_1=1, y_2=0$ | $y_1=1, y_2=1$ |
|---|---|---|---|---|
| 财务报表完整性 | −0.044<br>(0.541) | 0.031*<br>(0.018) | −0.139**<br>(0.059) | 0.152**<br>(0.062) |
| 林地面积 | −0.012<br>(0.012) | 0.004<br>(0.004) | −0.022<br>(0.014) | 0.029*<br>(0.016) |
| 发展规划 | −0.280**<br>(0.037) | −0.050**<br>(0.020) | 0.103**<br>(0.047) | 0.227***<br>(0.056) |
| 盈利水平 | −0.042*<br>(0.015) | −0.004<br>(−0.005) | 0.029<br>(0.018) | 0.068***<br>(0.019) |
| 产品畅销情况 | −0.023<br>(0.015) | 0.013*<br>(0.007) | −0.059**<br>(0.022) | 0.069*<br>(0.024) |

续表

| 变量 | $y_1=0,y_2=0$ | $y_1=0,y_2=1$ | $y_1=1,y_2=0$ | $y_1=1,y_2=1$ |
|---|---|---|---|---|
| 联系程度 | −0.007<br>(0.031) | 0.027**<br>(0.012) | −0.110**<br>(0.034) | 0.090**<br>(0.037) |
| 银社距离 | −0.006**<br>(0.003) | −0.001<br>(0.001) | 0.002<br>(0.003) | 0.005<br>(0.003) |
| 文化程度 | −0.028**<br>(0.009) | −0.003<br>(0.003) | 0.003<br>(0.010) | 0.028**<br>(0.011 |
| 林业收入占比 | −0.002**<br>(0.001) | 0.000<br>(0.000) | −0.001<br>(0001) | 0.002**<br>(0.001) |
| 信用经历 | −0.287**<br>(0.065) | 0.014<br>(0.018) | −0.155**<br>(0.066) | 0.427***<br>(0.060) |

注:括号中数值为标准差;*、**、***分别表示在10%、5%、1%的水平上显著。

### 7.4.3 稳健性检验

为了验证模型的稳健性,使用稳健标准误对模型进行再次回归(郭红东、陈敏、韩树春,2011;李文,2018),回归结果如表 7-7 所示。表 7-7 与表 7-5 的回归结果较为接近,进一步对变量删减后的稳健标准误回归模型求平均边际效应(见表 7-8),并将其与原模型的平均边际效应进行对比,如表 7-9 所示。两个模型各变量的平均边际效应在影响方向、显著性情况方面都相同,仅在部分指标的系数上有些许差异。说明模型的设定正确,结果可信。

表 7-7　双变量 Probit 模型稳健标准误回归结果

| 变量 | | 需求方程 | | 供给方程 | |
|---|---|---|---|---|---|
| | | 全部变量 | 删减变量 | 全部变量 | 删减变量 |
| 基本情况<br>(H7-1) | 示范等级 | −0.115<br>(0.275) | | 0.080<br>(0.295) | |
| | 林地面积 | 0.023<br>(0.064) | 0.036<br>(0.062) | 0.126**<br>(0.053) | 0.128***<br>(0.049) |
| | 发展规划 | 1.562***<br>(0.264) | 1.561***<br>(0.270) | 0.719***<br>(0.257) | 0.668***<br>(0.256) |
| | 财务报表<br>完整性 | −0.001<br>(0.264) | 0.060<br>(0.256) | 0.721***<br>(0.256) | 0.690***<br>(0.259) |

续表

| 变量 | | 需求方程 | | 供给方程 | |
|---|---|---|---|---|---|
| | | 全部变量 | 删减变量 | 全部变量 | 删减变量 |
| 经营能力 (H7-2) | 盈利水平 | 0.158* (0.084) | 0.184** (0.087) | 0.282*** (0.091) | 0.270*** (0.086) |
| | 产品畅销情况 | 0.037 (0.141) | 0.051 (0.136) | 0.340*** (0.107) | 0.309*** (0.107) |
| 银社关系 (H7-3) | 联系程度 | −0.112 (0.207) | −0.096 (0.191) | 0.485*** (0.152) | 0.441*** (0.148) |
| | 银社距离 | −0.034** (0.013) | −0.034** (0.014) | 0.015 (0.013) | 0.014 (0.012) |
| 理事长特质 (H7-4) | 文化程度 | 0.137*** (0.048) | 0.147*** (0.049) | 0.093* (0.048) | 0.095** (0.046) |
| | 风险偏好 | 0.112 (0.0723) | | −0.090 (0.076) | |
| | 信用经历 | 1.241*** (0.373) | 1.288*** (0.360) | 1.688*** (0.318) | 1.665*** (0.298) |
| | 林业收入占比 | 0.007* (0.004) | 0.007* (0.004) | 0.008** (0.003) | 0.008*** (0.003) |
| 外部环境 (H7-5) | 林权收储担保机构 | 0.292 (0.304) | | −0.005 (0.309) | |
| 常数项 | | −2.802*** (0.825) | −2.509*** (0.830) | −4.648*** (0.830) | −4.734*** (0.806) |
| 似然比检验 $p$ 值 | | 0.000 | 0.000 | 0.000 | 0.000 |
| Wald 检验 $p$ 值 | | 0.000 | 0.000 | 0.000 | 0.000 |
| 样本数量 | | 160 | 160 | 160 | 160 |

注:括号内为标准差;*、**、*** 分别表示在 10%、5%、1% 的水平上显著。

表 7-8 稳健模型删减变量平均边际效应估计结果

| 变量 | y1=0,y2=0 | y1=0,y2=1 | y1=1,y2=0 | y1=1,y2=1 |
|---|---|---|---|---|
| 财务报表完整性 | −0.044 (0.045) | 0.031* (0.018) | −0.139** (0.059) | 0.152** (0.062) |
| 林地面积 | −0.012 (0.011) | 0.004 (0.004) | −0.022 (0.014) | 0.029* (0.016) |

续表

| 变量 | y1＝0,y2＝0 | y1＝0,y2＝1 | y1＝1,y2＝0 | y1＝1,y2＝1 |
|---|---|---|---|---|
| 发展规划 | −0.280** (0.037) | −0.050** (0.020) | 0.103** (0.047) | 0.227*** (0.056) |
| 盈利水平 | −0.042* (0.015) | −0.004 (−0.005) | 0.029 (0.018) | 0.068*** (0.019) |
| 产品畅销情况 | −0.023 (0.015) | 0.013* (0.007) | −0.059** (0.022) | 0.069* (0.024) |
| 联系程度 | −0.007 (0.031) | 0.027** (0.012) | −0.110** (0.034) | 0.090** (0.037) |
| 银社距离 | −0.006** (0.003) | −0.001 (0.001) | 0.002 (0.003) | 0.005 (0.003) |
| 文化程度 | −0.028** (0.009) | −0.003 (0.003) | 0.003 (0.010) | 0.028** (0.011) |
| 林业收入占比 | −0.002** (0.001) | 0.000 (0.000) | −0.001 (0001) | 0.002** (0.001) |
| 信用经历 | −0.287** (0.065) | 0.014 (0.018) | −0.155** (0.066) | 0.427*** (0.060) |

注:括号中数值为标准差;*、**、***分别表示在10%、5%、1%的水平上显著。

表7-9　平均边际效应对比

| 变量 | y1＝0,y2＝0 | | y1＝0,y2＝1 | | y1＝1,y2＝0 | | y1＝1,y2＝1 | |
|---|---|---|---|---|---|---|---|---|
| | Ⅰ | Ⅱ | Ⅰ | Ⅱ | Ⅰ | Ⅱ | Ⅰ | Ⅱ |
| 财务报表完整性 | | | ＋* | ＋* | −** | ** | ＋** | ＋** |
| 林地面积 | | | | | | | ＋* | ＋* |
| 发展规划 | −** | −** | −** | −** | ＋** | ＋** | ＋*** | ＋*** |
| 盈利水平 | −* | −* | | | | | ＋*** | ＋*** |
| 产品畅销情况 | | | ＋* | ＋* | −** | −** | ＋* | ＋* |
| 联系程度 | | | ＋** | ＋** | −** | −** | ＋** | ＋** |
| 银社距离 | −** | −** | | | | | | |
| 文化程度 | −** | −** | | | | | ＋** | ＋** |
| 林业收入占比 | −** | −** | | | | | ＋** | ＋** |
| 信用经历 | −** | −** | | | −** | −** | ＋*** | ＋*** |

注:Ⅰ为双变量 Probit 模型普通标准误回归结果,Ⅱ为双变量 Probit 模型稳健标准误回归结果;*、**、***分别表示在10%、5%、1%的水平上显著。

# 7.5 进一步探讨

林业融资难问题一直是林业专业合作社实践工作和理论研究的重点难点,本章以福建省林业专业合作社的调查数据为依据,在识别其正规信贷需求的基础上,使用需求可识别的双变量 Probit 模型来研究林业专业合作社正规信贷可得性的影响因素,并提出了相应的对策建议,为提高农民专业合作社信贷可得性提供了参考和借鉴。与以往文献相比,本章可能的边际贡献主要体现在两个方面。第一,建立了林业专业合作社正规信贷可得性的理论分析框架,一定程度上丰富了农民专业合作社信贷约束的研究。第二,降低样本选择性偏差导致的估计偏误。本章从供给与需求两方面出发,摒弃以往简单使用"是否获得贷款"为被解释变量的做法,将"是否有正规信贷需求"与"是否获得贷款"同时作为被解释变量放入回归模型进行分析,避免了样本选择性偏差可能导致的估计效率损失。

本章所提出的假设大部分都得到了验证,但也有部分指标和假设与设想不符,并未对林业专业合作社的正规信贷需求与供给产生影响。样本合作社的示范等级、理事长的风险偏好以及当地是否有林权收储担保机构三个指标为无显著影响指标。可能的原因是示范等级的高低与合作社信贷需求关系不大,而银行在进行贷款审核时更看重的是合作社的其他条件,如可用抵押物或是盈利情况;理事长的贷款决策更多是根据合作社的实际发展需求而决定,而非个人的风险偏好;目前福建省各县市的林权收储机构已开展的业务量并不多,不足以刺激林业专业合作社的正规信贷需求,也无法影响金融机构的贷款审批决策。

# 8 林业专业合作社正规信贷的配给

**8.1** 理论假设

**8.2** 信贷配给程度识别

**8.3** 模型设定和变量说明

**8.4** 实证结果与分析

**8.5** 进一步分析

上一章对于林业专业合作社的信贷需求及获取情况进行了讨论,实证研究了影响林业专业合作社信贷获取的影响因素。本章将进一步讨论正规信贷可得性的另一层含义:信贷配给。信贷获取的研究重点在于"有没有",信贷配给的研究重点则是"够不够"。

虽然合作社可以提高小农的农业绩效(Ma,Abdulai,and Goetz,2018),但它们在发展过程中往往缺乏足够的资金来实现利润,普遍面临信用约束(Li,Jacobs,and Artz,2015;Groot et al.,2019)。合作社的外部融资往往受到剩余索取权(Hart and Moore,1996)或非营利最大化经济行为等因素的限制(Li,Jacobs,and Artz,2015),削弱了合作社的发展能力和竞争力。为了促进农业和林业部门的经济发展,许多国家的正规金融机构向农林产业,特别是低收入地区提供了大量信贷。然而,借方和贷方之间的信息不对称导致的逆向选择和道德风险可能导致信贷配给(Stiglitz and Weiss,1981;Swinnen and Gow,1999)。所谓信贷配给,是指信贷资金在信贷市场供需平衡时,部分借款人无法获得贷款的经济现象。被拒绝贷款的潜在借款人将无法借款,即使他们表示愿意支付高于市场利率的价格,或愿意提供比要求更多的抵押品(Hansen et al.,2013)。

信贷配给的类型包括需求缺乏型(李庆海、吕小锋、孙光林,2016;孟樱、王静,2017;梁虎、罗剑朝,2019)、无信贷配给(李庆海、吕小锋、孙光林,2016;梁虎、罗剑朝,2019)、需求型信贷配给(李庆海、吕小锋、孙光林,2016;梁虎、罗剑朝,2019)、供给型信贷配给(李庆海、吕小锋、孙光林,2016;梁虎、罗剑朝,2019)、担保配给(董晓林、冯韵、管煜茹,2018)、政策配给(Turvey,2013)、风险配给(Chiu,2014;孟樱、王静,2017)、价格配给(Chiu,2014;孟樱、王静,2017)等,更具体的文献回顾可参考第一章的第一节"林业专业合作社融资的三重困境"。无论信贷配给如何划分类型,以往的研究都表明,信贷配给限制了合作社的发展。缺乏资金的农民和林木所有者无法投资于高风险和更高产的技术,这反过来又影响了他们的农业利润(Guirkinger and Boucher,2008)。

学者们分析了信贷配给如何受到社会经济因素的影响。常见的影响因素包括增长意图(Scott,Barry,and Martie-louise,2017)、企业规模(Drakos and Giannakopoulos,2011;Kundid and Ercegovac,2011)、销售业绩(Drakos and Giannakopoulos,2011;Kundid and Ercegovac,2011)、企业或个人软信息(Smondel,2018)、抵押品(Kundid and Ercegovac,2011)、信用评级(Kundid and Ercegovac,2011)等。然而,现有的研究结果可能并不完全适用于林业专业合作社,特别是在像中国这样的发展中国家。

首先,以往的研究主要集中在个体农户或企业的信贷约束上,较少关注合作社面临的约束,如加入合作社是否有利于个体农户的经济发展(Atmi et al.,2009;Ma and Abdulai,2016),或者农民是否愿意参与合作活动(Abate,2018)。其次,许多研究认为林业专业合作社与农业专业合作社相同,忽略了它们在生产和处置特征上的差异。与个人和大多数农业专业合作社相比,林业的生产周期较长,资本回收较慢。在生产周期结束之前,林业不能提供任何产品,这意味着它不能产生收入。林业资金周转周期较其他行业长,会影响银行的信贷决策。第三,中国政府允许合作社成员或不同林业专业合作社之间以联合担保或联合贷款的形式进行贷款,这与个人或企业单独申请贷款有明显区别。联合担保贷款是指在出现大额债务时,由多个借款人共同负责偿还,降低了无法偿还贷款的风险。最后,银行难以应对林业专业合作社的不良林权贷款。由于中国森林采伐保护政策限制了林地采伐权,即使银行拥有林权,也很难通过砍伐树木获得现金。这些差异意味着金融机构将以不同于其他机构的方式评估来自林业专业合作社的贷款申请。

鉴于上述情况,有必要研究影响林业专业合作社信贷配给的因素。本章以福建省的调查数据为基础,探讨林业专业合作社信贷约束的类型,并分析影响金融机构信贷约束的因素。本研究结果将有助于政策制定者更好地理解林业专业合作社的融资约束,并为改善中国及类似国家的信贷供应提供政策见解。

# 8.1 理论假设

本章使用的理论框架如图 8-1 所示。该理论框架与上一章中"图 7-1 林业专业合作社正规信贷可得性影响因素分析框架"存在异同之处。相同之处在于,自变量都包括合作社的基本情况、经营能力、银社关系、理事长特质以及外部环境五个方面。不同之处在理事长特质方面的详细变量中,本章删减了林业收入占比指标,增加了理事长的年龄变量。理由是信贷配给的研究样本是具备贷款需求的群体,更多的是考虑金融机构的供给情况,而理事长的林业收入占比并非金融机构所需要了解的贷款对象信息,而理事长年龄则会影响银行对合作社还款能力的评估与审核。

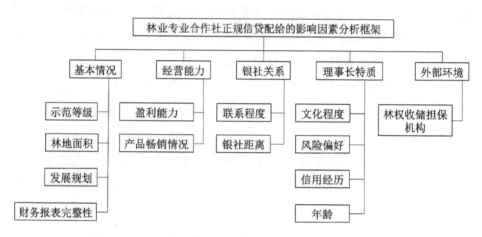

图 8-1    林业专业合作社正规信贷配给的影响因素分析框架

表 8-1 列出了各变量与合作社信贷配给之间的影响方向,以示范等级变量为例,"-"表示合作社的示范等级越高,其越不容易遭受信贷配给,"+"则表示相反的含义。其中,有三个指标需要进一步说明。一是银社距离。本书依据前文分析,认为银社距离越大,样本合作社越容易遭受信贷配给,因此二者之间应存在正向的影响。二是理事长的文化程度对合作社信贷配给的影响可能是正向的,也有可能是负向的(Zhou et al.,2016;He,2020)。受过高等教育的理事长通常更了解正规信贷,这会增加申请贷款的可能性。但与此同时,他们更有可能拥有更多的社会资本和获得社会融资的机会,而不是选择正规的融资渠道(吴雨、宋全云、尹志超,2016)。三是理事长的风险偏好。本书认为理事长的风险偏好越高,越容易在贷款行为中出现过度贷款的情况。由于林业的投资回收期较长,激进的信贷申请者无法成为金融机构的优质放贷对象,越容易遭到信贷配给。

表 8-1 变量定义及赋值

| 变量类型 | 变量 | 预期影响方向 |
|---|---|---|
| 基本情况 | 示范等级 | － |
| | 财务报表完整性 | － |
| | 林地面积 | － |
| | 发展规划 | － |
| 经营能力 | 盈利能力 | － |
| | 产品畅销情况 | － |
| 银社关系 | 联系程度 | － |
| | 银社距离 | ＋ |
| 理事长特质 | 文化程度 | ＋/－ |
| | 风险偏好 | ＋ |
| | 年龄 | |
| | 信用经历 | |
| 外部环境 | 担保机构 | － |

综上所述,本章提出假设如下:

假说 8-1:林业专业合作社的基本情况越好,其所受到的信贷配给越弱。

假说 8-2:林业专业合作社的经营能力越好,其所受到的信贷配给越弱。

假说 8-3:林业专业合作社的银社关系会影响样本合作社所受到的信贷配给。

假说 8-4:林业专业合作社的理事长特质会影响样本合作社所受到的信贷配给。

假说 8-5:林业专业合作社的外部环境越好,其所受到的信贷配给越弱。

# 8.2 信贷配给程度识别

### 8.2.1 信贷配给程度识别流程

与林业专业合作社正规信贷需求与获取的识别类似,林业专业合作社正规信贷配给程度的识别也是从询问是否想要申请正规信贷开始,若受访合作社回答否,则将其归类为"无正规信贷需求,未受到信贷配给",此时的信贷配给类型为需求缺乏型信贷配给;区分有信贷需求的受访合作社的信贷获得情况,若其所获得的资金完全满足需求,则将其归类为"有正规信贷需求,未受到信贷配给",未受信贷配给,若其所获得的资金无法满足需求,则归类为"有正规信贷需求,受到信贷配给",此时林业专业合作社受到供给型信贷配给;询问未获得贷款的林业专业合作社是否有申请贷款,进一步识别潜在信贷需求、隐蔽信贷需求和无效信贷需求,并做出最后判断。具体识别流程见图 8-2。

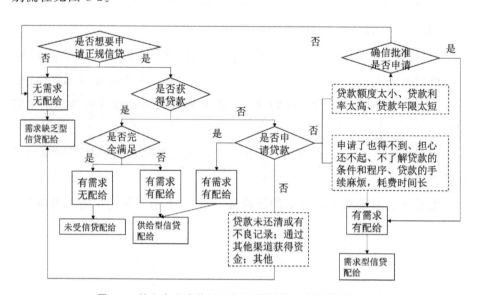

图8-2 林业专业合作社正规信贷配给程度及类型的识别

## 8.2.2 信贷配给程度问卷设置

基于李庆海等人(2016)和梁虎、罗剑朝(2019)的研究,本章考虑了林业专业合作社中信用的主动选择和被动接受情况,将信贷配给程度分为"无信贷需求,未受信贷配给"、"有信贷需求,未受信贷配给"和"有信贷需求,受到信贷配给"三个情形,将信贷配给类型分为需求缺乏型、未受信贷配给、供给型信贷配给和需求型信贷配给四种类型。表 8-2 给出了具体的划分依据。

表 8-2 信贷配给程度及类型说明

| 具体内容 | 是否申请贷款 | 需求配给程度 | 配给类型 | 个数 |
|---|---|---|---|---|
| 因自有资金充足、向民间借款等原因而没有贷款需求;因亲朋或政府鼓励而申请贷款,但实际并无融资需求 | 均有 | 无信贷需求,未受信贷配给 | 需求缺乏型 | 43 |
| 申请正规信贷且贷款金额得到完全满足 | 是 | 有信贷需求,未受信贷配给 | 未受信贷配给 | 39 |
| (部分被动配给)仅获得申请贷款的部分;(完全被动配给)申请贷款被拒绝 | 是 | 有信贷需求,受到信贷配给 | 供给型信贷配给 | 45 |
| 因贷款程序繁杂、非利息成本、贷款拒绝率过高、年限过短等原因主动放弃申请贷款 | 否 | 有信贷需求,受到信贷配给 | 需求型信贷配给 | 33 |

具体而言,需求缺乏型指的是林业专业合作社因自有资金充足、向民间借款等原因而没有贷款需求,包括因亲朋或政府鼓励而申请贷款,但实际并无融资需求的特殊情况;未受信贷配给指的是林业专业合作社申请正规信贷且贷款金额得到完全满足;供给型信贷配给指的是林业专业合作社只能获得他们申请的贷款金额的一部分(部分被动配给),或者是贷款申请被金融机构拒绝(完全被动配给);需求型信贷配给指的是林业专业合作社由于贷款程序繁杂、非利息成本、贷款拒绝率过高、年限过短等原因而放弃申请贷款的主动权。

在问卷调查的问题设置中,其需求识别过程如下:

（1）合作社是否想要申请正规信贷_____（A.是　B.否）；

（2）合作社是否获得了正规信贷_____（A.是　B.否）；

合作社对正规金融机构的正规信贷需求及贷款获取情况是_____（A.有正规信贷需求，获得贷款　B.有正规信贷需求，未获得贷款　C.无正规信贷需求，获得贷款　D.无正规信贷需求，未获得贷款）。

第（1）问与第（2）问与第七章相同，不同之处在于，当受访合作社在第（2）问选择"A.有正规信贷需求，获得贷款"时，进一步提问"合作社所获得的贷款金额能否满足发展需求"。若选择"完全满足"或"基本满足"视为"有信贷需求，未受到信贷配给"，即未受信贷配给；若选择"没有满足"，则视为"有信贷需求，受到信贷配给"，此时样本合作社受到了部分被动配给。

若样本合作社在第（2）问中选择"B.有正规信贷需求，未获得贷款"，将会被进一步询问是否有申请贷款，若其申请了贷款却被拒绝，此时样本合作社受到了完全被动配给，属于供给型信贷配给，若样本合作社并未申请贷款，将会被进一步询问未申请贷款的原因。若是因为贷款未还清或有不良记录、通过其他渠道已获得足够资金，则被视为需求缺乏型信贷配给；若是认为自己申请了也得不到、担心还不起贷款、担心贷款手续麻烦等原因而放弃申请，则被视为需求型信贷配给。若不想申请贷款的理由是认为贷款额度太小、利率太高、年限太短，进一步询问如果申请贷款一定会获批，是否还会申请贷款，选择"是"的样本合作社属于需求型信贷配给，选择"否"的样本合作社归类为需求缺乏型信贷配给。

# 8.3　模型设定和变量说明

## 8.3.1 模型设定

本章需要考虑正规信贷需求与正规信贷配给两个虚拟变量同时发生的概率，尽管双变量 Probit 模型能够解决信贷需求的样本偏差问题，但却无法比较不同程度信贷配给影响因素的差异。本书使用有序 Probit 模型对正规信贷需求下的林业专业合作社信贷配给程度进行分析。有序 Probit 模型可用于分析有序变量(Winship and Mare,1984),并检查每个变量对有序类别内不同替代方案的边际效应(Woodsetal.,2017)。Woods 等人(2017)使用有序 Probit 模型分析了丹麦农民对气候变化的看法及其可能的应对措施,发现农民对全球气候变化的感知和对潜在气候变化影响的担忧,影响了其未来是否能够适应气候变化的看法。此外,Azra Batool 等人(2018)使用该模型研究了巴基斯坦穆尔坦的妇女经济赋权。他们将女性的经济赋权分为高度赋权、适度赋权和最低赋权三级,并使用有序 Probit 评估各等级女性经济赋权决定因素,认为有偿工作、年龄、收入和财产是影响女性经济赋权的积极而重要的因素。在本章的研究中,有序 Probit 模型能够在解决正规信贷需求样本选择问题的前提下,解决由此引致的估计偏误问题,同时能够考察信贷需求和信贷配给程度之间的相互关系(李丹、张兵、胡雪枝,2014)。下面建立回归模型。

$$
\begin{cases}
y^* = a + X\beta + \varepsilon \\
y = \begin{cases} 0 & y^* \leqslant C_1 \\ 1 & C_1 < y^* < C_2 \\ 2 & y^* \geqslant C_2 \end{cases}
\end{cases}
\tag{8-1}
$$

$$
\text{Prob}[y=j] = \begin{cases}
F(C_1 - X'\beta) & j=0 \\
F(C_2 - X'\beta) - F(C_1 - X'\beta) & j=1 \\
1 - F(C_2 - X'\beta) & j=2
\end{cases}
\tag{8-2}
$$

信贷需求方程(8-1)中,$y^*$ 表示林业专业合作社信贷需求意愿的潜变量,$y$ 表示实际观测到的林业专业合作社是否具有信贷需求的二值变量;$a$ 为方程的常数项,$\beta$ 为待估参数,$X$ 为解释变量,$C_1$ 和 $C_2$ 为关键点,并且 $C_1 < C_2$。$y=0$ 表示林业专业合作社未遭受信贷配给($y^* \leqslant C_1$),$y=1$ 表示林业专业合作社遭受供给型信贷配给($C_1 < y^* < C_2$),$y_2=2$ 表示林业专业合作社遭受需求型信贷配给($y^* > C_1$)。当且仅当林业专业合作社具有信贷需求时,才能观测到其信贷配给程度,因此无信贷需求的群体未被纳入模型分析中。根据表 8-2,此时样本数量为 117 个。

式(8-2)为 $y$ 取特定值的概率公式。只有当林业专业合作社存在信贷需求时,才能观察到信贷配给的程度。此时,模型所代表的群体包括三种类型:未受信贷配给、供给型信贷配给和需求型信贷配给。

### 8.3.2 变量说明

本部分的因变量为林业专业合作社的正规信贷需求及其所遭受到的信贷配给。本章所使用的变量及详细说明如表 8-3 所示。

表 8-3 变量定义及赋值

| 变量类型 | 变量 | 变量说明 |
|---|---|---|
| 因变量 | 正规配给程度 | 林业专业合作社未受到正规信贷配给=0,受到供给型信贷配给=1,受到需求型信贷配给=2 |
| 基本情况<br>(H8-1) | 示范等级 | 获得过省级及以上示范合作社称号=1;其他=0 |
| | 发展规划 | 未来具有扩张规模等发展规划=1;其他=0 |
| | 林地面积 | 合作社林地面积(亩)的自然对数 |
| | 财务报表完整性 | 可以编制完整财务报表=1;其他=0 |
| 经营能力<br>(H8-2) | 盈利能力 | 合作社盈利收入(万元)的自然对数 |
| | 产品畅销情况 | 非常畅销=6;比较畅销=5;一般畅销=4;比较不畅销=3;非常不畅销=2;未有产品=1 |
| 银社关系<br>(H8-3) | 联系程度 | 很频繁=4;联系较多=3;偶尔有些联系=2;不联系=1 |
| | 银社距离 | 合作社离最近的金融机构距离(公里) |
| 理事长特质<br>(H8-4) | 文化程度 | 受教育年限(年) |
| | 风险偏好 | 高风险、高回报项目=6;略高风险、略高回报项目=5;平均风险、平均回报项目=4;略低风险、略低回报项目=3;低风险、低回报项目=2;不愿意承担任何风险=1 |
| | 信用经历 | 曾经有过正规信贷且已还清=1;否=0 |
| | 年龄 | 理事长实际年龄(岁) |
| 外部环境<br>(H8-5) | 林权收储担保机构 | 所在地有经营一年以上的林权收储担保公司=1;无=0 |

表 8-4 列出了样本变量的描述性统计结果。由表可知,样本林业专业合

作社受到信贷配给的平均值为 0.761,说明绝大多数样本合作社处于未受信贷配给和受供给型信贷配给之间。样本合作社的银社距离、年龄和文化程度具有较大的标准差,说明合作社以上三个指标具有较大的差异性。

**表 8-4 变量描述性统计**

| 变量 | 平均值 | 标准差 | 最小值 | 最大值 |
|---|---|---|---|---|
| 信贷配给程度 | 0.761 | 0.868 | 0 | 2 |
| 示范等级 | 0.402 | 0.492 | 0 | 1 |
| 林地面积 | 6.285 | 2.102 | 0 | 10.240 |
| 发展规划 | 0.838 | 0.370 | 0 | 1 |
| 财务报表完整性 | 0.376 | 0.486 | 0 | 1 |
| 盈利水平 | 1.817 | 1.899 | −1.609 | 5.704 |
| 产品畅销情况 | 3.043 | 1.367 | 1 | 5 |
| 联系程度 | 2.171 | 0.833 | 1 | 4 |
| 银社距离 | 9.282 | 9.480 | 0.01 | 50 |
| 文化程度 | 10.530 | 2.737 | 5 | 16 |
| 风险偏好 | 3.385 | 1.490 | 1 | 6 |
| 信用经历 | 0.376 | 0.486 | 0 | 1 |
| 年龄 | 46.50 | 6.510 | 27 | 59 |
| 林权收储担保机构 | 0.795 | 0.405 | 0 | 1 |

# 8.4 实证结果与分析

## 8.4.1 模型回归结果

使用有序 Probit 模型有三个前提,一是因变量必须是有序变量,二是数据必须符合正态分布,三是作为阈值参数的 $C_1$ 和 $C_2$ 必须满足 "$C_1 < C_2$"。本书的数据特征符合第一个前提。从数据的正态性来看,Winship 和 Mare

(1984)认为使用有序 Probit 模型的前提是随机扰动应符合正态分布。古扎拉蒂(1996:545-548)在《计量经济学》一书中认为随机扰动可以用模型的残差来度量。因此我们提取模型的残差,提取模型残差项,使用 Shapiro-Wilk 检验(W 检验)检验模型残差项是否服从正态分布。Shapiro-Wilk 检验方法常用于检验样本量在 7 到 2000 之间的数据的正态性(Hun,2008;马兴华、张晋昕,2014),本章中的回归方程检验结果 p=0.41>0.05,即模型的残差项服从正态分布,满足使用有序 Probit 模型的第二个条件。从表 8-5 可以看到,模型 II 中的 $C_1$ 值为-0.276,$C_2$ 值为 0.412,满足"$C_1<C_2$"的条件。综上可知,本章节使用有序 Probit 模型是合理的。

表 8-5　有序 Probit 模型回归结果

| 变量 | | 全部变量 | 删减变量 |
|---|---|---|---|
| 基本情况<br>(H8-1) | 示范等级 | −0.269(0.320) | |
| | 林地面积 | −0.131**(0.066) | −0.143**(0.062) |
| | 发展规划 | 1.342***(0.429) | 1.197***(0.386) |
| | 财务报表完整性 | −0.274(0.285) | |
| 经营能力<br>(H8-2) | 盈利水平 | 0.167**(0.083) | 0.108(0.072) |
| | 产品畅销情况−比较畅销 | −0.821*(0.433) | −0.773**(0.384) |
| | 产品畅销情况−非常畅销 | −1.134**(0.484) | −0.788**(0.437) |
| 银社关系<br>(H8-3) | 联系程度 | −0.252(0.157) | |
| | 银社距离 | −0.007(0.014) | |
| 理事长特质<br>(H8-4) | 文化程度 | −0.081(0.054) | |
| | 风险偏好 | 0.119(0.087) | |
| | 信用经历 | −1.202***(0.317) | −1.032***(0.284) |
| | 年龄 | −0.022(0.023) | |
| 外部环境<br>(H8-5) | 林权收储担保机构 | −0.761*(0.383) | −0.653*(0.348) |
| 切点 $C_1$ | | −2.214(1.641) | −0.276(0.605) |
| 切点 $C_2$ | | −1.473(1.636) | 0.412(0.605) |
| $p$ 值 | | 0.001 | 0.000 |

续表

| 变量 | 全部变量 | 删减变量 |
|---|---|---|
| Pseudo $R^2$ | 0.212 | 0.173 |
| AIC 值 | 235.466 | 224.750 |
| 样本数量 | 117 | 117 |

注:括号中数值为标准差;*、**、*** 分别表示在 10%、5%、1% 的水平上显著,下同。切点 $C_1$ 和切点 $C_2$ 是有序 Probit 模型中阈值参数 $C_1$ 和 $C_2$ 的估计值。

有序 Probit 模型回归分析的结果见表 8-5。表中包括所有变量的估计结果和根据 AIC 信息准则标准删减相关变量后,对显著变量进行估计的结果。具体操作是,首先,将所有自变量引入回归方程,并对其显著性进行检验。在删除不显著的变量后,对回归方程进行修进,选择 AIC 信息准则最小的方程(梁虎、罗剑朝,2019;Zhou and Chin,2019)。模型 I 包含所有变量,而模型 II 是采用逐步向后消去法得到的 AIC 最小的方程。本研究主要讨论通过模型 II 得到的结果。可以看到,方程在变量删减前后的卡方检验 $p$ 值均在 1% 的显著性水平上。

从表 8-5 可以看到:林地面积、产品受欢迎程度、理事长信用记录、林权收储担保机构均与林业专业合作社的信用配给负相关。这表明发展状况、盈利能力、理事长特征和政策环境对林业专业合作社的信贷配给有影响,而银行与林业专业合作社之间的借贷关系对信贷配给没有显著影响。值得注意的是,有发展计划会增加合作社遭受信贷配给的可能性,这与之前的预期相反。这意味着具有扩张计划的合作社的贷款要求越高,它们就越容易受到信贷配给的影响。盈利水平在模型 I 中对信贷配给有正向影响,但在模型 II 中并不显著,可在平均边际效应结果中进一步查看。

综上所述,假说 8-1、假说 8-2、假说 8-4、假说 8-5 关于合作社基本情况、经营能力、理事长特质、外部环境对于信贷配给的影响假说得到了验证。

## 8.4.2 平均边际效应

进一步求取模型显著变量的平均边际效应,得到表 8-6。分类变量的平均边际效应(MEMS)表示当其他变量保持在其样本均值时,某个变量相对于其他参考类别的预测概率。以未遭受信贷配给方程为例,变量"产品畅销情况—比较畅销"的数值"0.3"含义为:对于林地面积为6.285亩、发展规划为0.838,盈利水平为1.817、产品受欢迎程度为0.162、理事长过往信用记录为0.376,以及林权收储担保机构处于0.795平均值的合作社而言,"产品比较畅销"的林业专业合作社避免信贷配给的概率比处于无产品状态的合作社高30%。发展规划、产品畅销情况—非常畅销、理事长信用经历、林权收储担保机构等指标解读与上述指标类似。以下将结合未遭受信贷配给、遭受供给型配给和遭受需求型配给三种情况进行指标分析说明。

表8-6 平均边际效应估计结果

| 变量 | 均值 | 未遭受信贷配给 | 供给型信贷配给 | 需求型信贷配给 |
|---|---|---|---|---|
| 林地面积 | 6.285 | 0.057**(0.025) | −0.014*(0.008) | −0.043**(0.019) |
| 发展规划 | 0.838 | −0.477***(0.106) | 0.115**(0.057) | 0.362***(0.116) |
| 盈利水平 | 1.817 | −0.043(0.029) | 0.010(0.008) | 0.033(0.022) |
| 产品畅销情况—比较畅销 | 0.239 | 0.300**(0.146) | −0.069(0.432) | −0.231*(0.119) |
| 产品畅销情况—非常畅销 | 0.162 | 0.306*(0.160) | −0.072(0.053) | −0.234*(0.125) |
| 信用经历 | 0.376 | 0.411***(0.113) | −0.099**(0.044) | −0.312***(0.088) |
| 林权收储担保机构 | 0.795 | 0.260(0.138) | −0.063(0.041) | −0.197*(0.105) |

注:括号中数值为标准差;*、**、***分别表示在10%、5%、1%的水平上显著。

对于林地面积变量而言,当其他变量保持在其样本均值时,林业专业合作社每增加一个林地单位,其避免信贷配给的概率就会增加6%。FPC遭受供应信贷配给和需求信贷配给的概率分别下降了1%和4%。也就是说,林业专业合作社拥有的林地面积越大,其信贷的满足性就会越强。

对于发展规划指标而言,当其他变量保持在其样本均值时,拥有发展规划的林业专业合作社不遭受信贷配给的概率会下降47.7%,遭受供给型信贷配给和需求型信贷配给的概率分别会增加11.5%和36.2%。此时林业专业合作社遭受需求型信贷配给的可能性要远高于供给型信贷配给,说明拥有发展规划的林业专业合作社更易因为自身选择等原因,不去申请正规信贷的倾向较高。

对于盈利能力变量来说,当其他变量保持在其样本均值时,该指标在回归分析中对模型 I 中的信贷配给有积极影响,但在模型 II 中并不显著。在平均边际效应分析中,盈利水平不会影响信贷配给,因此该变量并非影响林业专业合作社信贷配给的显著变量。

对于产品畅销情况指标来说,当其他变量保持在其样本均值时,只有"比较畅销"和"非常畅销"两种选项会影响合作社的信贷配给,且影响方向相同。当合作社的产品比较畅销或非常畅销时,其避免信贷配给的概率会分别上升 30% 和 30.6%,遭受需求型信贷配给的概率会下降 23.1% 和 23.4%。二者均不对供给型信贷配给产生影响。

对于信用经历指标来说,当其他变量保持在其样本均值时,理事长信用经历每增加一个单位,林业专业合作社避免遭受信贷配给的概率增加 41.1%,遭受供给型信贷配给和需求型信贷配给的概率分别下降 9.9% 和 31.2%,说明理事长的信用经历会极大地促进其申请正规信贷的信心,而非主动放弃。

对于林权收储担保机构指标来说,当其他变量保持在其样本均值时,所在地有林权收储担保机构的林业专业合作社遭受供给型配给的概率会下降 19.7%,说明这类林业专业合作社一旦提出贷款申请并获得金融机构放贷,获得全额贷款资金的可能性更高。

# 8.5　进一步分析

本章对影响林业专业合作社信贷配给的因素进行了实证研究,有序 Probit 模型的回归结果表明,林地面积、产品畅销情况、理事长信用经历、林权收储担保机构是减缓林业专业合作社信贷配给的统计显著因素,而发展规划加剧了信贷约束。

作为有效的抵押品,林地面积可以缓解林业专业合作社的信贷配给,这与 Boot 等人（1991）、Rajan 和 Winton（1995）以及 Mateos-Ronco 和 Guzman-Asuncion（2018）的研究结果一致，有效的抵押品是获得银行贷款的有力保证。产品畅销情况、理事长信用经历和林权收储担保机构对合作社信贷配给的影响也得到了证实，这些与郭红东等人（2011）、Asante-Addo 等人（2017）、陈炎伟和黄和亮（2018）以及 Beltrame 等人（2019）的研究结果一致。产品畅销程度的提高意味着林业专业合作社未来将有稳定的收入，从而降低了银行的放贷风险。在某种程度上，理事长过往信用情况在信贷抵押过程中发挥积极作用，而林权收储担保机构作为政府认可的机构，提高了银行的贷款信心。

尽管一些学者已经表明，规模更大的借款人获得贷款的概率更高（Kundid and Ercegovac，2011；Mateos-Ronco and Guzman-Asuncion，2018），但本书发现，扩大林业专业合作社规模的商业行为并没有得到金融机构的支持，相反，它会导致信贷约束。一方面，有扩张计划的林业专业合作社寻求申请更高的贷款金额，更容易受到数量分配的影响。另一方面，合作社成员很可能对金融机构及其贷款限制拥有较普遍的负面印象。这类合作社认为银行不会给他们贷款，进而降低了他们申请贷款的主动性。在本章 22 个有规模扩张计划的样本合作社中，31％ 的林业专业合作社不申请贷款。本章对平均边际效应的分析也支持这一现象，即具有发展规划的林业专业合作社更有可能经历以需求为导向的信贷配给，而不是以供应为导向的信贷配给（前者的概率为 36％，后者的概率为 12％）。这表明，有发展规划的林业专业合作社不太可能申请正式信贷，因为信贷金额无法满足其实际需求，或者，此类林业专业合作社已获得其他渠道的资金。

盈利能力和理事长年龄不影响林业专业合作社的信贷配给，这与先前的预期相反。盈利能力不显著的可能原因是，正如郭红东等人（2011）所说，许多合作社的财务管理不够规范，使得银行等正规金融机构对于合作社的年度营业收入数据认可度较低，因此并不依据合作社的盈利能力向其发放信贷（陈炎伟、黄和亮，2018）。此外，由于林业行业的投资回收期较长，某些特定年份的盈利水平无法充分体现林业专业合作社的发展潜力，这也可能导致盈利水平对信贷配给没有显著影响。理事长年龄对林业专业合作社的信贷配给没有显著影响的原因可能是理事长大多是中年男性,较为单一年龄段不足以对银行的信贷配给产生显著影响。在本章的 117 份样本中,理事长的平均年龄为 46.5 岁,虽然标准差较大,但只有 6 人年龄在 35 岁以下,其余人的年龄都在 36～59 之间。

银行和林业专业合作社之间的关系对信贷配给没有显著影响,可能是由于银社之间的沟通不足导致,或是林业专业合作社与银行之间的信息交流可能无法有效消除银行对合作社不良贷款率的担忧。

融资难是制约我国融资租赁企业发展壮大的主要问题之一,研究林业专业合作社受到信贷配给的原因,对于促进我国林业发展和提高林业组织化程度具有重要意义,也能够对其他发展中国家的林业经营提供借鉴。依据本章的研究结果,若要缓解林业专业合作社的信贷配给,需要关注产品的销售业绩,例如确保产品质量,签订长期销售合同以稳定下游客户群,并确保产品具有良好的销售渠道。林业专业合作社的理事长应努力保持良好的信用记录,这将有助于获批银行贷款。理事长还应积极参加政府主办的培训活动和各种展览,以提高他们整合政府关系、社会关系和资源的能力。林业管理部门为理事长提供的培训将提高他们的管理和业务能力。此外,为了充分发挥林权收储担保机构的作用,政府可增加林业补贴金额,并鼓励国有企业和社会资本进入林业产业。政府还应鼓励林业生产者和管理者采用林权储存担保,以便林业生产者和经营者能够参与正式的信贷市场。

# 9 林业专业合作社经营特性与信贷可得性案例分析

9.1 研究方法和变量说明

9.2 林下种养殖类林业专业合作社

9.3 植树造林类林业专业合作社

9.4 进一步分析

林业专业合作社的经营模式往往与其成长发展及盈利绩效相关。最初，学者们认为，"农业合作社＋农户"的经营模式能够提高农民这一弱势群体的社会谈判能力，节约农户市场的交易费用（柴效武、叶益东，2006；蔡荣，2011）。但是，随着现代产业化结构的升级，"公司＋合作社＋农户""基地＋合作社＋农户"等多元化的产业化模式不断产生，不少学者对不同经营模式的农民专业合作社的治理效率、运作机制、发展前景等方面进行了研究。如高建宁等人（2015）将传统的农民专业合作社运营模式与"支部＋合作社"的运营模式进行比较分析，认为"支部＋合作社"的运营模式通过党组织的管理能够提高社员的素质，营造民主和谐的氛围，因此具有更高的治理绩效；田鹏和陈绍军（2016）基于新经济社会学的视角，立足产权结构和治理模式两个角度对"公司＋合作社＋农户"的模式运作机制进行考察，认为在该模式下，公司与农户间的交易成本、合作社的管理成本得到了大幅度降低，合作社的运营效率也得到了进一步提高。但是合作社的介入并未改变农户与公司之间不平等的互利关系，合作社的组织目标极易为公司的经营目标所替代。刘洁和陈新华（2016）重点研究了江西省赣州市三个典型个案之间在经营模式、制度特征方面的共性和特性，并对其差异化发展路径下产生的不同社会经济效果进行了比较研究，认为以农户为主体的纵向一体化经营是合作社发展的有效途径；李明贤和樊英（2014）选取了主要经营模式、采取的有效措施、外部经营环境、成长中面临的难题、产生的效果、发展方向等相关信息，从共性和特性两个视角对农民专业合作社经营模式及所产生的社会经济效果进行案例比较研究，分析了不同经验模式的农民专业合作社经营效果存在差异的原因，并提出了相关的对策建议。

除了产业化经营模式外，农民专业合作社的股权结构也会对林业专业合作社的经营治理产生影响。合作社的股权除了分红外，还具有继承、转让、抵押、担保等功能（孔祥智，2017）。一个合作社的股权结构能够在一定程度上反映农民专业合作社的经营决策权。赵晓峰和邢成举（2016）认为，农民合作社产权制度和治理结构不合理的根本原因在于普通农户无股权，使得合作社与普通农户之间难以建立起紧密的利益联结机制，进而影响其发展。曾皓和张征华（2017）通过对全国86家农民合作社的截面数据进行实证分析发现,农民合作社股权集中度越高则农民合作社绩效表现越好。

不同经营模式的林业专业合作社所面临的融资困境存在差异。例如,股权结构合理、产业化运作模式运行顺利的林业专业合作社相比于股权结构单一、产业化运作模式受局限的合作社,有可能获得更多的内源融资和负债融资,相应的正规信贷需求或许会有所下降,进而降低林业专业合作社的信贷市场参与度。此外,不同的经营模式往往使得林业专业合作社发展程度、信贷需求等方面也存在不同,这些差异在影响林业专业合作社信贷需求的同时,也会影响林业专业合作社的信贷配给。

已有研究探讨了合作社经营模式、经营特性、制度特性等差异对于合作社长远发展的影响(Briggeman et al.,2016;李明贤、唐文婷,2017),但并未关注这些差异对林业专业合作社参与正规信贷市场程度的影响。林业专业合作社经营模式各有不同,其发展程度、信贷需求等方面的情况各异,而这些差异会进一步影响林业专业合作社的信贷配给。

基于以上考虑,本书选取此次调研中最为多见的两种林业生产类型——林下种养殖类和植树造林类林业专业合作社进行案例研究,在两种类型中各选取 4 家典型林业专业合作社对其共性与特性进行对比分析,探讨了不同经营特性的林业专业合作社在正规信贷的需求与配给上的差异,并做出案例总结与启示。

# 9.1　研究方法和变量说明

## 9.1.1 案例分析法

本章使用案例分析法,选取林下种养殖类和植树造林类两类林业专业合作社为案例分析对象,研究合作社的正规信贷可得性。本书所调研的 160 个合作社,它们的信贷获得情况各有不同。根据本章的两个分析维度(经营特性和信贷可得性)所形成的 2×2 矩阵,这 10 个合作社都分布在该矩阵的 4 个象限中,因此,本书只选取其中 4 个较有代表性的案例进行分析,最终共有 8 家案例合作社入选。

本章参考季晨等人(2017)的做法,按照问卷调查的内容对合作社核心成员进行半结构性访谈,访谈主要包括以下关键内容:第一,林业专业合作社的概况;第二,合作社的产业化运作模式和盈利能力等经营特性;第三,合作社的信贷申请与获取的详细情况;第四,企业盈利能力等其他信息。

在后续的分析中,将分为单案例分析和跨案例分析。单案例分析将描述每个合作社的基本经营情况与信贷获取情况,而跨案例分析则对合作社的经营特性和信贷可得性进行对比分析。

### 9.1.2 变量说明

本章采用经营模式及盈利情况来代表林业专业合作社的经营特性,即案例分析中的自变量。参考高建宁等人(2015),本章将合作社的经营模式分为传统模式和多元模式。传统模式指的是仅由"合作社＋农户"两方组成的产业经营模式。多元模式指的是除了以上两方之外,还有企业、基地,或者协会等第三方参与,其他模式包括"党建＋合作社＋农户""支部＋合作社＋农户"等模式也归类为多元模式。盈利情况高低按照合作社各自所属类别的平均盈利水平来划分盈利能力的高低,如果所选案例在调研年份当年的盈利收入高于平均收入,则认为其盈利能力为高。林下种养殖类和植树造林类两类林业专业合作社的盈利能力描述性统计数据如表 9-1 所示。可以看到,两类合作社的盈利能力标准差都较大,说明合作社之间的盈利水平分散程度较高。

表 9-1　两类林业专业合作社盈利能力情况

| 描述性统计 | 林下种养殖类合作社 | 植树造林类合作社 |
|---|---|---|
| 最小值/万元 | −500 | −70 |
| 最大值/万元 | 800 | 360 |
| 平均值/万元 | 16 | 8 |
| 中位数/万元 | 15 | −1 |
| 标准差 | 92.12 | 60.56 |

# 9.2　林下种养殖类林业专业合作社

林下种养殖类林业专业合作社选取永安市上坪七宝金线莲农民专业合作社、尤溪县洋中镇森圳生态种养殖农民专业合作社、松溪县鑫丰林下种植农民专业合作社以及永安市双联笋竹农民专业合作社四个林业专业合作社进行案例比较研究。

## 9.2.1 单案例描述

表 9-2 列出了 4 个合作社的基本信息。以下将对各合作社进行简单的背景描述。

表 9-2　林下种养殖案例合作社基本信息

| 合作社 | 七宝 | 森圳 | 鑫丰 | 双联 |
|---|---|---|---|---|
| 成立时间/年 | 2013 | 2017 | 2013 | 2014 |
| 所在地 | 永安市 | 尤溪县 | 松溪县 | 永安市 |
| 合作社出资额/万元 | 204 | 800 | 600 | 556 |
| 合作社成员/人 | 57 | 25 | 103 | 110 |
| 建立方式 | 林农自愿组合 | 能人牵头 | 林农自愿组合 | 林农自愿组合 |
| 主营产品 | 金线莲 | 牛、山羊 | 金线莲 | 笋、竹 |

续表

| 合作社 | 七宝 | 森圳 | 鑫丰 | 双联 |
|---|---|---|---|---|
| 社员收益分配 | 按交易额与按股分配相结合 | 按交易额分配 | 按交易额分配 | 按交易额分配 |
| 未来发展规划 | 做好品牌宣传,建设基地,扩大生产经营规模 | 拓展旅游观光业务 | 扩大生产经营规模 | 无 |
| 主要资金来源 | 社员资金入股、金融机构借款 | 理事长资金积累 | 成员从事其他农业活动的资金积累、金融机构借款 | 社员资金、林地入股 |
| 主要决策者 | 核心成员 | 理事长 | 理事长 | 理事长 |
| 示范等级 | 县级示范社 | 未评级 | 省级示范社 | 市级示范社 |

永安市上坪七宝金线莲农民专业合作社(简称七宝)成立于 2013 年,为县级示范社。金线莲作为名贵中草药和草本观赏植物,具有极高的经济和药用价值,早在 2010 年,永安市就被中国经济林协会授予了"中国金线莲之乡"的称号。在此背景下,上坪乡 5 名同村种植户联合成立了七宝金线莲农民专业合作社,最初出资额仅 6 万元。2017 年,该合作社共发展社员 57 名,最新投资额 204 万元。尽管普通社员可以认购少量股金,但除了 5 名核心社员外,其余普通社员几乎不参与合作社的经营管理决策或是利润分配。合作社目前的资金来源主要是社员资金入股和金融机构借款。访谈中,七宝金线莲农民专业合作社理事长表示,虽然合作社有自己的商标,但因为宣传不够到位,无法在同类产品中脱颖而出,因此,下一步希望能够加强宣传力度,并扩大生产规模,因而该合作社存在申请正规信贷的需求。

尤溪县洋中镇森圳生态种养殖农民专业合作社(简称森圳)成立于 2017 年,合作社注册资本 800 万元,共有社员 25 人。理事长早在 2013 年意欲成立合作社,但 4 年后才完成前期土地流转等工作,并进行工商注册登记。目前,合作社的主要产品为牛与山羊,承包及流转得来的林地共 700 亩,其中 200 亩为生态林,500 亩为阔叶林。普通社员仅参与生产环节,不参与管理决策及利益分配。为做好产销一体化,森圳生态种养殖合作社在所承包流转的山地上建立了生产基地,主要用途为进行牛羊宰杀及销售,其销售渠道包括线上和线下销售。合作社的运营资金绝大部分来源于理事长自身的资金积累,该合作社理事长意欲拓展旅游观光业务,计划未来向银行申请贷款。

松溪县鑫丰林下种植农民专业合作社(简称鑫丰)成立于 2013 年,为省级示范社。理事长本身从事锥栗、茶山等农林类产品种植,具备一定的资金积累后,以村为单位组织成立了以金线莲为主要产品的林下种植合作社。最初合作社成员为 30 人,2017 年已增加至 103 人,成员主要来自本村,现出资额约 600 万元。合作社拥有自己的生产基地,仅参与金线莲种植的林地约有 100 亩。2017 年共向合作社社员提供与产业相关的科技、文化等知识培训 4 次。普通社员仅参与生产环节,不参与管理决策及利益分配,社员的收益为各自实际成交的交易额。据理事长所述,该合作社购买种苗、雇佣人工费用等生产性支出较高,内源融资方面存在不足,因此计划未来向金融机构申请贷款,以利于资金周转。

永安市双联笋竹农民专业合作社(简称双联)成立于 2014 年,为市级示范社。该合作社建立方式为林农自愿组合,出资额约为 556 万元,共有成员 110 人。成员并不局限于本村,也有跨村、跨乡镇的人员。合作社的主要产品是笋和竹子,收入上可以达到至少一年一收,能够为成员提供营林、造林、林木采伐(持证经营)的劳务服务,或是组织采购、销售本社成员自产的以笋干为主的农产品,能够引进新技术、新品种,以开展竹山经营管理、林下经济种植、林业有害生物防治等工作。目前,合作社生产经营活动的主要资金来源是社员资金入股,主要的生产性支出为人工费用和抚育费用,包括雇佣工人、购买饲料化肥和机具等费用。该合作社并无进一步的扩张计划,因此未来并无向银行申请正规信贷的意向。

## 9.2.2 综合案例分析

(1)合作社的经营特性

4 个案例合作社的经营特性已列在表 9-3 中。从经营模式上来看,除了双联合作社的回收期较长为 3～5 年外,其余 3 家合作社的投资回收期均在

1～3 年。七宝合作社主要为社员提供技术及销售服务，普通社员可将所种植的金线莲通过合作社进行统一销售，其产业模式上属于"合作社＋农户"的传统产业化模式。在 5 个大户的带领下，合作社主要为核心社员服务，此种模式的运营优点在于统购统销模式降低了小户生产经营的不确定性，在一定程度上降低了市场风险，保证了合作社的存续及运营，不足之处在于，由于社员的种植水平决定了合作社的产品质量，对金线莲种植过程的监督以及产品的检验需要投入一定的成本。

表 9-3　林下种养殖案例合作社的经营特性

| 合作社 | 七宝 | 森圳 | 鑫丰 | 双联 |
|---|---|---|---|---|
| 投资回收期/年 | 1～3 | 1～3 | 1～3 | 3～5 |
| 产业化运作模式 | 合作社＋农户 | 合作社＋基地＋农户 | 合作社＋基地＋农户 | 合作社＋农户 |
| 经营模式 | 传统 | 多元 | 多元 | 传统 |
| 是否有商标 | 是 | 是 | 是 | 否 |
| 产品畅销情况 | 一般 | 比较畅销 | 非常畅销 | 一般 |
| 市场容量变化 | 不变 | 变小 | 好很多 | 不变 |
| 盈利能力与前两年相比 | 差不多 | 差一些 | 好很多 | 差不多 |
| 营业收入/万元 | 36 | 20 | 120 | 70 |
| 盈余收入/万元 | 10 | 15 | 50 | 20 |
| 与同类平均收入相比 | 低 | 低 | 高 | 高 |
| 经营特性 | 传统产业模式、低盈利 | 多元化产业模式、低盈利 | 多元化产业模式、高盈利 | 传统产业模式、高盈利 |

森圳合作社为能人主导型经营模式，采取"合作社＋基地＋农户"的产业化运作模式。该合作社的理事长与社员之间更类似于雇佣关系，合作制特征不明显，本质上类似于农业公司性质。此种模式优点在于社员工作分配简单，仅对牛羊负责，工作效率高，有利于理事长发挥自身的经营、管理理念，享受规模经营带来的收益，不足之处在于合作社的生产经营过于依赖理事长的个人能力，不利于长远发展。

鑫丰合作社也采取了"合作社＋基地＋农户"的多元化产业模式,但与森圳不同的是,鑫丰合作社中社员的参与程度更高。部分归功于理事长本身具有较丰富的农业产业的工作经验,由此受到了社员的认可。采用这一产业化模式的优点是依托基地生产金线莲,更易获得规模优势,缺点与森圳合作社类似,生产经营容易过度依赖合作社理事长的个人判断。

以笋、竹为主要产品的双联合作社也是传统的"合作社＋农户"产业化运作模式。合作社成员并不局限于本村,成员将所属的竹林地一并委托给合作社进行经营管理,年终获取分红。此种经营模式的优点是日常生产和运营管理较为简单,主要的生产活动是抚育和挖取笋、竹,短期内不会面临生产技术上的"卡脖子"问题,缺点是合作社成员的收入虽较稳定但不高,仅销售初级农产品无法创造更多的溢价收入。

表9-3还列出了四家合作社在营业收入、盈余收入、盈利能力等方面的对比,由此可以看出四者在盈利能力上存在的差异。除了双联合作社外,其余3家合作社都有属于自己的商标,在产品的运营上都给予了重视。尽管七宝与鑫丰的主要产品均为金线莲,但鑫丰的产品畅销情况以及营业收入都远高于七宝。可能的原因是二者产业化模式不同,规模效应也有较大差距。森圳合作社仍处于3年的资金链周转期内,虽然产品尚且畅销,但由于市场容量变小,其盈利能力与前两年相比有所下降。双联合作社与七宝合作社的经营情况均较为稳定,近两年无论是市场容量还是产品畅销情况都没有太大变化。

根据表9-1,林下种养殖类合作社平均盈利水平约为16万元,因此七宝合作社和森圳合作社的盈利能力低于平均值,而鑫丰合作社和双联合作社的盈利能力高于平均水平。结合各合作社的经营模式,最终判定七宝合作社的经营特性为传统产业模式、低盈利,森圳合作社的经营特性为多元化产业模式、低盈利,鑫丰合作社的经营特性为多元化产业模式、高盈利,双联合作社的经营特性为传统产业模式、高盈利。

基于4家案例合作社的经营特性,本章以盈利能力高低为横轴,经营模式是否多元化为纵轴,使用二分法将4个合作社区分为四类(见图9-1)。同时借鉴波士顿矩阵的命名方式,将鑫丰合作社命名为"明星型"合作社,以体现其经营特性较强；将森圳合作社和双联合作社命名为"问号型"合作社，以表示其经营特性具有不确定性；将七宝合作社命名为"瘦狗型"合作社，以表示其经营能力逐渐降低。

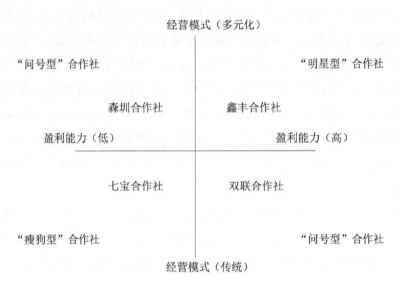

**图 9-1　林下种养殖案例合作社类型区分**

（2）信贷获得情况比较

表 9-4 列出了案例合作社的信贷获得情况比较。七宝合作社的林地为承包或流转获得，并未拥有林权证，无法进行林权抵押贷款。该合作社理事长及核心社员通过个人信用贷款方式，于 2014 年获得中国农业银行发放的贷款 40 万元，贷款期限为 3 年，贷款利率为每月 5.1‰。其表示，所获得的贷款资金基本满足合作社的生产发展需要。按照第 8 章的信贷配给程度识别方式，七宝合作社未受信贷配给。

**表 9-4　林下种养殖案例合作社信贷获得情况比较**

| 合作社 | 七宝 | 森圳 | 鑫丰 | 双联 |
| --- | --- | --- | --- | --- |
| 是否有贷款需求 | 是 | 是 | 是 | 是 |
| 是否申请贷款 | 是 | 是 | 是 | 否 |
| 获得情况 | 获得贷款 | 获得贷款 | 获得贷款 | 未获得贷款 |
| 获得年份/年 | 2014 | 2016 | 2015 | —— |

续表

| 合作社 | 七宝 | 森圳 | 鑫丰 | 双联 |
|---|---|---|---|---|
| 放贷银行 | 国有商业银行 | 农村信用社 | 邮政储蓄银行 | —— |
| 贷款方式 | 个人信用贷款 | 个人信用贷款 | 保证贷款－联保贷款 | —— |
| 贷款金额/万元 | 40 | 10 | 128 | —— |
| 贷款期限/年 | 3 | 2 | 1 | —— |
| 贷款月利率/‰ | 5.1 | 7 | 7 | —— |
| 信贷满足情况 | 未受信贷配给 | 供给型<br>信贷配给 | 未受信贷配给 | 需求型<br>信贷配给 |

森圳合作社的牛羊等产品并非有效的抵押担保品，无法进行抵押贷款，因而该合作社理事长于 2016 年通过个人信用贷款方式获得农村信用社发放的贷款 10 万元，贷款期限 2 年，利率为每月 7‰。但其表示，所获得的贷款资金远远不足以用于合作社拓展合作社旅游观光业务，其信贷需求并未得到满足，遭受供给型信贷配给。

鑫丰合作社响应当地政策，与社内成员进行联保联贷，于 2015 年获得共 128 万元的贷款，贷款期限为 1 年，贷款利率为每月 7‰。在访谈中，理事长表示所贷款的资金完全能够满足合作社的正常生产经营需求。由于合作社有下一步扩大规模的发展规划，因此未来两年仍计划申请正规信贷。基于以上，鑫丰合作社未受信贷配给。

双联合作社有贷款需求，但因其经营模式仍为传统模式，且对贷款政策不了解，认为合作社"即使申请了也得不到"，因而即便有贷款需求，也未向金融机构申请贷款。经判断，双联合作社属于需求型信贷配给。

综合以上，改进图 9-1，画出改进的波士顿矩阵图（见图 9-2）。可以看出，作为"明星型"合作社的鑫丰贷款金额是案例合作社中最高的，但并未受到信贷配给。"问号型"合作社森圳和双联分别受到了供给型信贷配给和需求型信贷配给。从发展前景来看，森圳和双联都具有一定的不确定性。如果这二者能够改进产业模式或者提高盈利能力，那么都有可能向第一象限移动，成为"明星型"合作社，否则也可能掉入第三象限，成为"瘦狗型"合作社。

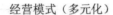

经营模式（多元化）

"问号型"合作社                          "明星型"合作社

森圳合作社                      鑫丰合作社
**供给型信贷配给**              **未受信贷配给**

盈利能力（低）                          盈利能力（高）

七宝合作社                      双联合作社
**未受信贷配给**              **需求型信贷配给**

"瘦狗型"合作社                          "问号型"合作社

经营模式（传统）

**图 9-2　林下种养殖案例合作社经营特性与信贷可得性**

　　较为特殊的是，盈利能力低、采用传统初级的产业模式，属于"瘦狗型"合作社的七宝并未受到信贷配给。产生这一现象最重要的原因是七宝合作社的贷款行为是由理事长与核心社员共同发起，虽然其盈利不高，但胜在经营模式稳定。林业专业合作社很难提供符合金融机构要求的抵押物品，流转或承包得来的林地无法进行林权抵押贷款，绝大部分合作社都是通过核心社员贷款的方式获得正规信贷融资。七宝合作社的贷款金额 40 万元便是由理事长与核心社员通过个人信用贷款获得，获贷金额最高的鑫丰合作社采用的贷款方式则是联保联贷。以上两个合作社与能人主导型的森圳合作社相比，后者虽然在一定程度上能够起到带动作用，但在正规信贷获取时，往往也仅仅依靠理事长进行融资，具有一定的局限性。并且，以理事长为主要决策者的合作社，其信贷参与情况很大程度上依赖于理事长对正规金融的判断和决策，要提高林业专业合作社的信贷市场参与率，有必要加深合作社理事长对金融产品、贷款流程等金融信息的了解。

# 9.3　植树造林类林业专业合作社

植树造林类林业专业合作社选取尤溪县众森林业专业合作社、尤溪县台溪乡祥森林业专业合作社、政和县森林苗木专业合作社以及福建省建瓯市长林林业专业合作社四个林业专业合作社进行案例比较研究。

## 9.3.1 单案例描述

表 9-5 列出了 4 个合作社的基本信息。以下将对各合作社进行简单的背景描述。

表 9-5　植树造林案例合作社经营模式比较

| 合作社 | 众森 | 祥森 | 森林 | 长林 |
|---|---|---|---|---|
| 组建年份/年 | 2017 | 2013 | 2009 | 2016 |
| 成立时间/年 | 2017 | 2017 | 2013 | 2017 |
| 所在地 | 尤溪县 | 尤溪县 | 政和县 | 建瓯市 |
| 合作社出资额/万元 | 150 | 60 | 780 | 300 |
| 合作社成员/人 | 6 | 5 | 59 | 51 |
| 建立方式 | 村两委领办 | 公职人员领办 | 能人领导,林农自愿组合 | 村两委领办 |
| 主营产品 | 林木 | 苗木 | 苗木、花卉 | 木材 |
| 社员收益分配 | 按劳取酬 | 按劳取酬 | 按股分配 | 按劳取酬与按股分配相结合 |
| 未来发展规划 | 做好森林抚育工作 | 扩大造林规模 | 无 | 吸收成员,扩大造林规模 |
| 主要资金来源 | 村集体经济,成员以林木入股 | 村集体经济,成员以林木入股 | 成员投入 | 成员以林木入股 |
| 主要决策者 | 理事长 | 理事长 | 理事长 | 理事长 |
| 示范等级 | 未评级 | 未评级 | 县级示范社 | 未评级 |

尤溪县众森林业专业合作社(简称众森)由尤溪县洋中镇际深村村部村两委及另四位核心社员带头成立,其主要的经营业务是进行营林、造林等生产经营活动,并为成员提供林业生产资料的购买,林产品的加工、运输、贮藏、销售以及与林业生产经营有关的技术、信息咨询服务。该地森林资源丰富,但由于劳动人口大量外流,林业的经营程度较低。为保护并利用林业资源,村两委依托集体经济带头成立众森合作社。该社共有林地 1000 亩,以杉木、阔叶混交林为主,出资额共计 150 万元,资金来源为社员的资金投入或社员林地折价入股。合作社股份实行均分制,人均占股 16.67%。在合作社的经营过程中,众深林业专业合作社曾为新造林木而向亲友进行借贷,金额 20 万元,利息 15‰。该合作社也了解到福林贷普惠制林业金融产品,相较民间借贷,其利率更低,众森林业专业合作社因而想要向金融机构申请福林贷项目贷款。

尤溪县台溪乡祥森林业专业合作社(简称祥森)是由当地林业站工作人员牵头,组织村民成立合作社。与众森合作社类似,该地森林资源丰富,但超过 60% 的人口外出,林木经营程度低。村财收入大程度依靠转移支付和上级的少量款项来维持村的运转,集体资产稀缺,没有"造血"功能,村资源有限,农民增收渠道较少。因此,当地林业站员工组织村民组建合作社,由 5 位合作社社员统一经营森林村集体经济。祥森合作社于 2013 年便计划组建,但直到 2017 年才正式进行工商注册登记,其原因在于前期的人员沟通、林木入股折算等花费了较长时间。目前,该合作社的出资额为 60 万元,主营业务为组织开展造林绿化、森林保护、护林防火、病虫害防治等林业生产经营管理,组织林产品和林下经济产品生产,组织采购、供应成员所需的林业生产资料,组织收购、销售成员生产的林产品和林下经济产品,开展成员所需的运输、贮藏、加工、包装等服务,引进林业新技术、新品种,开展林业技术培训、技术交流和咨询服务。该合作社目前主要的业务是出售苗木,合作社的所在位置与当地银行距离较近,且与银行之间的交流沟通较为频繁。该社未来两年仍有贷款计划,预计向银行贷款 20 万元,希望贷款的月利率为 5‰,期限延长至 2 年,以保证资金的正常周转。

政和县森林苗木专业合作社(简称森林)组建于 2009 年,在 2013 年正式进行了工商注册登记,其原因与祥森类似,前期准备工作耗费时间较长。森林合作社为县级示范社,由能人领办,林农自由加入,主营业务包括为成员提供所需林业苗木生产资料的购买;组织成员进行林业苗木、果树、花卉、盆景的种植和名贵树种种苗培育;组织收购、销售成员种植的林业苗木产品;引进和推广名贵树种种苗种植的新技术、开展林业苗木种植技术培训、技术交流、种植的咨询服务等。该合作社出资额 300 万元,共有 51 名成员,第一大股东持股比例约为 65%。据该合作社理事长所说,该合作社有数位社员拥有企业经营的基础,在资金周转上并无问题,因而不具备正规信贷需求。

福建省建瓯市长林林业专业合作社(简称长林)组建于 2016 年,1 年后进行工商注册登记。该合作社也是由村两委领办,但前期组建所花费的时间短于祥森合作社和森林合作社,该合作社的理事长及核心成员具有较高的执行力。长林合作社出资额共 300 万元,出资形式为成员以林木入股。合作社现有成员 51 人,除却本村村民,还有跨村的林农。该社主营业务为组织成员造林、育林、营林,组织收购、销售成员及同类生产经营者的毛竹、竹笋,组织采购、供应成员所需的生产资料,开展成员所需的木材加工服务。长林合作社计划进一步吸收成员,扩大造林规模,因此具有正规信贷需求。

### 9.3.2 综合案例分析

(1)合作社的经营特性

4 个植树造林类案例合作社的经营特性已列在表 9-6 中。四个合作社的相同点是都没有属于自身的商标。以下将逐个对案例合作社进行分析。

**表 9-6 植树造林案例合作社的经营特性**

| 合作社 | | 众森 | 祥森 | 森林 | 长林 |
|---|---|---|---|---|---|
| 经营模式 | 投资回收期/年 | 20 年以上 | 20 年以上 | 1～3 | 20 年以上 |
| | 产业化运作模式 | 合作社+农户 | 合作社+农户 | 合作社+农户+公司/加工企业 | 合作社+农户+公司/加工企业 |
| | 经营模式 | 传统 | 传统 | 多元 | 多元 |

续表

| 合作社 | | 众森 | 祥森 | 森林 | 长林 |
|---|---|---|---|---|---|
| 盈利情况 | 是否有商标 | 否 | 否 | 否 | 否 |
| | 产品畅销情况 | 未生产产品 | 比较畅销 | 比较不畅销 | 一般 |
| | 市场容量变化 | 变小 | 变大 | 变大 | 变小 |
| | 盈利能力与前两年相比 | 差不多 | 差一些 | 好很多 | 差不多 |
| | 营业收入/万元 | 0 | 150 | 560 | 30 |
| | 盈余收入/万元 | −70 | 60 | 360 | 2 |
| | 与同类平均收入相比 | 低 | 高 | 高 | 低 |
| 经营特性 | | 传统产业模式,低盈利 | 传统产业模式,高盈利 | 多元化产业模式,高盈利 | 多元化产业模式,低盈利 |

众森合作社的投资回收期需要 20 年以上,采用的是传统的"合作社＋农户"的传统产业模式。因该社所属的林木未成熟,仍处于抚育期,不但没有收入,还需支付抚育开发、种苗购买等费用。该社在 2017 年的收入为 0,抚育、种苗、人工等支出达到了 70 万元,因而当年盈利为负数,低于表 9-1 所计算的植树造林类合作社的平均年收入 8 万元。该社产品未成熟,即便成熟了也不能随意砍伐,当年未有产品。理事长认为,目前林木交易的市场容量相比前两年,在显著缩小。众森合作社的经营特性为"传统产业模式,低盈利"。

祥森合作社的投资回收期与众森相似,二者的主要数种为杉木,投资回收期都需要 20 年以上。不同的是祥森通过育苗已陆续可以出售产品,因而在调研年份拥有收入约 150 万元,除去成本之后的盈利在 60 万元左右,是植树造林类合作社平均年收益的 7.5 倍。该社的理事长认为,虽然盈利能力相比以往有所下降,但合作社所生产培育的苗木较为畅销,具有相比前两年更大的市场容量。综合以上,由于祥森合作社采用的是"合作社＋农户"的传统产业模式,且其盈利能力高于同类平均值,因此在经营特性上属于"传统产业模式,高盈利"类群体。

森林合作社的投资回收期是四个合作社中最短的,仅需 1～3 年。因其产品除了木材之外,还有花卉。该合作社社员中有多位在经营其他企业,因此销售及产业合作渠道较多,采用的是"合作社＋农户＋公司/加工企业"的产业经营模式。调研当年,该合作社共实现营业收入约 560 万元,扣除成本后的盈利额约为 360 万元,远高于植树造林类合作社的平均盈利值,约为平均水平的 45 倍。该社的理事长认为,相比前几年,产品并不够畅销,需要深耕销售渠道,但是市场容量有望逐年变大,盈利能力相比前两年得到了提升。结合森林合作社的实际情况,可以判断该合作社的经营特性为"多元化产业模式,高盈利"。

以木材抚育种植为主业的长林合作社的投资回收期同样需要 20 年以上。该合作社与附近的林木加工企业达成合作,因此采用的是"合作社＋农户＋加工企业"的产业化运作模式。该社调研当年共获营业收入 30 万元,但在抚育垦复、饲料及人工费用上支出较高,最终盈利只有 2 万元,低于同类平均水平。该合作社理事长表示这一盈利水平与往年相差无几,认为林木市场较为紧缩,市场容量在逐渐变小。未来合作社有贷款计划,预计贷款数额为 100 万,期望的月利率为 7‰,年限为 5 年。理由是林木的投资回收期较长,需要较长时间来偿还贷款。综合以上因素,长林合作社的经营特性为"多元化产业模式,低盈利"。

基于 4 家植树造林类案例合作社的经营特性,此处同样以盈利能力高低为横轴,经营模式是否多元化为纵轴,使用二分法将 4 个合作社区分为四类(见图 9-3)。借鉴波士顿矩阵的命名方式,将森林合作社命名为"明星型"合作社,以体现其经营特性较强;将长林合作社和祥森合作社命名为"问号型"合作社,以表示其经营特性具有不确定性;将众森合作社命名为"瘦狗型"合作社,以表示其经营能力有可能面临逐渐降低的局面。

从发展前景来看,森林合作社前景最好,长林合作社和祥森合作社都具有一定的不确定性。若二者能够改进产业模式,提高生产力,或者降低成本,提高盈利能力,那么都有可能向第一象限移动,成为"明星型"合作社,否则有可能会掉入第三象限,成为低盈利的"瘦狗型"合作社。

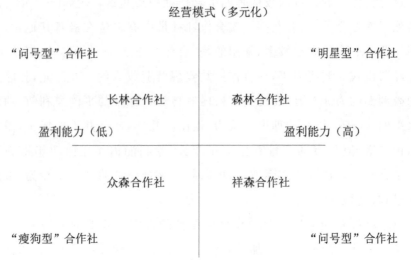

图 9-3  植树造林案例合作社类型区分

（2）信贷获得情况比较

表 9-7 列出了四个案例合作社之间信贷获得的比较情况。众森合作社有贷款需求，且在 2017 年向农村信用社提出了福林贷项目的贷款申请，但并未获得通过，原因在于合作社流转获得的部分林地无法提供林权证，因而不具备有效的反担保效力。按照《关于林权抵押贷款的实施意见》（银监发〔2013〕32 号）规定，依托集体经济成立的合作社进行林权抵押，需提供合作社三分之二以上成员同意的决议书，由于社员之间的意见不统一且询问是否同意的工作量巨大，该合作社无法进行林权抵押贷款。众森合作社未来两年仍有贷款计划，预计需要贷款 20 万元，期望金融机构所提供产品的利率能够低于民间借贷资金的利率。经判断，众森合作社的信贷满足程度属于供给型信贷配给。

表 9-7  植树造林案例合作社信贷获得情况比较

| 合作社 | 众森 | 祥森 | 森林 | 长林 |
|---|---|---|---|---|
| 是否有贷款需求 | 是 | 是 | 否 | 是 |
| 是否申请贷款 | 是 | 是 | 否 | 否 |

续表

| 合作社 | 众森 | 祥森 | 森林 | 长林 |
|---|---|---|---|---|
| 获得情况 | 未获得贷款 | 获得贷款 | 未获得贷款 | 未获得贷款 |
| 获得年份/年 | —— | 2016 | —— | —— |
| 放贷银行 | —— | 农村信用社 | —— | —— |
| 贷款方式 | —— | 个人信用贷款 | —— | —— |
| 贷款金额/万元 | —— | 20 | —— | —— |
| 贷款期限/年 | —— | 1 | —— | —— |
| 贷款月利率/‰ | —— | 4.7 | —— | —— |
| 信贷满足情况 | 供给型信贷配给 | 未受信贷配给 | 需求缺乏型 | 需求型<br>信贷配给 |

祥森合作社于 2016 年获得了 20 万元的个人信用贷款,贷款期限为 1 年,进行林业贴息之后的月利率约为 4.7‰。理事长对这一信贷金额较为满意,表示所贷款的数额可以满足当前合作社营林造林的需要。依据以上情况,祥森合作社未受信贷配给。

森林合作社的理事长则在调研时表示,该合作社不缺资金,也从未发生过借贷行为,没有对正规信贷的融资需求。因此,根据表 8-2,该合作社属于需求缺乏型信贷配给类型。

长林合作社具有信贷需求,但并未申请贷款,理由有三:一是不了解贷款的具体条件,也不清楚贷款流程,主观上认为贷款申请的手续麻烦,耗费时间长。二是贷款年限过短。金融机构的贷款年限最长仅有 3 年,而用材林投入较多的时期便在前 3 年,此时资金周转仍较紧张,合作社理想的还款周期在 5 年。三是贷款额度过小。长林合作社预计需要的贷款数额为 100 万元,但金融机构无法一次性提供如此大额的贷款额度。此外,社员对贷款经营林业并不热衷,不愿以个人名义申请贷款,最终,该合作社决定暂时放弃申请正规信贷。

综合以上可以看出,首先,适合植树造林类林业专业合作社的金融产品较少。与经营其他业务的林业专业合作社相比,植树造林类合作社对资金存在较大需求,期望所贷款的资金贷款期限能够达到 3~5 年。但由于其投资回收期长,资金需求规模大,信贷市场上符合这类合作社的金融产品并不多见。其次,社员的参与度会影响合作社的信贷可得性。社员对合作社的生产经营活动参与程度越高,越倾向于参与信贷活动,越愿意以个人贷款的方式来投入资金帮助合作社发展。

依据图 9-3,结合 4 个合作社的信贷配给类型,画出植树造林案例合作社经营特性与信贷可得性分类图(见图 9-4)。可以看出,作为"明星型"合作社的森林合作社并无信贷需求,盈利能力低的"问号型"合作社长林和"瘦狗型"合作社众森分别受到了需求型信贷配给和供给型信贷配给,而同为"问号型"的祥森合作社并未受到信贷配给。

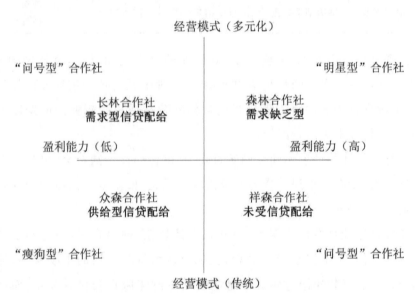

图 9-4　植树造林案例合作社经营特性与信贷可得性

造成以上情形的原因可能有三:一是能人领导型的植树造林类合作社具有资金优势。植树造林等林木抚育工作并不需要每日进行,而是间断性定期投入,因而并不限制理事长及核心社员的其他商业活动。能人型理事长既能够为合作社提供企业合作渠道,还能够提供充分的资金以帮助合作社的生产运营。二是相比林下种养殖类合作社,依托集体经济成立的植树造林类合作社社员的信贷意愿更低。同样是"问号型"合作社,林下种养殖案例中的七宝合作社并未面临信贷配给,而植树造林类的众森合作社则面临着供给型信贷配给,究其原因,是合作社社员的投入意愿不足。即便合作社存在贷款需求,也未见社员通过个人信用贷款的方式进行借贷。与此形成对照的是同为"问号型"的祥森合作社,该合作社理事长及核心社员通过个人信用贷款的方式向农信社贷款 20 万元,并最终获得资金,并未受到信贷配给。

# 9.4 进一步分析

本章节以福建省林下种养殖类 4 个林业专业合作社以及植树造林类 4 个林业专业合作社为例,比较分析了不同经营类型的林业专业合作社在经营特性方面的共性和特性,并对其最终信贷结果进行了分析,得到如下启示。

一是合作社的正规信贷需求较高。无论是林下种养殖类林业专业合作社还是植树造林类林业专业合作社对于正规信贷的需求都较高。一方面,合作社普遍存在资金紧缺的情况。购买生产资料、支付人工费用、完善基础设施建设等事务都需要大笔的资金,农村金融机构可以通过为林业专业合作社提供必要的资金支持从而帮助其扩大生产经营规模,提高盈利能力。另一方面,与民间借贷相比,正规信贷有利率低的优势,对于只需要小额资金进行短期周转的合作社而言,是较好的选择。

二是合作社普遍缺少有效的抵押担保品,大部分合作社的贷款方式是个人信用贷款。一方面,合作社所拥有的产品,如牛、羊、金线莲等产品,或是建于山坡之上的厂房基地,由于缺少流通价值,对于银行而言,均非高质量的抵押担保物品。另一方面,以承包流转或是集体经济的形式获得林地的合作社难以将其林地进行抵押,前者无法获取林权证,而林地经营权证无法进行抵押,后者则需合作社三分之二以上的成员同意方可抵押,工作量巨大,往往难以实现。

三是理事长的信贷决策具有关键作用。无论是在经营管理还是信贷决策方面,理事长的决定都具备关键性作用。理事长对合作社未来发展的规划、对正规金融产品的分析和判断会直接影响林业专业合作社的信贷市场参与率。要提高林业专业合作社的金融市场参与程度,有必要提高合作社理事长对林业金融产品、林业贷款手续流程等相关信息的了解。

四是社员的参与程度影响林业专业合作社的正规信贷获得情况。绝大部分合作社在进行外源融资时,均采取间接贷款的形式,即通过社员个人获得贷款并将资金用于合作社的发展建设。尽管能人领导对于合作社的发展具有很大的带动作用,但是具有充足的资金实力、可以一力支撑整个合作社发展的农村精英仍然属于稀缺资源,此时核心社员对信贷决策的参与至关重要。

五是外部政策环境影响林业专业合作社的正规信贷可得性。目前信贷市场上的金融机构所提供的林业金融产品仍然存在贷款金额过小、利率过高、期限过短、手续麻烦等问题,也有部分合作社对正规信贷存在高不可攀的心理,认为即使申请了贷款也无法获得。外部利好的政策环境有助于推出更符合林业专业需求的金融产品,如福林贷,其主动适应了林业专业合作社金融服务需求的特点,对自身进行了创新改进,一定程度上缓解了林业专业合作社的融资难题。政府部门应继续深化农村金融体制改革,健全农村金融体系,推出更多的适应林业专业合作社现实需求的金融产品。

# 10　研究结论与对策建议

10.1　研究结论

10.2　对策建议

10.3　研究不足与展望

# 10.1 研究结论

本书以农村金融理论、社会资本理论、"小银行优势"理论、交易费用理论以及信息不对称理论为理论基础,基于对福建省 160 个林业专业合作社的调查,对林业专业合作社正规信贷市场上贷款技术的运用、影响林业专业合作社正规信贷的因素进行了实证研究,并对不同经营模式、经营特性的林业专业合作社的信贷需求和供给情况进行了案例分析,得出的主要结论如下:

第一,林业专业合作社的信贷需求满足程度较低。在调研中,仅有14.63%的林业专业合作社表示所获得的正规信贷完全满足其需求,有贷款需求却无法获得贷款以及所获得的贷款无法满足需求的林业专业合作社共有 80 家,意味着有一半的林业专业合作社的信贷需求未能得到满足。可贷资金太少是林业专业合作社正规信贷市场参与度低的主要原因。一方面,贷款额度太少使得林业专业合作社正规信贷需求不能得到很好的满足,另一方面,贷款额度太小降低了林业专业合作社向金融机构申请贷款的意愿。现有的金融产品无法满足林业专业合作社正规信贷的实际需求,从调研问卷来看,林业金融产品的主要问题在于贷款年限太短、贷款利率太高、贷款流程麻烦。

第二,林业专业合作社的禀赋特征、理事长背景、社会资本以及银社关系会影响其融资渠道的选择。相对于没有发生借贷行为的林业专业合作社而言,林业专业合作社的盈利能力、产品畅销情况、理事长的文化程度、信用经历以及银社之间的联系程度正向影响其对正规融资渠道的选择,林业专业合作社的组织社会资本则与其正规融资渠道的选择呈负相关关系;理事长的年龄与混合融资方式显著正相关;理事长的信用经历、合作社的组织资本正向影响林业专业合作社的非正规信贷融资选择。从整体上看,林业专业合作社的融资行为趋于正规化,融资渠道更倾向于正规金融机构。

第三,林业专业合作社基本情况、经营能力、银社关系、理事长特质会影响其信贷需求和获取情况。从信贷需求的角度看,发展规划、盈利水平、理事长文化程度、林业收入占比以及过往信用情况与林业专业合作社的正规信贷需求显著正相关;从信贷供给的角度看,林业专业合作社的财务报表完整性、林地面积、发展规划、盈利水平、产品畅销情况、银社联系程度以及理事长的文化程度、林业收入占比和过往信用情况正向作用于正规信贷供给。合作社示范等级、理事长风险偏好以及林权收储担保机构对林业专业合作社的正规信贷需求与供给的影响均不显著。

第四,银行规模会影响其对林业专业合作社贷款技术的应用。小银行对林业专业合作社的信贷发放更多地使用了信用评级型贷款技术,而非财务报表型或担保型贷款技术。小银行机构能够同时运用硬信息和软信息两类贷款技术,可以有效提高林业专业合作社的信贷可获得性,缓解其融资约束。关系型贷款技术与财务报表型贷款技术、抵押型贷款技术之间的互补或替代程度会受到银行规模的影响。对于无法提供完整的财务报表,以及缺乏有效抵押品的林业专业合作社而言,银社之间关系的强弱会影响其信贷的可得性。

第五,林业专业合作社的基本情况、经营能力、理事长特质和外部环境会影响其信贷配给情况。产品越是畅销、理事长信用越是良好、所在当地有林权收储担保机构的林业专业合作社越不容易遭到信贷配给。林权收储担保机构尽管无法显著促进信贷数量的供给,但却可以提高信贷获得的质量;从平均边际效应来看,林地面积、产品畅销情况、信用经历会显著降低林业专业合作社遭受信贷配给的概率,发展规划则显著提高了信贷配给的可能性;拥有发展规划的林业专业合作社会提高受到供给型信贷配给的概率,林地面积、信用经历和林权收储担保机构的存在则有助于缓解供给型信贷配给;发展规划会提高林业专业合作社遭受需求型信贷配给的概率,合作社的林地面积、产品畅销情况以及理事长良好的信用经历则会降低林业专业合作社遭受需求型信贷配给的可能。

第六,合作社的经营特性、社员的借贷参与程度大幅度影响林业专业合作社的正规信贷获得情况。盈利情况较好、经营模式多样化的林下种养殖类合作社更不易遭受信贷配给,但盈利状况较差、经营模式也较为单一传统的林下种养殖类合作社也可以通过发动核心社员共同进行个人信用贷款而获得经营资金。植树造林类合作社若有资金实力较强的能人及核心社员带领，其盈利能力和产业化运作模式均表现较好，也不会面临信贷配给。盈利能力低的植树造林类合作社则极易面临需求型信贷配给或供给型信贷配给。

# 10.2　对策建议

## 10.2.1　基于林业专业合作社视角

（1）加强财务制度建设。能够出示完整的财务报表可以促进林业专业合作社正规信贷的获取，建设完善、高效的财务制度对于提高信贷可得性具有重要作用。首先，林业专业合作社应根据自身的实际情况，制定符合合作社现状及发展的内部控制制度，将财务管理作为考核合作社经营效益的重要指标之一，提高其重要性。其次，加强合作社管理者及社员的会计知识培训。在调研中发现，拥有专门会计人员的林业专业合作社并不多，多数合作社出于降低成本的考虑，让不具备会计从业资格的社员兼任会计员，造成账面混乱、会计信息失真等问题。最后，合作社应建立透明的财务公开体系，每季度在财务公开栏上向社员公开合作社的财务状况，促进合作社财务制度的完善和管理监督（李明贤、樊英，2014；余磊，2018）。

（2）拓宽产品销售渠道。林业专业合作社的主要功能是做好连接小农户与大市场之间的桥梁，既能够通过集中销售和采购、帮助林农做好技术培训，提高农民的市场交易能力，降低其交易成本，又能够延伸林业的产业链条，帮助林产品的加工和流通，帮助林产品获得价值增值。产品畅销情况有助于促进林业专业合作社的正规信贷获取，缓解正规信贷约束。产品是林业专业合作社申请信贷的"底气"，产品越畅销，林业专业合作社遭受需求型信贷配给的程度越低。因此，合作社首先要保证产品质量，在此基础上，可尝试发展深加工,加强与行业龙头企业、行业大户的合作,寻求共赢;其次,要稳定下游客户群体,签订长期销售合同,保证产品销售渠道;最后,采用新媒体推广策略进行产品推广,如通过微信朋友圈采取"活动内容+奖品+关注"的形式,进行推广销售。

(3)加强与金融机构的联系。银社之间的联系程度正向影响林业专业合作社获取正规信贷的可能性。首先,林业专业合作社要加强与金融机构的业务往来,加深金融机构对合作社的了解,争取与银行之间形成稳定、信赖的伙伴关系。其次,林业专业合作社要与银行保持密切沟通,以便及时获得林业金融产品的政策信息、产品信息、优惠信息。联系程度的加深有助于银社之间形成长期、稳定的信贷合作关系,从而缓解林业专业合作社的信贷配给。

(4)提高社员参与度,发挥社员能动性。要提升合作社社员的参与度,则应重视合作社利润的分配制度。合作社的分配制度不仅涉及盈余的配置方式,更牵扯到对社员的行为激励。在案例研究中可以明确观察到,即便是采用传统经营模式,盈利较低的合作社,内生性较强的社员也会通过个人信用贷款为合作社的经营生产获取信贷资金。但是,是采用按股分红的方式还是采用二次返利的方式来分配盈利,则取决于合作社不同时期内的发展目标。正如刘骏等人(2018)所说,合作社的分配制度类似于一种"阀",用以平衡合作社"人合"与"资合"、公平与效率这两组矛盾统一的原则。这一原则需要因地制宜。如依托村集体经济成立的合作社更重公平,因此按照交易额进行分配的方式较有可能性,而跨村的订单式企业除了交易额分配方式外,还应进行一定比例的股利分配,以提高社员参与合作社经营的能动性。

(5)培育合作社理事长能力。合作社理事长的文化程度、信用经历与林业专业合作社信贷市场参与情况以及信贷获取情况显著正相关,与林业专业合作社遭到的信贷配给程度显著负相关。因此,首先,合作社理事长应珍视自身信用记录,良好的征信记录有利于银行贷款审核的通过;其次,合作社理事长要积极参与政府举办的培训活动及各类展会,增强自身的政府关系能力、社会关系能力和资源整合能力。此外,可鼓励大学生技术入股合作社,采用大学生理事长助理制度,让学历高、学习能力强、接触市场快的大学生成为合作社理事长助理,为合作社的发展、理事长的管理决策培养"高参"。

### 10.2.2 基于金融机构视角

(1)创新林业抵押贷款方式,丰富金融服务产品。金融机构应从实际出发,因地制宜地开发适应当地林业经营特点的金融产品,创新金融服务方式,推进林业贷款业务。如对规模较大,具有核心技术及优质产品,且已获得市场认可的林业专业合作社推出订单贷款,合作社可凭借真实有效的订单,以未来可靠的现金流入为抵押,预先获得授信。也可推行流转合同抵押贷款,包括林权流转交易贷款、林权流转合同凭证贷款等形式,最大程度上盘活林业资源,降低综合信贷成本。此外,可创建以"单位面积碳储量、碳汇量"为核心的普惠金融价值简易估价机制,使用卫星遥感技术来核算林业碳汇,在此基础上推出碳汇质押贷款、林业碳汇收储贷款等产品,运用数字化手段盘活林业资源。

(2)有效利用民间信用体系。金融机构应建立与林业专业合作社的沟通渠道,以便识别其信用资质。村委或林业部门可与金融机构联合设立民间信用体系,利用地缘、亲缘优势来了解林业专业合作社的真实经营状况,通过一定保证金的缴纳,在合作社需要贷款时出具真实有效的担保证明。以厂房抵押为例,林业专业合作社所拥有的厂房对于金融机构而言是具备较高价值的抵押资产,但由于合作社建设厂房的用地多为租赁获得,大部分合作社均无法出具产权证,因而不具备厂房抵押的资格。金融机构可通过调查走访,由民间信用体系出具保证书,再综合财务情况等其他材料进行授信决定。

(3)推广移动金融,打造连接银社双方的信息桥梁。移动金融在信息获取、传输、共享的效率和成本方面具有巨大优势,既能够成为普惠金融的高效载体,又能够弥补借贷双方物理距离带来的各类信息沟通成本。金融机构可简化农村地区开户手续,探讨手机远程开户、远程传递文件的可能实现方式,持续优化农村地区移动支付发展的基础环境,探索建立移动金融服务在农村地区开展效果的评价机制。大力发展贴近市场和微观经济主体的小型金融机构,形成多元化、富有竞争力的金融服务体系,切实降低金融服务的成本和费用。

### 10.2.3 基于林业相关部门视角

(1)完善林权收储担保机构建设。林权收储担保机构能够降低林业专业合作社受到供给型信贷配给的可能,提高其信贷需求满足程度。尽管福建省的林权收储担保机构数量不少,但部分县市的林权收储担保机构刚成立不久,其业务开展量仍未达到全面覆盖。为充分发挥林权收储担保机构的作用,政府应提高对林权收储担保费用的补助,鼓励国企、社会资本的注入,并向林业生产经营宣传推广林权收储担保方式,鼓励林业专业合作社通过林权收储担保的方式参与正规信贷市场。

(2)加强林区交通建设。在对林业专业合作社理事长进行访谈时,多位理事长反映,林区交通不便是制约其林业生产力发展的重要因素之一,部分获得金融贷款的林业专业合作社的主要资金支出就在于道路建设。目前,建瓯等地区的林业部门给予道路建设补贴为 5000 元/公里,但林区道路建设 1 公里的最低造价高于 1 万元,意味着林业生产者仍需付出较高成本进行基础建设。为提高林业专业合作社的经营效率和生产效率,政府部门应加大林区道路建设力度,提高林区道路建设补贴,为促进林业发展全面打好交通基础。

(3)做好林业专业合作社示范社建设。具有示范等级的林业专业合作社能够获得来自政府部门的相应补贴,但在实际评选中存在生产分类、生产经营特点不符合已有规定等问题。如从事植树造林的林业专业合作社因生产管理特点,无法每年进行分红,则其无法符合示范社评选的财务要求。相关林业部门应与农业部门反映情况并进行沟通,依据林业生产特点增加符合实际情况的评选分类,确保发展良好且符合要求的林业专业合作社能够获得示范社称号。

(4)搭建林业现代化平台。从事种养殖类、林下经济类的林业专业合作社的产品,往往由于销售渠道欠缺、缺乏品牌宣传意识等原因,面临"酒香也怕巷子深"的困境。林业部门应搭建林业现代化平台,综合销售、流转、品牌推广等功能,既能够帮助林产品进行广告策划,拓宽品牌宣传路径,也有助于促进林权流转效率,解决林权的"最后一公里"问题。

# 10.3 研究不足与展望

鉴于时间及其他客观原因的限制,本书仅对福建省的林业专业合作社进行问卷调查,缺少对于浙江省、江西省等邻近的林业大省的林业专业合作社正规信贷获取情况的深入观察,缺乏省际比较。此外,尽管双变量 Probit模型弥补了单变量模型的不足,但文中模型自变量的选取仍然是基于林业专业合作社的单方面调查结果,忽视了金融机构作为信贷供给方的见解与看法。并且,由于缺少长期观测数据,在对林业专业合作社正规信贷可得性影响因素进行实证分析时,未能将各地区林业专业合作社的政策支持情况、林业金融支持力度等一些政策因素纳入考量,这些因素均可能导致本书的实证研究和定量分析存在不规范和不完整的可能性。

集体林权制度改革全面推进,极大地调动了林业专业合作社的生产积极性,若向林业专业合作社提供能够满足其多元化需求的信贷服务,将会大大促进其发展建设。本书对林业专业合作社正规信贷可得性进行了研究,但如上所述,仍然存在不足。在未来的研究中,调研了解更多地区的林业专业合作社正规信贷的现实生态以及构建囊括林业专业合作社特征与政府干预的理论分析框架将是今后研究的重要突破口。

# 参考文献

埃里克·弗鲁博顿,鲁道夫·芮切特,2015.新制度经济学:一个交易费用分析范式[M].姜建强,罗长远,译.上海:格致出版社,上海人民出版社:31-93.

蔡荣,2011."合作社＋农户"模式:交易费用节约与农户增收效应:基于山东省苹果种植农户问卷调查的实证分析[J].中国农村经济(1):58-65.

曹务坤,陈晓,2017.民族村寨农民专业合作社章程存在的问题及其潜在风险:基于法社会学的视角[J].贵州民族研究(10):35-38.

柴效武,叶益东,2006."农业合作社＋农户":农村制度变迁过程中组织模式的抉择[J].浙江大学学报(人文社会科学版),36(4):98-107.

陈鹏,刘锡良,2011.中国农户融资选择意愿研究:来自10省2万家农户借贷调查的证据[J].金融研究(7):128-141.

陈强,2014.高级计量经济学及 Stata 应用[M].北京:高等教育出版社:194-195.

陈炜,任梅,2013.中国农民专业合作社政府规制的影响因素:基于博弈论和政府规制理论的视角[J].内蒙古社会科学(汉文版),34(2):7-10.

陈言,2018.农户正规信贷配给变化影响因素及传导机制:来自中国银行业的证据[J].金融论坛(3):24-35.

陈炎伟,黄和亮,2018.农民专业合作社贷款可得性影响因素研究及其政策建议:以福建省农民专业合作社为例[J].福建论坛(人文社会科学版)(6):178-183.

程超,林丽琼,2015.银行规模、贷款技术与小微企业融资:对"小银行优势"理论的再检验[J].经济科学(5):54-66.

程红,1998.现代商品人工林发展模式的探索与实践：世界银行贷款"国家造林项目"实施综述[J].林业经济(2):56-64.

崔宝玉,2015.农民专业合作社：社会资本的动用机制与效应价值[J].中国农业大学学报(社会科学版)(4):101-109.

邓衡山,王文烂,2014.合作社的本质规定与现实检视：中国到底有没有真正的农民合作社？[J].中国农村经济(7):15-26.

丁建臣,赵丹丹,2017.突破中国林业金融发展壁垒的政策建议[J].林业经济问题,37(3):60-62.

董加云,王文烂,林琰,等,2017.福建顺昌县林权收储担保机制创新与成效研究[J].林业经济(12):56-59.

董晓林,程超,吕沙,2015.不同规模银行对小微企业贷款技术的选择存在差异吗？：来自江苏省县域的证据[J].中国农村经济(10):55-68.

董晓林,程超,石晓磊,2017.如何有效降低银行对小微企业抵押物要求：基于贷款技术的视角[J].贵州财经大学学报(1):33-42.

董晓林,冯韵,管煜茹,2018.贷款保证保险缓解农户信贷配给了吗？[J].农村经济(3):58-64.

董晓林,张龙耀,2017.农村金融学[M].北京：科学出版社:17-43.

董晓林,张晓艳,杨小丽,2014.金融机构规模、贷款技术与农村小微企业信贷可得性[J].农业技术经济(8):100-107.

樊宝敏,李晓华,杜娟,2021.中国共产党林业政策百年回顾与展望[J].林业经济(12):5-23.

范刘珊,王文烂,宁满秀,2021.林权抵押贷款缓解农户信贷配给的内在机理、现实困境与路径选择[J].福建论坛(人文社会科学版)(7):60-71.

冯兴元,2004.温州市苍南县农村中小企业融资调查报告[J].管理世界(9):53-66.

富丽莎,秦涛,潘焕学,等,2021.森林保险保费补贴政策的林业产出规模效应实证分析：基于双重差分模型与事件研究模型[J].浙江农业学报(2):355-368.

甘宇,2017.中国农户融资能力的影响因素：融资渠道的差异[J].经济与管理评论(2):12-18.

高化民,1999.农业合作化运动始末[M].北京:中国青年出版社:273-274.

高建宁,周桢,柏双友,等,2015.传统模式合作社与"支部＋合作社"运行效率的对比研究:基于无锡市农民专业合作社的调查[J].市场周刊(3):3-5.

高远东,李卉,官梦瑶,2021.金融支持、社会资本与农民合作社的辐射带动能力[J].农村经济(4):78-86.

戈锦文,范明,肖璐,2016.社会资本对农民合作社创新绩效的作用机理研究:吸收能力作为中介变量[J].农业技术经济(1):118-127.

苟兴朝,2017.农民专业合作社融资困境及路径选择:基于产权分析框架[J].农村金融研究(11):57-61.

古扎拉蒂,2005.计量经济学:第4版[M].《经济科学译丛》编辑委员会,译,北京:中国人民大学出版社:545-548.

顾雪松,谢妍,秦涛,2016.森林保险保费补贴的"倒U型"产出效应:基于我国省际非平衡面板数据的实证研究[J].农村经济(6):95-100.

郭红东,陈敏,韩树春,2011.农民专业合作社正规信贷可得性及其影响因素分析:基于浙江省农民专业合作社的调查[J].中国农村经济(7):25-33.

国家林业局农村林业改革发展司,2014.林业专业合作社示范社典型实例[M].北京:中国林业出版社:1-88.

哈尔·R.范里安,2016.微观经济学:现代观点[M].费方域,朱保华,译.上海:格致出版社:510-511.

韩婷,戴芳,许亚男,等,2016.林农参与林业保险意愿的影响因素分析:以河北省为例[J].林业经济问题,36(8):79-82.

何安华,孔祥智,2009.林业专业合作社发展与林权抵押贷款担保:以浙江丽水市创新竹木专业合作社为例[J].林业经济问题,29(4):331-335.

何光辉,杨咸月,2014.中国农村正规与非正规市场的融资差异[J].数量经济技术经济研究(1):144-160.

何筠,杨洋,刘帅,等,2016.生态林业合作社对农户获取金融服务的作用机制研究:以江西"昌铜四县"为例[J].林业经济问题,36(5):450-456.

胡新杰,赵波,2013.我国正规信贷市场农户借贷约束研究:基于双变量

Probit 模型的实证分析[J].金融理论与实践(2):12-17.

黄李焰,陈少平,陈泉生,2005.论我国森林资源产权制度改革[J].西北林学院学报,20(2):186-192.

黄凌云,戴永务,2019.农民专业合作社正规信贷可得性及其影响因素:基于福建林业专业合作社的实证分析[J].福建论坛·人文社会科学版(8):176-186.

黄凌云,戴永务,2018.30 年来林业金融国内外研究前沿的演进历程:基于知识图谱可视化视角[J].林业经济问题,38(1):87-98.

黄祖辉,刘西川,程恩江,2009.贫困地区农户正规信贷市场低参与程度的经验解释[J].经济研究(4):116-128.

季晨,贾甫,徐旭初,2017.基于复衡性和绩效视角的农民合作社成长性探析:对生猪养殖合作社的多案例分析[J].中国农村观察(3):72-86.

江振娜,谢志忠,2016.农户借贷交易费用的比较分析及启示:基于正规金融与非正规金融的视角[J].农村经济(2):83-88.

姜林,曾华锋,2010.林权抵押贷款风险管理探讨:以江西省崇义县为例[J].林业经济问题,30(2):126-130.

蒋海,屈家树,时旭辉,等,2002.市场经济条件下多元化多渠道的林业投融资机制研究:以广东省林业为例[J].管理世界(3):90-95.

金银亮,2017a.林权抵押、信贷配给与林农信贷可得性分析:基于静态博弈模型的视角[J].技术经济与管理研究,9(4):29-32.

金银亮,2017b.林权抵押、信贷约束与林农信贷可得性:基于一个静态博弈模型的分析[J].林业经济问题,37(3):51-54.

金银亮,张红霄,2015.减少砍伐和退化所致排放量机制研究进展[J].林业经济,37(12):102-109.

柯水发,温亚利,2005.中国林业产权制度变迁进程、动因及利益关系分析[J].林业经济(10):29-32.

孔凡斌,阮华,廖文梅,2020.林业社会化服务供给对贫困农户林地投入产出影响分析[J].林业经济问题,40(2):129-137.

孔凡斌,2008.我国林业投资的机制转变和规模结构分析[J].农业经济问题

（9）：91-96.

孔祥智，2017.农村社区股份合作社的股权设置及权能研究[J].理论探索
（3）：5-10.

雷显凯，罗明忠，2020.集体林改配套政策对林农林业收入差距的影响：基于
分位数回归模型的检验[J].农村经济（4）：68-75.

冷罗生，王朝夷，2019.论我国林权流转制度的不足与完善：以恶意收购林权
证贷款不还现象为例[J].河北法学，37（5）：40-49.

李成友，李庆海，2016.农户信贷需求视角下的信贷配给程度决定分析：基于
OPSS 模型的实证研究[J].统计与信息论坛，31（6）：106-111.

李丹，张兵，胡雪枝，2014.农村中小企业融资需求与信贷可获性[J].金融论
坛（1）：10-16.

李富有，匡桦，2010.隐性约束与非正规金融市场融资：基于借款人选择的解
释[J].南开经济研究（2）：140-152.

李海峰，2012.中国农村金融发展理论与实践研究[D].长春：吉林大学.

李华民，吴非，2019.银行规模、贷款技术与小企业融资[J].财贸经济，40（9）：
84-101.

李健，2016.金融学[M].北京：高等教育出版社：278-328.

李明贤，唐文婷，2017.农村金融成长路径、农户金融参与和融资约束缓解
[J].管理世界（4）：178-179.

李明贤，樊英，2014.经营模式、经营特性与农民专业合作社的发展研究：基于
湖南省浏阳市三家典型蔬菜类合作社的研究[J].农业经济问题（2）：81-87.

李庆海，吕小锋，孙光林，2016.农户信贷配给：需求型还是供给型？：基于双重
样本选择模型的分析[J].中国农村经济（1）：17-29.

李润平，周灵灵，2014.农民专业合作社的融资诉求及其影响因素研究：基于
河北、安徽两省问卷调查数据的实证分析[J].经济经纬（3）：20-25.

李绍平，秦明，董永庆，2021.数字普惠金融背景下的小额信贷与农户收入
[J].经济学报，8（1）：216-234.

罗纳德·I·麦金农，1997.经济发展中的货币与资本[M].卢骢，译.上海：上
海三联书店，上海人民出版社：1-77.

李万超,2014.中国农村金融供给与需求结构研究[D].沈阳:辽宁大学.

李文,2018.税收认知影响个人所得税的劳动供给效应吗:基于似不相关双变量 Probit 模型的分析[J].财贸研究(9):66-75.

李文会,张连刚,2017.中国政策性森林保险的政策演进与展望:基于中央"一号文件"的政策回顾[J].林业经济问题,37(3):55-59.

李旭,李雪,2019.社会资本对农民专业合作社成长的影响:基于资源获取中介作用的研究[J].农业经济问题(1):125-133.

李垚均,王烨,刘国彬,等,2021.我国林业典型投融资模式及创新发展深析[J].林业资源管理(4):23-28.

李彧挥,孙娟,高晓屹,2007.影响林农对林业保险需求的因素分析:基于福建省永安市林农调查的实证研究[J].管理世界(11):71-75.

梁海兵,张华,2022.村庄内部收入差距与农村人情信任:基于双 Probit 模型的非线性检验[J].农业技术经济(10):20-39.

梁虎,罗剑朝,2019.供给型和需求型信贷配给及影响因素研究:基于农地抵押背景下 4 省 3459 户数据的经验考察[J].经济与管理研究,40(1):29-40.

廖媛红,2015.农民专业合作社的社会资本与绩效之间的关系研究[J].东岳论丛(8):128-135.

林德荣,李智勇,2010.减少毁林和森林退化引起的排放:一个综述视角的分析[J].世界林业研究(2):1-4.

林坚,黄胜忠,2007.成员异质性与农民专业合作社的所有权分析[J].农业经济问题(10):12-17.

林乐芬,李晅,2017.银行金融机构异质性、贷款技术对中小微企业信贷可得性的影响:基于 128 家商业银行的问卷[J].学海(3):91-99.

林业部造林绿化和森林经营司,林业部经济发展研究中心,1998.中国林业股份合作制的探索与实践[M].北京:中国林业出版社:1-2.

刘冬文,2018.农民专业合作社融资困境:理论解释与案例分析[J].农业经济问题(3):78-86.

刘洁,陈新华,2016.经营模式、制度特征与农民专业合作社的发展:基于江西省赣州市三个典型个案的比较研究[J].农村经济(2):118-123.

刘骏,张颖,艾靓,等,2018.利润追逐:合作社盈余分配制度的选择动力[J].
农业经济问题(4):49-60.

刘圻,褚四文,高跃,等,2013.林权抵押贷款:银行惜贷现状与证券化模式研
究[J].农业经济问题(5):70-76.

刘文雯,王征兵,2014.刍议农民专业合作社融资困境及其出路:以驻马店市
为例[J].农业经济(9):107-108.

刘西川,陈立辉,杨奇明,2014.农户正规信贷需求与利率:基于 Tobit Ⅲ 模型
的经验考察[J].管理世界(3):75-91.

刘西川,黄祖辉,程恩江,2009.贫困地区农户的正规信贷需求:直接识别与经
验分析[J].金融研究(4):36-51.

刘西川,杨奇明,陈立辉,2014.农户信贷市场的正规部门与非正规部门:替代
还是互补?[J].经济研究(11):145-158.

刘轩羽,夏秀芳,周莉,2014.林农小额林权抵押贷款需求影响因素分析:基于
对福建省、浙江省和陕西省的调研[J].西北林学院学报,29(6):288-292.

刘勇,李睿,2018.农业补贴、非正规金融是否刺激了农户正规信贷需求?:基
于 CHFS 调查数据的经验分析[J].西部论坛,28(2):9-16.

刘雨松,钱文荣,2018.正规、非正规金融对农户创业决策及创业绩效的影响:
基于替代效应的视角[J].经济经纬,35(2):41-47.

刘政,杨先明,2017.非正规金融促进了本土企业产品创新吗?:来自中国制造
业的证据[J].经济学动态(8):88-98.

刘忠璐,2018.提高银行资本能缓解小微企业融资难问题吗:基于小微企业贷
款风险权重降低改革的讨论[J].经济理论与经济管理(4):86-97.

鹿斌,金太军,2015.协同惰性:集体行动困境分析的新视角[J].社会科学研
究(4):72-78.

路征,余子楠,朱海华,2018.社群经济视角下我国农民专业合作社融资问题
研究[J].农村经济(7):62-68.

罗必良,高岚,2013.集体林权制度改革:广东的实践与模式创新[M].北京:
中国农业出版社:13-54.

罗攀柱,2015.林业专业合作社异化:类型、形成要因及其机制:以 H 省为例

[J].农业经济问题(2):40-46.

罗攀柱,2018.日本林业经营主体扶植政策展开过程及其对中国林业发展的
　启示[J].农业经济问题(1):134-144.

马平,潘焕学,秦涛,2017.我国林业巨灾保险风险分散体系的构建及政策保
　障[J].农村经济(1):67-72.

马晓青,刘莉亚,胡乃红,等,2012.信贷需求与融资渠道偏好影响因素的实证
　分析[J].中国农村经济(5):65-76.

马兴华,张晋昕,2014.数值变量正态性检验常用方法的对比[J].循证医学,
　14(2):123-128.

毛飞,王旭,孔祥智,2014.农民专业合作社融资服务供给及其影响因素[J].
　中国软科学(7):26-39.

孟樱,王静,2017.农户信贷配给情况及影响因素分析[J].西北农林科技大学
　学报(社会科学版),17(3):59-66.

米运生,曾泽莹,高亚佳,2017.农地转出、信贷可得性与农户融资模式的正规
　化[J].农业经济问题,38(5):36-45.

米运生,石晓敏,廖祥乐,2018.农地确权、信贷配给释缓与农村金融的深度发
　展[J].经济理论与经济管理(7):63-73.

莫媛,钱颖,2017.银农关系与创业农户的信贷可得性[J].华南农业大学学报
　(社会科学版)(6):96-106.

缪德刚,2016.团体贷款理论的发展及其对中国农村资金配置的借鉴[J].贵
　州社会科学,316(4):163-168.

倪细云,王礼力,2012.农民专业合作社融资能力:测度模型与实证分析[J].
　求索(4):1-4.

聂左玲,汪崇金,2017.专业合作社信用互助:山东试点研究[J].农业经济问
　题(11):23-30.

潘鹤思,李英,陈振环,2018.森林生态系统服务价值评估方法研究综述及展
　望[J].干旱区资源与环境,32(6):72-78.

庞巴维克,2009.资本实证论[M].北京:商务印书馆:93-98.

庞金波,邓凌霏,范琳琳,2016.黑龙江省农民专业合作社融资问题、成因及对

策研究[J].农业现代化研究,37(4):725-732.

彭红军,2020.林业碳汇运营、价格与融资机制[M].南京:东南大学出版社:132-136.

彭克强,刘锡良,2016.农民增收、正规信贷可得性:与非农创业[J].管理世界(7):88-97.

彭澎,吕开宇,2017.农户正规信贷交易成本配给识别及其影响因素:来自浙江省和黑龙江省466户农户调查数据分析[J].财贸研究(3):39-49.

漆雁斌,张艳,贾阳,2014.我国试点森林碳汇交易运行机制研究[J].农业经济问题(4):73-79.

秦海林,刘岩,2022.信贷可得性、融资约束与农村家庭创业:基于正规信贷与非正规信贷的比较分析[J].金融经济(8):29-42.

秦涛,李昊,宋蕊,2022.林业碳汇保险模式比较、制约因素和优化策略[J].农村经济(3):60-66.

秦涛,顾雪松,邓晶,等,2014.林业企业的森林保险参与意愿与决策行为研究:基于福建省林业企业的调研[J].农业经济问题(10):95-102.

邱俊齐,翟中齐,1987.对林业生产特点的再认识[J].北京林业大学学报(3):332-334.

任建军,2009.信贷配给理论发展、模型与实证研究[J].金融论坛(4):21-28.

任劼,孔荣,TURVEY CALUM,2015.农户信贷风险配给识别及其影响因素:来自陕西730户农户调查数据分析[J].中国农村经济(3):56-67.

任杰,2016.互联网金融对林业金融的包容性增长效应分析[J].林业经济(11):82-86.

戎承法,胡乃武,楼栋,2011.农民专业合作社信贷可获得性及影响因素分析:基于我国9省农民专业合作社的调查[J].山西财经大学学报,33(10):32-41.

邵林,2018.银企关系对债务融资和企业投资效率的影响[J].财经问题研究(9):76-82.

沈红丽,2021.正规信贷还是非正规信贷提升了农户家庭福利?:基于倾向得分匹配方法的研究[J].现代财经(3):70-82.

盛光华,解芳,2017.农户小额信用贷款事后道德风险因素博弈分析[J].社会科学战线(7):65-69.

盛娅农,2017.农村社会医疗保险参保农户满意度及影响因素研究[J].农业经济问题,38(7):64-71.

石宝峰,王静,2018.基于 ELECTREIII 的农户小额贷款信用评级模型[J].系统管理学报(275):854-862.

斯格特,2001.组织理论:理性、自然和开放系统[M].黄洋,李霞,申薇,等,译.北京:华夏出版社:16-274.

孙才仁,王玉莹,张霞,等,2014.山西农民专业合作社金融支持研究[J].经济问题(1):1-11.

田鹏,陈绍军,2016."公司+合作社+农户"模式运作机制分析:基于新经济社会学的视角[J].农业经济(6):15-17.

万博文,郭翔宇,2022.信贷约束对农民合作社绩效的影响:基于黑龙江省353家农民合作社的调查[J].金融与经济(2):31-38.

万宇涛,杨立社,2015.农户正规信贷体系的有效性评价:基于加入农民专业合作社的视角[J].广东农业科学(23):200-206.

王春超,赖艳,2017.金融抑制与企业融资渠道选择行为研究[J].经济评论(5):51-63.

王岗,2015.林业金融长效发展瓶颈[J].中国金融(8):100.

王建红,冯彦明,2010.林业发展中金融创新模式研究[J].生态经济(9):114-119.

王静,朱烨炜,2015.农户信贷配给下借贷福利效果分析[J].西北农林科技大学学报(社会科学版),15(1):72-77.

王菊红,魏冬,2020.金融创新在服务林业发展中的应用:评《林业金融工具创新与应用案例》[J].世界林业研究,33(3):120.

王磊,蒲玥成,苏婷,等,2011.农户林权抵押贷款潜在需求及其影响因素研究:基于四川3个试点县的实证分析[J].林业经济问题,31(5):464-467.

王明天,张海鹏,2017.改革开放以来我国农村林业政策变化过程及取向分析[J].世界林业研究,30(1):56-60.

王睿,周应恒,2019.乡村振兴战略视阈下新型农业经营主体金融扶持研究[J].经济问题(3):95-103.

王图展,2017.自生能力、外部支持与农民合作社服务功能[J].农业经济问题(5):14-27.

王信,2014.我国新型农村金融机构的发展特征及政策效果研究[D].成都:西南财经大学.

王性玉,胡亚敏,王开阳,2016.自我信贷配给家庭非正规借贷的增收效应:基于河南农户的分位数回归分析[J].经济管理,38(4):130-137.

王钊,刘晗,曹峥林,2015.农业社会化服务需求分析:基于重庆市191户农户的样本调查[J].农业技术经济(9):17-26.

韦克游,2013.农民专业合作社信贷融资治理结构研究:基于交易费用理论的视角[J].农业经济问题(5):62-69.

翁光明,2022.基于集体林权制度改革的林业投融资创新探索:评《林业金融工具创新与应用案例》[J].林业经济(6):101.

翁夏燕,陶宝山,朱臻,2016.林业补贴对农户林权抵押贷款意愿的影响研究:基于浙江省建德和开化的农户调查[J].林业经济问题,36(4):324-331.

吴军,2020.创新林业巨灾保险模式研究[J].林业经济问题,40(4):399-405.

吴雨,宋全云,尹志超,2016.农户正规信贷获得和信贷渠道偏好分析:基于金融知识水平和受教育水平视角的解释[J].中国农村经济(5):43-55.

武康明,1996.林业贷款实行"统贷统还"的办法势在必行[J].山西农经(5):48-51.

肖兰华,金雪军,2010.抵押品缺失与农村中小企业信贷融资的逆向选择[J].财贸经济(8):19-25.

谢少平,刘克萍,2001.强化林业贷款管理,提高信贷经营效益[J].林业经济(8):37-39.

谢向黎,石道金,许宇鹏,2014.新型林业经营主体林权抵押贷款的现状及对策:以浙江省为例[J].林业经济问题,34(6):520-524.

谢玉梅,周方召,胡基红,2015.林权抵押贷款对农户福利影响研究[J].湖南科技大学学报(社会科学版),18(4):76-80.

徐丽鹤,袁燕,2017.财富分层、社会资本与农户民间借贷的可得性[J].金融研究(2):131-146.

徐旭初,吴彬,2017.异化抑或创新?:对中国农民合作社特殊性的理论思考[J].中国农村经济,(12):2-17.

徐旭初,2022.合作社的三重面相:设定、嵌入与策略性[J].中州学刊(1):29-36.

徐璋勇,杨贺,2014.农户信贷行为倾向及其影响因素分析:基于西部11省(区)1664户农户的调查[J].中国软科学(3):45-56.

许驰,张春霞,2014.福建省农民林业专业合作社发展中的理事长能力影响研究[J].学术论坛(5):43-46.

许和连,金友森,王海成,2020.银企距离与出口贸易转型升级[J].经济研究(11):174-190.

许建明,孟庆国,2018.我国农业供给侧结构性改革的"加法"与"减法":政府、合作社与农村金融[J].中国高校社会科学(1):51-59.

许振亮,郭晓川,2012.50年来国际技术创新研究前沿的演进历程:基于科学知识图谱视角[J].科学学研究,30(1):44-59.

薛桂霞,孙炜琳,2013.对农民专业合作社开展信用合作的思考[J].农业经济问题(4):76-80.

薛艳,刘勇,2009.对我国林业投融资问题的思考[J].宏观经济管理(4):53-55.

杨冬梅,雷显凯,康小兰,等,2019.集体林权制度改革配套政策对农户林业生产经营效率的影响研究[J].林业经济问题,39(2):135-142.

杨军,张龙耀,2013.中国农民专业合作社融资约束及其对策研究[J].上海金融(1):112-114.

杨涛,李随成,2015.基于清洁发展机制的碳减排投资机制设计研究[J].预测,34(4):76-80.

杨皖宁,2018.农民专业合作社信用合作业务监管研究[J].农村经济(3):70-76.

杨扬,李桦,薛彩霞,等,2018.林业产权、市场环境对农户不同生产环节林业投入的影响:来自集体林改试点省福建林农的调查[J].资源科学,40(2):427-438.

杨永伟,陆汉文,2020.公益型小额信贷促进农户生计发展的嵌入式机制研究:以山西省左权县S村为例[J].南京农业大学学报(社会科学版),20(6):34-42.

杨子萱,罗攀柱,杨万里,2019.湖南林权抵押贷款的现状与问题研究[J].湖南社会科学(5):97-103.

姚兰,刘滨,吴宗鑫,2004.森林清洁发展机制项目的经济性评价[J].清华大学学报(自然科学版),44(9):1188-1192.

殷浩栋,汪三贵,王彩玲,2017.农户非正规金融信贷与正规金融信贷的替代效应:基于资本禀赋和交易成本的再审视[J].经济与管理研究,38(9):64-73.

应瑞瑶,朱哲毅,徐志刚,2017.中国农民专业合作社为什么选择"不规范"[J].农业经济问题(11):4-13.

游达明,刘芸希,2016.中国区域间清洁发展机制项目的分布差异研究[J].科技管理研究,36(12):250-255.

于宏源,王伟逸,2020.森林保险保费补贴的央地责任分担:基于区域公平的视角[J].山东工商学院学报,34(5):115-122.

于同申,张建超,2015.健全公益林生态补偿制度研究[J].福建论坛(人文社会科学版)(7):37-43.

于学文,陈珂,张喜,等,2006.我国林业风险及其防范措施分析[J].辽宁林业科技(4):32-34.

余磊,2018.浅析农村农业合作社的财务管理问题:兼评《农民专业合作社财务管理与会计》[J].农业经济问题(7):143-144.

余丽燕,NILSSON JERKER,2017.农民合作社资本约束:基于社会资本理论视角[J].中国农村观察(5):87-101.

余丽燕,郑少锋,2011.农民专业合作社融资问题与寻求破解的探索:以福建省为例[J].农村经济(3):52-56.

俞兆云,陈飞翔,2010.逆向选择、信用担保与银行信贷契约设计[J].中南财经政法大学学报(1):51-55.

宰晓娜,吴东立,刘钟钦,2013.农民专业合作社正规信贷可得性影响因素的
实证分析:基于辽宁省 106 家农民专业合作社的调查[J].农村经济(5):
121-125.

詹姆斯·S·科尔曼,2008.社会理论的基础[M].邓方,译.北京:社会科学文
献出版社:279-297.

曾皓,张征华,2017.农民合作社股权集中度越高越好吗?:基于现实与法理的
考量[J].商业研究(2):185-192.

曾诗鸿,狐咪咪,2013.清洁发展机制研究综论[J].中国人口·资源与环境
(2):296-299.

曾维忠,蔡昕,2011.借贷需求视角下的农户林权抵押贷款意愿分析:基于四
川省宜宾市 364 个农户的调查[J].农业经济问题(9):25-30.

张兵,张宁,2012.农村非正规金融是否提高了农户的信贷可获性?:基于江苏
1202 户农户的调查[J].中国农村经济(10):58-68.

张彩江,周宇亮,2017.社会子网络关系强度与中小企业信贷可得性[J].中国
经济问题(1):85-98.

张德元,潘纬,2015.家庭农场信贷配给与治理路径:基于安徽省 424 户家庭
农场的实证分析[J].农村经济(3):59-63.

张海鹏,徐晋涛,2009.集体林权制度改革的动因性质与效果评价[J].林业科
学,45(7):119-126.

张华明,赵庆建,2011.清洁发展机制下中国森林碳汇政策创新机制研究[J].
生态经济(11):74-77.

张冀民,高新才,2016.农民合作社农业资产抵押融资模式研究[J].经济纵横
(2):84-87.

张晋华,郭云南,黄英伟,2017.社会网络对农户正规信贷的影响:基于双变量
Probit 模型和 SEM 模型的证据[J].中南财经政法大学学报(6):83-93.

张兰花,许接眉,2016.林业收储在林权抵押贷款信用风险控制中作用研究
[J].林业经济问题,36(2):139-142.

张倩,牛荣,2021."小额信贷+产业链":小农户衔接现代农业的新路径:宁夏

"盐池模式"的实践经验[J].西安财经大学学报,34(3):92-101.

张卫峰,方显仓,刘峻峰,2020.非常规货币政策、银行贷款与人口老龄化:来自日本的经验证据[J].国际金融研究(7):45-55.

张晓琳,高山,董继刚,2018.农户信贷:需求特征、可得性及影响因素:基于山东省 922 户农户的调查[J].农村经济(2):65-71.

张晓玫,宋卓霖,何理,2013.银企关系缓解了中小企业融资约束吗:基于投资-现金流模型的检验[J].当代经济科学,35(5):32-39.

张旭锐,高建中,2020.生计资本视角下农户集体林地利用效率分析[J].西北农林科技大学学报(社会科学版),20(2):129-137.

张雪,2022.加快促进农民合作社经济发展方式的转变[J].中国农业资源与区划(1):222-231.

张扬,2012.农村中小企业融资渠道选择及影响因素[J].金融论坛(6):50-58.

张一林,林毅夫,龚强,2019.企业规模、银行规模与最优银行业结构:基于新结构经济学的视角[J].管理世界,35(3):31-47.

张蕴晖,董继刚,2018.银行规模、贷款技术与农村小微企业信贷可得性:基于山东省县域地区的调研[J].湖北农业科学,57(2):139-145.

章金霞,白世秀,2009.林业投融资模式创新问题的探讨[J].生态经济(3):116-119.

赵建梅,刘玲玲,2013.信贷约束与农户非正规金融选择[J].经济理论与经济管理(4):33-42.

赵明元,2015.新型农业经营主体的贷款技术分析与选择[J].银行家(11):104-107.

赵蓉英,魏明坤,2016.我国网络计量学发展分析:知识图谱可视化分析[J].情报理论与实践,39(12):46-50.

赵晓峰,邢成举,2016.农民合作社与精准扶贫协同发展机制构建:理论逻辑与实践路径[J].农业经济问题(4):23-29.

郑文风,王素素,吕介民,2018.逆向代际支持对老年人主观幸福感影响的实证检验:基于 CHARLS 数据的实证分析[J].制度经济学研究(1):143-165.

钟真,王舒婷,孔祥智,2017.成员异质性合作社的制度安排与合作稳定性:以三家奶农合作社为例[J].华中农业大学学报(社会科学版)(6):1-8.

周伯煌,宣裕方,张慧,2006.非公有制林业发展的制度障碍及其对策[J].林业科学,42(11):110-113.

周鸿卫,田璐,2019.农村金融机构信贷技术的选择与优化:基于信息不对称与交易成本的视角[J].农业经济问题(5):58-64.

周明栋,陈东平,2018.第三方治理对农户信用贷款可获性影响研究[J].江苏社会科学(5):111-120.

周训芳,诸江,2014.农民林业专业合作社:集体林规模化经营的组织形式与制度创新[J].中国地质大学学报(社会科学版)(4):28-33.

朱丹,2017.中国生态补偿的制度变迁[J].生态经济,33(2):135-139.

朱莉华,马奔,温亚利,2017.新一轮集体林权制度改革阶段成效、存在问题及完善对策[J].西北农林科技大学学报(社会科学版),17(3):143-151.

朱清伟,2022.林权抵押贷款信用风险的影响因素与控制机理:评《林权抵押贷款信用风险识别与控制》[J].林业经济(5):105.

祝仲坤,冷晨昕,2018.互联网使用对居民幸福感的影响:来自CSS2013的经验证据[J].经济评论(1):78-90.

ABATE G T,2018. Drivers of agricultural cooperative formation and farmers' membership and patronage decisions in Ethiopia[J]. Journal of cooperative organization and management,6(2):53-63.

ALCHIAN A A,1969. Information costs, pricing and resource unemployment[J].Economic inquiry,7(2):109-128.

ARMENAKIS A,BEDEIAN A,2010.Organizational change:a review of theory and research in the 1990s[J].Management world,25(3):293-315.

ASANTE-ADDO C,MOCKSHELL J,ZELLER M,et al.,2017. Agricultural credit provision:what really determines farmers' participation and credit rationing? [J]. Agricultural finance review,77(2):239-256.

ATMI E,GÜNEN H B,LISE B B,et al.,2009. Factors affecting forest cooperative's participation in forestry in Turkey[J]. Forest policy and economics，11(2):102-108.

AZRA BATOOL S，AHMED H K，QURESHI S N，2018. Impact of demographic variables on women's economic empowerment: an ordered probit model[J].Journal of women and aging，30(1):6-26.

BARRETO P，AMARAL P，VIDAL E,et al.,1998.Costs and benefits of forest management for timber production in eastern Amazonia[J]. Forest ecology and management,108(1/2):9-26.

BARTOLI F，FERRI G，MURRO P，et al.，2013. SME financing and the choice of lending technology in Italy: complementarity or substitutability? [J]. Journal of banking and finance,37(12):5476-5485.

BEHR P，ENTZIAN A，GÜTTLER A,2011.How do lending relationships affect access to credit and loan conditions in microlending? [J]. Journal of banking and finance,35(8):2169-2178.

BELTRAME F，FLOREANI J，GRASSETTI L，et al.，2019. Collateral, mutual guarantees and the entrepreneurial orientation of SMEs[J]. Management decision，57(1):168-192.

BERGER A N，BLACK L K，2010. Bank size，lending technologies，and small business finance [J]. Journal of banking and finance，35 (3): 724-735.

BERGER A N，MILLER N H，PETERSEN M A，et al.，2005. Does function follow organizational form? Evidence from the lending practices of large and small banks[J]. Journal of financial economics，76(2):237-269.

BERGER A N，UDELL G F,2002. Small business credit availability and relationship lending: the importance of bank organisational structure [J]. The economic journal,112(477):32-53.

BERGERA A N，MILLERB N H，PETERSENC M A,et al.,2005.Does function follow organizational form? Evidence from the lending practices of large and small banks [J].Journal of financial economics,76 (2): 237-269.

BERLIN M, MESTER L J, 1999. Deposits and relationship lending[J]. The review of financial studies, 12(3):579-607.

BINSWANGER H, ROSENZWEIG M, 1986. Behavioural and material determinants of production relations in agriculture [J]. Journal of development studies, 22(3):503-539.

BLAUB M, 2017. Economic freedom and crashes in financial markets[J]. Journal of international financial markets, institutions and money, 47: 33-46.

BOOT A, THAKOR A, UDELL G, 1991. Secured lending and default risk: equilibrium analysis, policy implications and empirical results: the journal of the royal economic society[J]. The economic journal, 101 (406):458-472.

BOUCHER S R, CARTER M R, GUIRKINGER C, 2008. Risk rationing and wealth effects in credit markets: theory and implications for agricultural development[J]. American journal of agricultural economics, 90(2): 409-423.

BRICKLEY J A, LINCK J S, SMITH J R C W, 2003. Boundaries of the firm: evidence from the banking industry[J]. Journal of financial economics, 70(3):351.

BRIGGEMAN B C, JACOBS K L, KENKEL P, et al., 2016. Current trends in cooperative finance[J]. Agricultural finance review, 76(3): 402-410.

BURMAOGLU S, SARITAS O, KIDAKL B, et al., 2017. Evolution of connected health: a network perspective [J]. Scientometrics, 112(3): 1419-1438.

BUTLER R A, KOH L P, GHAZOUL J, 2009. REDD in the red: palm oil could undermine carbon payment schemes[J]. Conservation letters, 2(2): 67-73.

CHADDAD F, COOK M L, 2003. The emergence of non-traditional cooperative structures: public and private policy issues [C]//NCR-194 research on cooperatives annual meeting,Kansas City,Missouri.

CHAZDON R L, 2008. Beyond deforestation: restoring forests and ecosystem services on degraded lands[J].Science magazine,320(5882):1458-1460.

CHHATRE A, AGRAWAL A,2009.Trade-offs and synergies between carbon storage and livelihood benefits from forest commons[J]. Proceedings of the national academy of sciences of the United States of America,106 (42):17667-17670.

CHIU L J V, KHANTACHAVANA S V, TURVEY C G,2014. Risk rationing and the demand for agricultural credit: a comparative investigation of Mexico and China[J]. Agricultural finance review, 74(2):248-270.

CLARK P B, WILSON J Q,1961. Incentive systems: a theory of organizations[J].Administrative science quarterly,6(2):129-166.

COLE R A,1998.The importance of relationships to the availability of credit [J].Journal of banking and finance,22(6):959-977.

COMMONS J R, 1934.Institutional economics[M].Madison:University of Wisconisin Press:58.

CONNING J H, UDRY C, 2007. Rural financial markets in developing countries [M]//Evenson R E, Pingall. Handbook of agricultural economics.Amsterdam:North-Holland:2857-2908.

DE MEYERE M, BAUWHEDE H V, VAN CAUWENBERGE P, 2018. The impact of financial reporting quality on debt maturity: the case of private firms[J]. Accounting and business research, 48(7):759-781.

DEYOUNG R, GLENNON D, NIGRO P, 2008. Borrower-Lender distance, credit scoring, and loan performance: evidence from informational-opaque small business borrowers[J]. Journal of financial intermediation,17(1): 113-143.

DINDA S,2004.Environmental kuznets curve hypothesis:a survey[J].Ecological economics,49(4):431-455.

DRAKOS K，GIANNAKOPOULOS N，2011. On the determinants of credit rationing：firm-level evidence from transition countries[J].Journal of international money and finance，30(8)：1773.

ENGEL S，PAGIOLA S，WUNDER S，2008.Designing payments for environmental services in theory and practice：an overview of the issues[J]. Ecological economics，65(4)：663-674.

FAMA E F，JENSEN M C，1983.Separation of ownership and control[J]. The journal of law and economics，26(2)：301-325.

FAMA E F，1980. Agency problems and the theory of the firm[J].Journal of political economy，88(2)：288-307.

FANG X，LI Y，XIN B，et al.，2016. Financial statement comparability and debt contracting：evidence from the syndicated loan market [J]. Accounting horizons，30(2)：277-303.

FELDMAN R，1997.Small business loans，small banks and a big change in technology called credit scoring[J].The region，11(3)：19-25.

FERRIA G，MESSORI M，2000. Bank-firm relationships and allocative efficiency in northeastern and central italy and in the south[J]. Journal of banking and finance，24(6)：1067-1095.

GRIEG-GRANA M，PORRAS I，WUNDERA S，2005. How can market mechanisms for forest environmental services help the poor? Preliminary lessons from Latin America[J].World development，33(9)：1511-1527.

GROOT H，BOWYER J，BRATKOVICH S，et al.，2019. The role of cooperatives in forestry[J/OL]. (2015-07-10)[2023-02-07]. http://www.dovetailinc.org/report_pdfs/2015/dovetailforcoops0715.pdf.

GUIRKINGER C，BOUCHER S R，2008. Credit constraints and productivity in Peruvian agriculture[J]. Agricultural economics，39(3)：295-308.

HANSEN M C，POTAPOV P V，MOORE R，et al.，2013. High-resolution global maps of 21st-century forest cover change[J]. Science，342(6160)：850-853.

HART O, MOORE J, 1996. The governance of exchanges: member's cooperatives versus outside ownership [J]. Oxford review of economic policy, 12(4):53-69.

HAUSMAN J, MCFADDEN D,1981. Specification tests for the multinomial logit model[J]. Econometrica,52(5):1219-1240.

HE M, HUANG S, ZHANG Y, et al., 2020. From peasant to farmer: transformation of forest management in China[J]. Small-scale forestry, 19(2):187-203.

HUN MYOUNG PARK, 2008. Univariate analysis and normality test using SAS, Stata, and SPSS[Z]. Indiana: the university information technology services(UITS)center for statistical and mathematical computing, Indiana University.

JAIN S,1999. Symbiosis vs. crowding-out: the interaction of formal and informal credit markets in developing countries[J]. Journal of development economics,59(2):419-444.

JENKINS H, 2014. The new paradigm in small and medium-sized enterprise finance: evidence from turkish banks[J]. Iktisat isletme ve finans, 29 (335):45-71.

JIA X, HEIDHUES F, ZELLER M, 2010.Credit rationing of rural households in China[J].Agricultural finance review(1):37-54.

JOSKOW P L,1985. Vertical integration and long-term contracts: the case of coal-burning electric generating plants[J].Journal of law economics and organization,1(1):33-80.

KAMINSKA T, ILCHAK O, DVORNIK N,2016. Tax optimization model for agricultural cooperatives[J]. Accounting and finance, 73(3):84-88.

KUNDID A, ERCEGOVAC R, 2011. Credit rationing in financial distress: croatia smes' finance approach[J].International journal of law and management, 53(1):62-84.

KYSUCKY V, NORDEN L, 2016. The benefits of relationship lending in a cross-country context: a meta-analysis[J]. Management science, 62(1): 90-110.

LI Z, JACOBS K L, ARTZ G M, 2015. The cooperative capital constraint revisited[J]. Agricultural finance review, 75(2):253-266.

LIU L G,2014.The action network of clean development mechanism(CDM) in China[J].Advanced materials research,933:892-896.

MA W, ABDULAI A, 2016. Does cooperative membership improve household welfare? Evidence from apple farmers in China[J]. Food policy, 58: 94-102.

MA W, ABDULAI A, GOETZ R, 2018. Agricultural cooperatives and investment in organic soil amendments and chemical fertilizer in China[J]. American journal of agricultural economics, 100(2):502-520.

MANKIW N G,1986.The allocation of credit and financial collapse[J].The quarterly journal of economics,101(3):455.

MARLAND G, FRUIT K, SEDJO R,2001.Accounting for sequestered carbon:the question of permanence[J].Environmental science and policy,4 (6):259-268.

MATEOS-RONCO A, GUZMAN-ASUNCION S, 2018. Determinants of financing decisions and management implications: evidence from Spanish agricultural cooperatives[J]. International food and agribusiness management review, 21(6):701-721.

MCCARTHY S, OLIVER B, VERREYNNE M, 2017. Bank financing and credit rationing of Australian SMEs[J]. Australian journal of management, 42(1):58-85.

MENG C, SCHMIDT P,1985. On the cost of partial observability in the bivariate probit model[J].International economic review(1):71-85.

MIJID N, 2015. Gender differences in Type 1 credit rationing of small businesses in the US[J]. Cogent economics and finance, 3(1):1-14.

MILES L, KAPOS V,2008.Reducing greenhouse gas emissions from deforestation and forest degradation: global land-use implications[J]. Science, 320(5882):1454-1455.

MILLER J G, VOLLMANNT E, 1985. The hidden factory[J]. Harvard business review,63(5):142-150.

MORDUCH J, 2000. The microfinance schism[J]. World development, 28 (4):617-629.

MURRO P, 2010. Lending technologies in Italy: an example of hardening of soft information[J]. Rivista bancaria, 12(4):7-32.

MYERS E C,2007.Policies to reduce emissions from deforestation and degradation(REDD)in tropical forests: an examination of the issues facing the incorporation of REDD into market-based climate policies[J].Discussion papers,69(3):1-82.

NEPSTAD D C, VERSSIMO A, ALENCAR A, et al.,1999. Large-scale impoverishment of Amazonian forests by logging and fire[J].Nature,398 (6727):505-508.

PARK S, KIME,2015. Revisiting knowledge sharing from the organizational change perspective [J]. European journal of training and development,39 (9):769-797.

PARLIAMENT L C,1993. Financing growth in agricultural cooperatives [J].Review of agricultural economics,15(3):431-441.

PEEK J, ROSENGREN E S, 1998. Bank Consolidation and small business lending: it's not just bank size that matter[J]. Journal of banking and finance, 22:799-819.

PETERSEN M A, RAJAN R G,1994. The benefits of lending relationships: evidence from small business data[J].The journal of finance,49(1):3-37.

PETRICK M, 2005. Empirical measurement of credit rationing in agriculture: a methodological survey[J].Agricultural economics,33(2): 191-203.

PETRUK O, HRYHORUK I, 2014. Evaluation of investment and crediting capacity of agricultural sector enterprises[J]. Accounting and finance, 54 (4):108-114.

PHELPS J, WEBB E L, AGRAWAL A,2010.Does REDD plus threaten to recentralize forest governance? [J].Science,328(5976):312-313.

PRESBITERO A F, RABELLOTTI R,2014. Geographical distance and moral hazard in microcredit: evidence from Colombia[J]. Journal of international development, 26(1):91-108.

PRETORIUS M, SHA W G, 2004. Business plans in bank decision-making when financing new ventures in South Africa [J]. South African journal of economic and management sciences, 7(2):221-241.

PUTNAM R D,1995.Bowling alone: America's declining social capital[J]. Journal of democracy,6(1):65-78.

RAJAN R, WINTON A, 1995. Covenants and collateral as incentives to monitor[J]. The journal of finance, 50(4):1113-1146.

ROSAL N D L,2017.Computing the extended synthesis: mapping the dynamics and conceptual structure of the evolvability research front[J]. Journal of experimental zoology,328(5):395-411.

SAITO K, TSURUTA D, 2018. Information asymmetry in small and medium enterprise credit guarantee schemes:evidence from Japan[J].Applied economics,50(22):2469-2485.

SCOTT M, BARRY O, MARTIE-LOUISE V, 2017. Bank financing and credit rationing of Australian SMEs[J]. Australian journal of management, 42(1):58-85.

SMONDEL A, 2018. SMEs' soft information and credit rationing in France [J]. Human systems management, 37(2):169-180.

STERN D I, COMMONM S,1996.Economic growth and environmental degradation: the environmental Kuznets curve and sustainable development[J].World development,24(7):1151-1160.

STIGLITZ J E, WEISS A,1981. Credit rationing in markets with imperfect information[J].The American economic review,71(3):393-410.

SUBAK S,2003.Replacing carbon lost from forests:an assessment of insurance,reserves,and expiring credits[J].Climate policy,3(2):107-122.

SUNDERLIN W D, ANGELSEN A, BELCHER B,et al., 2005. Livelihoods,forests,and conservation in developing countries:an overview[J]. World development,33(9):1383-1402.

SWINNEN J F M, GOW H R, 1999. Agricultural credit problems and policies during the transition to a market economy in central and eastern Europe[J]. Food policy, 24(1):21-47.

TURVEY C G, 2013. Policy rationing in rural credit markets[J]. Agricultural finance review, 73(2):209-232.

WILLIAMSON O E,1985.The economic institutions of capitalism[M].New York:Free Press:1-95.

WILLIAMSON S D,1987. Costly monitoring, loan contracts, and equilibrium credit rationing[J]. The quarterly journal of economics(1):135-145.

WINSHIP C, MARE R D, 1984. Regression models with ordinal variables [J]. American sociological review, 49(4):512-525.

WOODS B A, NIELSEN HØ, PEDERSEN A B, et al., 2017. Farmers' perceptions of climate change and their likely responses in Danish agriculture[J]. Land use policy, 65:109-120.

WUNDER S,2001.Poverty alleviation and tropical forests:what scope for synergies? [J].World development,29(11):1817-1833.

WUNDER S, 2005. Payments for environmental services: some nuts and bolts[J].CIFOR occasional paper(42):1-25.

WUNDER S,2007.The efficiency of payments for environmental services in tropical conservation[J].Conservation biology,21(1):48-58.

YU L, NILSSON J,2018.Social capital and the financing performance of farmer cooperatives in Fujian Province, China [J]. Agribusiness (4): 847-864.

ZHANG D，OWIREDU E，2007.Land tenure，market，and the establishment of forest plantations in Ghana［J］.Forest policy and economics，9（6）：602-610.

ZHANG Y，XIONG X，ZHANG W，et al.，2018. Credit rationing and the simulation of multi-bank credit market model：a computational economics approach［J］.Computational economics，52(4)：1233-1256.

ZHOU L，ZHANG Y，DAI G，et al.，2016.Access to microloans for households with forest property collateral in China［J］.Small-scale forestry，15（3）：291-301.

ZHOU M，CHIN H C，2019. Factors affecting the injury severity of out-of-control single-vehicle crashes in Singapore［J］. Accident analysis and prevention，124：104-112.

# 附录一　林业专业合作社正规
# 信贷调研问卷

您好！为了了解和掌握林业专业合作社进行正规信贷融资的可得性情况，发现林业专业合作社在正规信贷中存在的问题，我们想了解一下您对下面一些问题的看法和判断。本问卷中的问题答案无对错之分，对您填答的所有资料，仅供学术研究使用，绝不外流。问卷中的各个问题，除另有说明是多选题外，都是单选题。请您按您的实际情况或想法进行回答。非常感谢您的支持与合作！

日期：_____年_____月_____日

调查对象姓名_____性别_____出生年份_____

联系方式_____

_____市_____县（市、区）_____镇（乡）_____村（区）

## 一、林业专业合作社基本情况

A1.您合作社的全称是_____，主要产品为_____。

A2.您是合作社的_____。

A.社员　　　　　　　　　　B.理事长

C.理事会/监事会成员　　　　D.其他_____

A3.您合作社的组建年月是_____，工商注册登记年月是_____，最近变更注册年月_____；最初出资额_____万元，最新出资额_____万元；最初成员_____人，最新成员_____人，合作社成员主要来自_____。

A.本村　　　　　　　　　　B.跨村,本乡镇街道内

C.跨乡镇街道,本县市区内　　D.跨县市区,本地市内

E.跨地市,本省内　　　　　　F.跨省

A4.若合作社成员不全是来自本村,则有_____人来自外村,其中,_____人为跨村(本乡镇街道),_____人来自外镇(本县市区内),_____人来自其他县(本地市内),_____人跨地市(本省内),_____人为跨省。聘请的工作人员中,有_____名非社员。合作社成员是否有加入限制_____(A.是,B.否),若有,该限制为_____。

A5.您合作社主要从事的业务是_____。(可多选,不超过2个)

A.林木种苗/花卉生产　　　　B.森林管护

C.植树造林　　　　　　　　D.林下种养殖

E.林木采伐　　　　　　　　F.林下经济

G.生态旅游　　　　　　　　H.生产资料采购

I.林产品加工　　　　　　　J.销售、贮藏、运输等经营业务

K.其他_____

A6.您合作社的林地有_____亩,其中:

| 用材林_____(亩) | | | | 经济林_____(亩) | | | | | 生态林 | 其他_____ |
|---|---|---|---|---|---|---|---|---|---|---|
| 竹林 | 杉木 | 马尾松 | _____ | 茶叶 | 果林 | 药材 | 油茶 | _____ | | |
| | | | | | | | | | | |

A7.合作社是否拥有注册商标_____(A.是,B.否)合作社拥有_____个注册商标,为_____。

A8.您合作社去年的营业收入_____万元,支出_____万元,盈余_____万元,分红_____万元,社员分红平均获得了_____元,合作社年末资产总额_____万元。

A9.合作社盈利能力和前两年相比_____,和业务相近的同行相比_____。

A.差很多　　B.差一些　　C.不变　　D.好一些　　E.好很多

A10.您合作社总体运行模式属于下列哪一种_____。

A.合作社＋农户　　　　　　　B.合作社＋基地＋农户

C.公司/加工企业＋合作社＋农户

D.公司/加工企业＋合作社＋基地＋农户

E.协会＋合作社＋农户　　　　F.合作社＋农家乐

G.林户直接售卖,与合作社无关　H.其他_____

您所在的合作社

| A11.是否有会计人员 | A12.能否提供完整的财务报表 | A13.是否经过独立审计 |
|---|---|---|
|  |  |  |

注:A.是,B.否,C.不知道。

| A14.过去一年开展科技、文化、知识培训次数/次 | A15.固定资产(如机器设备、汽车、生产性牲畜、产品等)/万元 | A16.技术引进费用/万元 | A17.良种投入/万元 |
|---|---|---|---|
|  |  |  |  |

A18.合作社产品的畅销情况_____。

A.未有产品　　　　　　　　B.非常不畅销

C.比较不畅销　　　　　　　D.一般畅销

E.比较畅销　　　　　　　　F.非常畅销

A19.合作社是否有国企、政府、银行、事业单位、村干部等公职成员?

_____(A.有,B.没有)共有_____人。

若有,则:

| 序号 | 单位名称 | 单位性质 | 是否发起人 | 出资情况 | | 合作社职务 | 主要职责 |
|---|---|---|---|---|---|---|---|
|  |  |  |  | 出资额/万元 | 出资比例/% |  |  |
| 1 |  |  |  |  |  |  |  |
| 2 |  |  |  |  |  |  |  |
| 3 |  |  |  |  |  |  |  |
| 4 |  |  |  |  |  |  |  |
| 5 |  |  |  |  |  |  |  |

注:1.单位性质:A.企业,B.事业单位,C.行政单位,D.银行,E.村干部,F.其他(注明);

2.是否发起人：A.是，B.否；

3.合作社职务：A.理事，B.监事，C.社员，D.其他（注明）；

4.主要职责：A.业务对接，B.资金融通，C.技术支持，D.设备供给，E.其他（注明）。

### 合作社的成员及消费者满意度

| A20.成员对合作社提供服务 | A21.成员对合作社的认可和接受程度 | A22.消费者对合作社提供服务的满意程度 |
|---|---|---|
|  |  |  |

注：A.非常不满意，B.不太满意，C.基本满意，D.比较满意，E.非常满意。

A23.合作社第一大股东的持股比例为＿＿＿＿＿，第二至第五大股东持股比例之和为＿＿＿＿＿。

A24.成员退社时的处理办法＿＿＿＿＿。

A.退还股金                    B.退还股金但负当年盈亏

C.不退股金但可有限转让        D.不退股金也不能转让

## 二、资金需求及融资情况

（一）资金需求情况

B1.您所在的合作社生产经营活动的主要资金来源是（可多选，不超过4个，按重要性顺序从高到低排列）＿＿＿＿＿。

A.从事林业活动的资金积累        B.从事其他农业活动的资金积累

C.从事非农活动的资金积累        D.民间借款

E.金融机构借款                  F.村民入股的资金

G.村民入股的林地/产品/树木所产生的价值

H.其他＿＿＿＿＿

B2.在合作社的经营过程中是否发生过借贷行为＿＿＿＿＿（A.是，B.否），合作社获得借款的来源包括＿＿＿＿＿，金额为＿＿＿＿＿万元，月利率为＿＿＿＿＿。

A.信用社或银行                  B.亲友借贷

C.民间标会等形式                D.网贷（如蚂蚁花呗等）

E.通过银背借款（银背指的是为借款人联系贷款方的中间人）

F.混合贷款（同时从正规金融机构和非正规金融机构获得贷款）

G.从未发生过借贷行为（*跳转到 B5*）

B3.合作社借款得来的资金用于_____

A.购买生产资料 　　　　　　　B.新造林木

C.抚育垦复（施肥） 　　　　　　D.便道修复等建设

E.生产基地等设施建设 　　　　F.品牌建设

G.购买生产设备等 　　　　　　H.其他_____

B4.合作社获得贷款或借款后，是否有被金融机构的工作人员或资金出借方走访？_____

A.是　B.否

（二）融资情况

B5.合作社是否想要申请正规信贷_____（A.是，B.否）。

B6.合作社是否获得了正规信贷_____（A.是，B.否）。

合作社对正规金融机构的正规信贷需求及贷款获取情况是_____。

A.有正规信贷需求，获得贷款

B.有正规信贷需求，未获得贷款（*跳转到 B13*）

C.无正规信贷需求，获得贷款（*跳转到 B19*）

D.无正规信贷需求，未获得贷款（*跳转到 B23*）

若您选 A，那么：

B7.合作社于_____年获得正规金融机构的贷款，向您提供贷款的金融机构是_____，属于_____。

A.国有商业银行 　　　　　　　B.其他股份制商业银行

C.农村信用社 　　　　　　　　D.农村商业银行

E.村镇银行

B8.您合作社的贷款方式是_____。

A.个人信用贷款 　　　　　　　B.其他信用贷款_____

C.保证贷款－担保公司贷款 　　D.保证贷款－联保贷款

E. 其他保证贷款_____ 　　　F.抵押贷款－林权抵押贷款

G.其他抵押贷款_____ 　　　H.质押贷款

I.其他_____

B9.合作社申请的贷款金额是_____万元,实际获得的贷款是_____万元,金融机构可供的最高贷款额度是_____万元;您实际的贷款期限是_____年,金融机构的最长年限是_____年;您实际贷款利率是_____(月利率/年利率)。申请贷款时,您的林地经营期限是_____年。

B10.合作社所获得的贷款金额能否满足其发展需求?_____

A.完全满足　　　　B.基本满足　　　　C.没有满足

若合作社所获得的正规贷款无法满足发展需求,原因是(可多选,按重要性顺序从高到低排列):_____

A.贷款资金过少　B.贷款期限太短　C.利率过高　D.其他_____

B11.合作社从申请贷款到获得批准花了多长时间?_____天。

B12.您认为金融机构在审批合作社的贷款时,主要看重(多选,按重要性从高到低顺序排序)_____。(跳转到 B23)

A.财务报表所反映的信息　　　　B.是否有抵押资产

C.是否有担保　　　　　　　　　D.个人或合作社信用评级结果

E.信贷员与合作理事长期接触所搜集的软信息

若您选 B,那么:

B13.合作社是否有向正规金融机构申请贷款?_____

A.是　　　　　　　　　　　　B.否(跳转到 B16)

B14.合作社申请的贷款方式是_____,贷款金额是_____万元。

A.个人信用贷款　　　　　　　B.其他信用贷款_____

C.保证贷款-担保公司贷款　　D.保证贷款-联保贷款

E. 其他保证贷款_____　　　F.抵押贷款-林权抵押贷款

G.其他抵押贷款_____　　　H.质押贷款

I.其他_____

B15.金融机构未批准的原因是(可多选,按重要性顺序从高到低排列):_____。

A.财务报表有问题　　　　　　B.抵押物品不符合申请条件

C.无还贷能力　　　　　　　　D.资信不良或有债务记录

E.其他_____

B16.您认为金融机构在审批合作社的贷款时,主要看重(多选,按重要性从高到低顺序排序)_____。

A.财务报表所反映的信息　　B.是否有抵押资产　　C.是否有担保

D.个人或合作社信用评级结果

E.信贷员与合作理事长期接触所搜集的软信息

B17.若您没有向正规金融机构提出申请,主要原因是(可多选,不超过 4 个,按重要性顺序从高到低排列):_____。

A.即使申请了也得不到　　　　B.贷款额度过小不能满足需要

C.不了解贷款的条件和程序　　D.贷款的手续麻烦,耗费时间长

E.没有还款来源担心还不起　　F.贷款未还清或有不良记录

G.贷款利率太高　　　　　　　H.贷款年限太短

I.通过其他渠道获得贷款　　　J.其他_____

B18.若您确信银行将会批准合作社的贷款,您会申请吗? _____(跳转到 B23)

A.会　　　　　　　　　　　B.否,理由是_____

若 B6 的选项您选 C,那么:

B19.您所在的合作社对正规金融机构不存在贷款需求的原因是(可多选,不超过 3 个,按重要性顺序从高到低)_____。

A.资金充足,无需贷款　　　　B.合作社经营阶段无需资金投入

C.已从其他渠道获得贷款　　　D.其他_____

B20.您合作社的贷款方式是_____。

A.个人信用贷款　　　　　　　B.其他信用贷款_____

C.保证贷款－担保公司贷款　　D.保证贷款－联保贷款

E.其他保证贷款_____　　　F.抵押贷款－林权抵押贷款

G.其他抵押贷款_____　　　H.质押贷款

I.其他_____

B21.合作社申请的贷款金额是_____万元,实际获得的贷款是_____万元,金融机构可供的最高贷款额度是_____万元;合作社实际

的贷款期限是_____年,金融机构的最长年限是_____年;合作社实际贷款利率是_____(月利率/年利率)。

B22.您所在的合作社无贷款需求却申请了贷款的原因是_____。

A.金融机构主动联系提供优惠待遇

B.当地政府鼓励

C.亲朋好友劝说　　　　　　　　D.其他_____

B23.您认为金融机构在审批合作社的贷款时,主要看重(多选,按重要性从高到低顺序排序)_____。

A.财务报表所反映的信息　　　　B.是否有抵押资产

C.是否有担保　　　　　　　　　D.个人或合作社信用评级结果

E.信贷员与合作理事长期接触所搜集的软信息

B24.就您了解,您合作社去年共有_____人申请贷款,_____人获得贷款,分别获得_____的贷款金额,贷款利率为_____(月利率/年利率),贷款年限为_____,贷款方式是_____。

A.个人信用贷款　　　　　　　　B.其他信用贷款_____

C.保证贷款－担保公司贷款　　　D.保证贷款－联保贷款

E.其他保证贷款_____　　　　F.抵押贷款－林权抵押贷款

G.其他抵押贷款_____　　　　H.质押贷款

I.其他_____

B25.合作社其他成员贷款情况是否会影响您的贷款决策?_____(A.会,B.不会)

## 三、产品及市场情况

C1.合作社主要资产,如资金、生产设备能否改变生产用途?_____

A.不能转产　　　　　　　　　　B.能转产,但损失较大

C.能转产,但损失较小　　　　　D.完全转产

C2.合作社的主要产品市场辨别难易程度怎样?_____

A.很难　　B.较难　　　C.一般　　　D.较容易　　　E.很容易

C3.合作社主要产品市场容量近三年变化怎样?_____

A.变小　　　B.不变　　　C. 变大

## 四、信用情况

D1.您在申请最近的一次正规金融信贷之前,是否有获得过正规渠道的贷款? _____

A.是　　　　　　　　　　B.否

若您获得过正规渠道贷款,您所申请的贷款方式是_____。

A.个人信用担保贷款 B.抵押担保贷款 C.保证担保 D.其他_____

D2.您当时的实际贷款金额为_____万元,用途为_____。

D3.您在申请最近的一笔正规金融贷款时,先前的贷款是否已还清? _____

A.是　　　　　　　　　　B.否

D4.您合作社的示范等级为_____。

A.未评级　　　B.县级合作社　　　C.市级合作社　　　D.省级合作社

E.国家级合作社

D5.您合作社的金融机构信用等级为_____。

A.未评级　　　B.B 级　　　C.A 级　　　D.AA 级　　　E.AAA 级

## 五、人员及家庭情况

E1.您的年龄为_____岁,受教育年限为_____年,受教育程度为_____(A.小学及以下,B.初中,C.中专或高中,D.大专或本科及以上)。

您家中共有_____人,家中 15~64 岁的劳动人口有_____人。

您的家庭成员或亲戚中:

| E2.联系十分紧密的人数/人 | E3.获得过优秀党员等政治荣誉称号/人 | E4.现任或曾经任村干部/人 | E5.现在或曾经在政府部门、国企等单位工作/人 | E6.党员人数/人 |
|---|---|---|---|---|
|  |  |  |  |  |

E7.您家中的房产面积为_____平方米,位于_____。

A.村里　　　B.乡/镇上　　　C.县里　　　D.市区　　　E.其他_____

E8.您过去一年家庭纯收入_____万元,其中,家庭经营性收入_____万元(种植业收入_____万元,养殖业收入_____万元),工资性收入_____万元,财产性收入_____万元,转移性收入_____万元。

E9.家庭经营性收入中,占比最高的是_____。

A.种植业收入　　　　B.养殖业收入　　　　C.其他

E10.过去一年生产性支出_____万元,按支出从高到低排名为_____(前四位)。

A.购买种苗　　　　　　　　B.购买饲料化肥

C.购买机具　　　　　　　　D.雇佣人工费用

E.搭建大棚费用　　　　　　F.其他_____

## 六、银社关系

F1.您的合作社是否在想要申请贷款的银行开立结算账户?_____

A.是　　　B.否　　　　C.不想贷款,原因_____

F2.您自己是否有在想要申请贷款的银行开设账户?_____

A.是　　　B.否

F3.您的合作社是否有定期与银行对账?_____

A.是　　　B.否　　　　C.不知道,原因_____

F4.您的合作社与贷款银行的距离为_____公里。

F5.银行来电来访的频率为_____。

A.不联系　　　　　　　　B.偶尔有些联系

C.联系较多　　　　　　　D.频繁联系

E.不知道

## 七、对正规金融信贷的期望

G1.合作社接下来是否有扩大生产规模等发展规划?具体内容_____

A.有　　　　　　　　　　B.没有(跳转到 G4)

G2.合作社预计需要的贷款数额为_____万元。

G3.对于林业正规信贷,您能接受的最高月利率是_____,贷款期限是_____年,原因是_____。

G4.您认为向正规金融机构贷款难吗?_____

A.很难　　　B.难　　　C.一般　　　D.容易　　　E.很容易

G5.您认为,在林业专业合作社发展的过程中,政府最应该发挥的作用是_____。(多选,按重要性顺序从高到低排序)

A.提高资金方面的支持　　　　B.提高优惠政策

C.做好人员培训　　　　　　　D.帮助产品销售

E.加强合作组织合作管理的制度

F.及时通知优惠政策或项目等信息,做好沟通工作

G.其他_____

G6.您认为在林业专业合作社发展的过程中,金融机构最应该做的是_____。(多选,按重要性顺序从高到低排序)

A.提高贷款额度　　　　　　　B.延长贷款年限

C.降低贷款利率　　　　　　　D.简化流程手续

E.推出更多的金融产品类型　　F.提高服务态度

G.其他_____

G7.您的合作社在融资方面最大的问题是什么?打算如何解决?

_____

_____

_____

_____

_____

# 附录二  林户家庭收入与支出调查表

| 收入 | 访谈调查记录表 | | | | | | |
|---|---|---|---|---|---|---|---|
| 家庭经营性纯收入（a1）_____万元 | 【请在此记录包括种植、养殖或家庭经营超市、商店、小卖部、饭店、幼儿园、建筑队、货车客车运输、养老院等收入情况信息。注：在计算农业生产纯收入时，需减去作物种植中的各种农业经营支出，包括购买种子、化肥、农药、灌溉、租用农机、雇工等】 | | | | | | |
| | 项目 | 品种 | 面积/亩 | 总产量/斤 | 市场价格/元/斤 | 总收入/万元 | 总支出/万元 | 总纯收入/万元 |
| | 种植业 | | | | | | |
| | | | | | | | |
| | | | | | | | |
| | 养殖业 | 品种 | 出栏数量/头/只 | | 市场价格/元/斤 | 总收入/万元 | 总支出/万元 | 总纯收入/万元 |
| | | | | | | | |
| | | | | | | | |
| | | | | | | | |
| | 其他 | | | | | | |
| 工资性纯收入（a2）_____万元 | 【请在此记录收入信息、务工所属行业、一年务工天数、务工年收入等信息。若为外地务工，则需扣除房租、日常生活支出等相关花费】 | | | | | |
| | 务工行业 | 务工人数/人 | 务工时间/天 | 务工总收入/万元 | 外地务工支出/万元/年 |
| | 行业1：_____ | | | | |
| | 行业2：_____ | | | | |
| | 其他行业：_____ | | | | |

续表

| 收入 | 访谈调查记录表 | | | | | | |
|---|---|---|---|---|---|---|---|
| 财产性<br>收入(a3)<br>_____万元 | 【请在此记录土地流转、股息、房屋出租租金、利息等收入】 | | | | | | |
| | 土地流转 | | 股息 | | 房屋出租租金 | 利息收入 | 其他 |
| | | | | | | | |
| 转移性<br>收入(a4)<br>____万元 | 【请在此记录非常住人口寄回、亲友赠送、补贴收入等】 | | | | | | |
| | 补贴 | 补助金 | 离退休金 | 亲友赠送 | 赡养费 | 非常住<br>人口寄回 | 其他 |
| | | | | | | | |
| 合作社生产<br>性支出(a5)<br>_____万元 | 【请在此记录包括购买种苗、饲料、机具、雇佣管理费、搭建大棚等生产性支出】 | | | | | | |
| | 购买种苗 | 化肥饲料 | 购买机具 | 雇佣工人费用 | 搭建大棚费用 | | 其他 |
| | | | | | | | |
| 家庭纯收入 | _____万元(a1＋a2＋a3＋a4) | | | | | | |

调查员姓名_____　　　　　联系方式_____

# 附录三　各章图表索引

表1-1　集体林权制度改革阶段性划分 ……………………… 005

表1-2　土地改革时期相关政策文件 ………………………… 006

表1-3　初级农业合作社时期相关政策文件 ………………… 007

表1-4　高级农业合作社时期相关政策文件 ………………… 008

表1-5　人民公社化时期相关政策文件 ……………………… 010

表1-6　林业"三定"改革时期相关政策文件 ……………… 012

表1-7　林业股份合作制时期相关资料文件 ………………… 014

表1-8　林业产权制度改革突破时期相关资料文件 ………… 015

表1-9　林业产权制度改革深化时期相关资料文件 ………… 016

表1-10　常见信贷配给类型分类与说明 …………………… 022

表1-11　各个时期全国林业投资完成额及林业重点生态工程投资 …… 025

图1-1　历年全国林业投资完成额 …………………………… 026

图1-2　2020年林业投资分布情况 ………………………… 026

图1-3　国际林业金融文献共被引知识聚类图谱 …………… 028

图1-4　国内林业金融文献共被引知识聚类图谱 …………… 028

图1-5　时区视角下的国际林业金融研究文献共被引知识图谱（一） … 029

图1-6　时区视角下的国内林业金融研究文献共被引知识图谱（二） … 029

表1-12　国际林业金融领域研究聚类 ……………………… 030

表1-13　国内林业金融领域研究聚类 ……………………… 030

表1-14　国际林业金融研究重要文献 ……………………… 031

表1-15　20世纪90年代至20世纪末林业金融研究热点 …… 032

表1-16　21世纪初至2010年代林业金融研究热点 ………… 034

表 1-17 REDD＋、CDM 及 PES 的区别 ·············· 038

表 1-18 2010 年代至今林业金融研究热点 ·············· 039

图 1-7 林业专业合作社正规信贷"参与—获取—满足"分析框架 ····· 054

图 1-8 技术路线图 ···················· 055

表 2-1 农业信贷补贴论和不完全竞争市场论的区别 ·········· 064

图 2-1 科尔曼的社会资本主要形式分类 ·············· 066

表 2-2 贷款技术类型及定义 ················· 069

图 2-2 交易费用与林业专业合作社正规信贷可得性作用机制 ······· 071

图 2-3 资产专用性与林业专业合作社正规信贷可得性作用机制 ····· 075

图 2-4 信息不对称与林业专业合作社正规信贷可得性作用机制 ····· 077

图 3-1 林业专业合作社组织结构理论分析框架 ·········· 089

图 3-2 林权抵押贷款运行机制 ················ 095

图 3-3 信用贷款运行机制 ·················· 097

图 3-4 林权收储担保运行机制 ················ 098

图 3-5 "福林贷"运行机制 ················· 100

表 4-1 福建省 2017—2018 年林业总产值 ············ 108

表 4-2 样本数据来源及构成 ················· 109

表 4-3 林业专业合作社主要从事业务 ·············· 111

表 4-4 林业专业合作社投资回收期 ·············· 112

图 4-1 不同投资回收期比例图 ················ 112

表 4-5 林业专业合作社成立年限 ··············· 113

图 4-2 成立年限比例图 ··················· 113

表 4-6 林业专业合作社经营模式 ··············· 114

图 4-3 经营模式比例图 ··················· 114

表 4-7 林业专业合作社生产性支出 ·············· 115

表 4-8 林业专业合作社示范等级 ··············· 115

图 4-4 示范等级比例图 ··················· 116

表 4-9 合作社盈利能力往年对比 ··············· 117

表 4-10 合作社盈利能力同行对比 ·············· 117

图 4-5　合作社盈利能力判断 ·················································· 117

表 4-11　未来有无贷款计划 ·················································· 119

表 4-12　未来贷款期望 ······················································· 119

表 4-13　林业专业合作社借贷情况 ·········································· 120

图 4-6　融资渠道比例图 ······················································ 120

表 4-14　林业专业合作社正规信贷方式 ···································· 121

图 4-7　正规信贷贷款方式比例图 ·········································· 121

表 4-15　林业专业合作社贷款情况 ·········································· 122

表 4-16　林业专业合作社正规信贷满足情况 ······························ 122

图 4-8　满足情况比例图 ······················································ 123

表 4-17　正规信贷需求未满足原因 ·········································· 123

图 4-9　信贷需求未满足的原因比例图 ······································ 124

表 4-18　合作社对金融机构贷款难易程度的看法 ························· 124

图 4-10　合作社对金融贷款难易程度判断比例图 ······················· 125

表 4-19　林业专业合作社对金融机构的期望 ······························ 125

图 4-11　对金融机构的期待分布图 ·········································· 126

表 4-20　林业专业合作社对政府的期望 ···································· 127

图 4-12　对政府期望的比例图 ··············································· 127

表 4-21　林业专业合作社申请贷款银行 ···································· 129

图 4-13　承贷银行比例 ······················································· 129

表 4-22　样本合作社供给需求情况 ·········································· 130

图 4-14　需求与获取情况比例图 ············································ 130

表 4-23　无信贷需求获得贷款的原因 ······································ 131

表 4-24　有需求未获得贷款群体的申请情况 ······························ 131

表 4-25　林业专业合作社未申请正规信贷的原因 ························· 132

图 4-15　未申请贷款原因占比图 ············································ 133

图 5-1　林业专业合作社正规信贷融资渠道影响因素分析框架 ········· 137

表 5-1　林业专业合作社融资渠道识别 ····································· 142

表 5-2　模型变量及说明 ······················································ 143

表 5-3  因子分析解释的总方差 ……………………………… 144

表 5-4  样本变量描述性统计 ………………………………… 144

表 5-5  IIA 假设的 Haousman 检验 ………………………… 145

表 5-6  多项 Logit 模型回归结果 …………………………… 146

表 6-1  模型变量及说明 ……………………………………… 157

表 6-2  模型变量描述性统计 ………………………………… 158

表 6-3  模型回归结果 ………………………………………… 160

表 6-4  稳健模型回归结果 …………………………………… 162

图 7-1  林业专业合作社正规信贷可得性影响因素分析框架 ………… 170

图 7-2  林业专业合作社正规信贷需求与获取的识别 ………… 174

表 7-1  样本林业专业合作社未申请正规信贷的原因 ………… 176

表 7-2  样本合作社供给需求情况 …………………………… 176

表 7-3  变量定义及赋值 ……………………………………… 178

表 7-4  变量描述性统计 ……………………………………… 179

表 7-5  双变量 Probit 模型回归结果 ………………………… 182

表 7-6  删减变量平均边际效应估计结果 …………………… 184

表 7-7  双变量 Probit 模型稳健标准误回归结果 …………… 185

表 7-8  稳健模型删减变量平均边际效应估计结果 ………… 186

表 7-9  平均边际效应对比 …………………………………… 187

图 8-1  林业专业合作社正规信贷配给的影响因素分析框架 ………… 192

表 8-1  变量定义及赋值 ……………………………………… 193

图 8-2  林业专业合作社正规信贷配给程度及类型的识别 ………… 194

表 8-2  信贷配给程度及类型说明 …………………………… 195

表 8-3  变量定义及赋值 ……………………………………… 198

表 8-4  变量描述性统计 ……………………………………… 199

表 8-5  有序 Probit 模型回归结果 …………………………… 200

表 8-6  平均边际效应估计结果 ……………………………… 202

表 9-1  两类林业专业合作社盈利能力情况 ………………… 211

表 9-2  林下种养殖案例合作社基本信息 …………………… 211

表 9-3　林下种养殖案例合作社的经营特性　…………………… 214

图 9-1　林下种养殖案例合作社类型区分　………………… 216

表 9-4　林下种养殖案例合作社信贷获得情况比较　………… 216

图 9-2　林下种养殖案例合作社经营特性与信贷可得性　…… 218

表 9-5　植树造林案例合作社经营模式比较　……………… 219

表 9-6　植树造林案例合作社的经营特性　………………… 221

图 9-3　植树造林案例合作社类型区分　…………………… 224

表 9-7　植树造林案例合作社信贷获得情况比较　………… 224

图 9-4　植树造林案例合作社经营特性与信贷可得性　…… 226